光輝歷程

曹必宏 編著

中國第二歷史檔案館六十年

千華駐

目　　錄

前言

壹 檔案接收與徵集 / 001

貳 檔案整理 / 030

三 檔案編目 / 061

肆 檔案價值鑒定 / 086

伍 保管工作 / 103

陸 開放利用 / 127

柒 檔案文獻編纂與研究 / 153

捌 期刊工作 / 178

玖 保護技術 / 192

拾 檔案管理現代化 / 218

拾壹 全國民國檔案資料目錄的採集與管理 / 236

附錄一 中國第二歷史檔案館組織沿革

附錄二 影像 / 257

後記 / 303

前言

  風雨兼程，一路走來。從初創時期的中國科學院近代史所南京史料整理處，到享譽中外的中國中央級國家檔案館，中國第二歷史檔案館（下簡稱二史館）業已走過了整整60年的光輝歷程。回顧二史館從1951年成立迄今的滄桑巨變，重新感受當年艱苦創業的時代脈搏，那一幅幅歷史畫面仍然歷歷在目。60年來，在中央檔案館國家檔案局的堅強領導和江蘇省委、省政府的關心支持下，二史館的民國檔案收集整理、保管保護、開發利用等各項工作，都取得了很大的成績。民國檔案在政府決策、經濟建設、學術研究、對外交流以及愛國主義教育等方面發揮的作用日益顯著。所有的這一切，都凝聚著二史館幾代檔案工作者辛勤耕耘的汗水。正是一代又一代的檔案工作者艱苦奮鬥，銳意進取，方譜就今日的燦爛篇章。

  在這裡，我要特別向二史館的主要創始人王可風表達敬意！60年前，中國第二歷史檔案館的前身中國科學院近代史研究所南京史料整理處成立，在王可風主任的主持下，創建了中國「民國檔案」的基業。不僅收集保管了較為完整的民國檔案史料，為國家珍藏了寶貴的歷史文化遺產，而且「溝通了檔案工作和史學工作之間的聯繫。……以遠大的目光為事業的發展制訂了宏大的規劃」，在檔案史料的整理和編纂方面，也進行了卓有成效的工作。

  「文革」時期，二史館被軍事管制，民國檔案工作也處於停頓狀態。

  十年動亂結束後，二史館逐步實現了工作指導方針上的轉變。在全面恢復民國檔案各項工作的同時，工作重點從單純的「為政治

鬥爭服務」轉變到為兩個文明建設服務，為學術研究服務。黨的十一屆三中全會後，中央於1980年做出開放歷史檔案的重大決定，民國檔案事業煥發出勃勃生機，在當今國家政治經濟生活中的重要性日益凸顯。

　　1990年代中後期，面對新的形勢，二史館積極探索發展民國檔案事業的新思路。利用社會力量，整理開發館藏檔案資訊資源。在堅持原則的基礎上，積極主動地與有關出版和研究機構聯繫，合作編輯出版各種編研成果，並且借檔案整理工作的東風，將館藏零散檔案進行了系統整理。使館藏檔案全部得到初步整理，進而帶動了各項工作的全面開展。

　　進入新世紀以來，二史館在民國檔案資源體系、利用體系及安全體系建設方面取得了令人矚目的成績。對館藏檔案進行了全面、徹底的清點，在明瞭家底的基礎上，結合數位化工作的全面開展，充分利用民國檔案資源為黨和國家中心工作服務。而民國檔案事業的科學發展，也極大地促進了二史館的制度建設、業務建設和環境建設。

　　如今，當年僅有數十人，兩千多平方公尺庫房面積的史料整理處已發展為規模宏大、擁有一萬六千平方公尺標準館庫的現代化檔案館，收藏的民國檔案共有1354個保管單位，220餘萬卷（宗），並藏有圖書資料二十餘萬冊。當年分散於許多單位乃至個人手中的民國時期各中央機關檔案和著名人物檔案，已得到集中收藏。400多萬張破損檔案得到了搶救修復；原本凌亂無序的檔案，現在按照全宗原則和保持檔之間歷史聯繫的原則，利用原有基礎進行了整理、鑑定，並編制了各種目錄或索引，使民國檔案做到有規可循，有目可查，以清晰、完整的形象呈現出來；在全國範圍內完成了民

國檔案目錄資料的採集任務，建立起全國民國檔案國家總目管理系統，初步實現民國檔案資訊資源分享。

尤其令我們欣慰的是，民國檔案的開發利用結出了纍纍碩果。編輯出版了包括中華民國史檔案資料匯編、叢刊、叢書在內共70餘種上億字的檔案史料，主辦了《民國檔案》雜誌，為公布館藏檔案史料和開展民國史研究開闢了新園地；接待包括港、澳、臺在內的全國各地和美、日、英、法、德等國家的中外查檔者40萬人次，提供檔案110萬卷次，為工作查考、領導決策、編史修志、歷史研究、科技研究、文藝創作、社會教育、維護個人合法權益等方方面面提供了服務；為配合黨和政府的各項重大任務，二史館積極主動地在館藏檔案中深入挖掘，及時向上級有關部門提供了大量珍貴的歷史檔案，使民國檔案的重要價值得以體現；充分利用豐富的檔案史料資源以及在全國領先的模擬複製技術，積極開展檔案模擬複製與各項展覽工作，取得了明顯的社會效益；舉辦館藏基本陳列、珍品展覽，充分發揮了民國檔案的社會作用和宣傳教育功能。

作為中央級國家檔案館，二史館素有重視學術研究的傳統，在海內外民國史研究領域占有一席之地。產生了一批重要的學術成果，湧現出一批有影響力的學術人才，成為學界公認的學術重鎮。透過民國檔案的編研工作圍繞中心，服務大局，是二史館的優勢和特點。特別是近些年，為配合黨和國家的中心工作，二史館編研出版的若干部重要史料集，得到了有關部門和社會的高度評價。特別是利用海峽兩岸文化學術交流這個獨特的平台，服務中央對臺工作方針和祖國和平統一大業，成績卓著。

民國時期是離我們最近的歷史。對於這一時期歷史經驗的總結、歷史真相的探詢、歷史文化的傳承，都離不開民國檔案的開發

與利用。民國檔案作為民國歷史的原始記錄和真實憑證，如何將其保管、保護好，並加以有效利用，成為二史館檔案工作者永遠的課題和使命。回首過去，創業艱難百戰多；放眼未來，直掛雲帆濟滄海。作為民國檔案安全保管基地、利用基地、愛國主義教育基地和全國民國檔案目錄中心，在新的發展機遇面前，二史館必將迎來更高層次的新的歷史跨越。

楊永建

壹　檔案接收與徵集

　　檔案收集工作是整個檔案工作中極為重要的一個環節，其他各個環節的開展，館藏是基礎，只有收集相當數量的檔案，其他工作才有生命與活力。因此，不斷豐富館藏成為收集工作的不懈追求。回顧本館60年的檔案收集歷程，當一件、一冊、一宗、一卷，一束、一捆、一簍、一箱，從四面八方接收徵集的檔案匯集南京，匯集成如今擁有1354個保管單位，計220多萬卷（宗）的民國檔案中心，這段歷史彷彿講述一個遠古的「聚沙成塔」的傳奇。它在傳頌著幾代檔案工作者的辛勤，見證了60年檔案收集工作的崢嶸歲月。

一、新中國建立前夕民國檔案的基本情況

（一）南京國民政府潰逃時遺棄大量檔案

　　辛亥革命推翻帝制，建立民國。從1912年到1949年的中華民國38年間，特別是南京國民政府統治的22年間，形成了數量龐大的檔案。1948年下半年，隨著國民黨軍隊在全國各戰場節節敗退，國民黨政府開始將部分重要檔案運往臺灣，同時將部分檔案裝箱後，隨國民黨政府遷運廣州、成都等地。國民黨政府潰退臺灣後，這些隨遷的檔案，除少部分被帶到臺灣外，也沿途丟棄，主要遺棄在重慶、成都、昆明、廣州等地。全國各地相繼解放後，這些遺棄在大陸的檔案自然落在了人民手中，成為國家財富的重要組成部分。

　　由於南京國民政府的腐敗，其內部管理的混亂，以及崩潰逃竄時的異常狼狽，他們遺棄的檔案其紊亂情況是不難想見的。南京國

民政府原來的檔案管理辦法也不統一，有的有一套近代檔案管理辦法，有的仍沿用清末及北洋政府時代的一套做法，有的還有個粗略的目錄，有的連登記冊也沒有，有的尚完整，有的就是一堆散亂文書，有的同屬一個機關的卻分散多處......要接收整理這樣一大批散亂檔案，困難是顯而易見的。

（二）中央人民政府高度重視收集民國檔案

面對國民黨政府遺棄的大量檔案，中央人民政府用極大的注意力重視這一工作，發布嚴厲的命令，不准損壞，並注意保護。

1949年10月25日，新中國成立尚未足月，中央人民政府政務院第二次會議就決定組織以陳雲副總理為主任的政務院指導接收工作委員會，負責統籌指導與處理有關國民政府中央各機關人員、檔案、圖書、財產、物資等接收事宜。同年11月底，政務院指導接收工作委員會組成以董必武副總理為團長的華東工作團，前往南京、上海等地進行接收工作。1950年1月5日，中央人民政府政務院總理兼外交部長周恩來發表聲明，嚴正指出：所有前國民黨政府駐外使領館及前國民黨派駐外國的辦事機構和辦事人員，「在中央人民政府接管以前均應照舊供職，並負責保護一切資財、圖表、帳冊和檔案，聽候清點和接管。」同年1月9日，周總理又命令原國民黨中央政府和地方政府駐香港的辦事機構主管人員和全體員工，「務須各守崗位，保護國家財產、檔案，聽候接收」，並重申：「保護國家財產有功者，將予以獎勵，如有偷竊、破壞、轉移、隱匿者必予重辦。」

（三）各地對民國檔案的接管與清理情況

1.華東地區：南京和上海是國民政府的政治和經濟中心，是國民政府中央機關的檔案源頭。

(1)軍管會接管國史館的情況：1949年5月，南京解放不久，南京國史館北平辦事處主任金毓黻給有關方面發函，建議重視國史館和其文獻資料，並對一批移往廣州的史料提出「調查其真相，弄清其數量內容和下落」。金毓黻認為，對於國史館或開國文獻館所儲藏的史料，值得加以保存，並應加以有計劃的保存。此函被轉至南京文教接管委員會並受到重視。

是年5～6月，由軍管會軍事代表趙卓與國史館留守人員李汝謙等完成國史館的接收、清點、移交工作，各類清冊共72本。主要有國史館文書案卷清冊、國史館典藏檔案清冊、國史館圖書室所藏案卷清冊等。此外，還有國史館運往廣州檔案360箱內容清冊。

國史館典藏檔案主要包括：清代內務府暨民初內務部檔案、內政部檔案、內政部員警總署檔案、行政院檔案、軍事委員會檔案、重慶運來各機關檔案，總計127箱又4144捆。

(2)華東區工作團來寧接收檔案情況：1949年12月，政務院指導接收工作委員會華東區工作團來寧，並在寧設立辦事處，負責處理國民黨政府中央各機關的接收工作。除應歸地方人民政府接收者如房產等一律移交地方人民政府外，關於國民政府中央各部會署及其所屬機關的檔案和圖書，數量極多，地方人民政府則很少需要，同時北京中央各部分署，對於國民黨政府中央機關的部分檔案，還需要參考，遂由華東工作團調用各該舊機關的原保管人員以及在華東人民革命大學南京分校學習人員（大都是國民黨政府中央各部會署的舊職員）共二百人，分赴各該舊機關，擔任挑選人民政府各部會署所需參考檔案和圖書，編造清冊，裝箱運往北京的工作。由於時間所限（1949年12月至1950年1月底），以及參加這一工作的人員又很少，所以除慎重挑選出運北京的一小部分外，對

於留下的極大部分的檔案和圖書實在沒有時間和人力來整理，大都只編造一個很籠統的清冊，清點一個總數，故國民政府中央各機關留寧部分的檔案，仍舊極其散亂。華東工作團在寧接收的檔案和圖書，都是國民政府中央各部署及所屬各機關的，包括40多個單位，檔案的總數約100多萬宗，圖書約300萬冊。

　　因華東工作團係臨時性的組織，1950年1月底結束回京。但工作團文教組組長鄭振鐸考慮到國民黨中央政府各機關檔案、資料、圖書有十分重要的歷史文獻價值和急需集中保管的緊迫性，還需由組內留人繼續完成既定任務，決定組設南京臨時辦事處繼續領導工作。是年2月1日，政務院指導接收工作委員會南京臨時辦事處成立，並在辦事處內專設檔案組，繼續辦理善後工作。此後，南京臨時辦事處檔案組整理了國民黨政府、行政院、立法院、監察院、財政部、經濟部、教育部、社會部、內政部、主計部、司法行政部、國民黨黨部、汪偽政府13個機構檔案。接收各機關檔案共計2486箱667類。

　　雖然當時各方面條件十分艱苦，但政務院指導接收委員會南京辦事處檔案組克服重重困難，順利完成了接管國民黨中央政府各機關檔案的任務。

　　2.西南地區：西南地區既是中國抗日戰爭的大後方，也是國民政府退出大陸的最後一站，因此，遺留下來的檔案數量巨大。1950年1月16日陳雲副總理電示：西南原國民黨中央各機關的檔案資料等，應責成地方接管機關妥為保管，等待政務院決定處理辦法。3月16日周恩來總理又電示西南軍政委員會：應有組織有系統的蒐集集中原國民黨散在成渝兩地的檔案。西南軍政委員會奉到電示後，當即轉飭各省署市遵照執行，並責成成渝兩地軍管會著手清

理。當時，總的清理目標，是由各接管機關負責清理接管的檔案資料，並以成渝兩地為中心，按先中央後地方，先重要後次要的步驟，有組織有系統的進行徹底清理，並酌量集中。

在重慶方面，於1950年4月15日成立了「原國民黨中央機關檔案清理委員會」，由王維舟任主任委員，孫志遠任副主任委員，委員會下設政治、財經及軍事三個分會，分別由孫志遠、劉岱峰、梁軍等為召集人。按照清理的目標和要求，各分會印製統一的登記表，將檔案審核分類，造具清冊一式三份，以一份留存各該分會，其餘兩份送總會，再由總會將一份送中央。其中，第一分會（政治方面）接管了行政院、銓敘部、內政部、考試院、監察院、外交部、總統府、蒙藏委員會、司法院、教育部等機構的檔案。經初步清理統計，這批檔案為行政院等25個單位，275箱另190609冊，150捆，又圖書76箱另1336冊，及王世傑所藏字畫等，造具檔案清冊24冊。第二分會（財經方面）共接管財政部、國稅署、鹽務總局、中央信託局、兵工署、經濟部水利司等37個單位，共10541箱71763卷3434冊6634宗，又圖書100本、圖表5768張。第三分會（軍事方面）共接管偽長官公署、史政局、副官局、聯勤司令部等7個單位357502件，又376箱，造具清冊共29冊。

在成都方面，「原國民黨中央機關檔案清理委員會」成都總分會於1950年5月8日成立，由安法孝任主任委員，薛一平、張純選、杜萬榮等任副主任委員。該會設後勤、軍事、財經、政治等四組，分別由張純選、杜萬榮、馬炳宗及雷洪負責。該會共清理了行政院主計處，聯勤總部及其經理署成都被服總廠，中央、農民及交通等三銀行的成都、西安、南鄭等分行，四川省政府，四十四補給區司令部，川康區稅務管理局、貨物稅局及直接稅局，四川田賦管

理糧食管理處等單位的檔案共2634箱又192188件（冊）。

此外，各地軍管機關按照中央人民政府的指示，也積極行動起來，負責統籌指導與處理有關國民政府各機關人員、檔案、圖書、財產、物資等接收事宜，為中華文化的傳承做出了應有的貢獻。

二、南京史料整理處的成立與檔案接收工作

中央人民政府一方面發布命令，不准損壞，並注意保護民國檔案，另一方面積極組織人員接收，並進行整理。中國科學院近代史研究所南京史料整理處（二史館前身）就是在人民政府正確指導下成立的新中國第一個規模宏大的歷史檔案管理機構。

1951年2月1日，中科院近代史所奉政務院文化教育委員會命令，接收原國民黨國史館和政務院指導接收工作委員會臨時駐寧辦事處檔案組，合併改組為中國科學院近代史研究所南京史料整理處。他們包括檔案、圖書和財產以及舊有人員56人（工友11人），統由中國科學院近代史研究所接收，派研究員王可風為主任，助理研究員唐彪任祕書，資料管理員華明（女）任助理祕書，組建南京史料整理處。當時，黨和政府交給的任務是負責蒐集、整理、保管舊政權的檔案，指定接收的範圍是1911年到1949年舊政權中央機關及其所轄單位的檔案。按照這一範圍，在短短幾年的時間裡，南京史料整理處接收和蒐集了數量巨大的歷史檔案。它的來源主要有以下四個方面：

（一）國史館所保存的檔案資料

國史館早在1940年就開始籌備，但到1947年1月才在南京正式成立。其直屬國民政府，專門掌理撰修中華民國國史事宜。實際上其除保存有清末、北洋政府和南京國民政府一部分機關的檔案資

料外，沒做什麼工作。南京解放前，部分重要檔案資料被運往臺灣，尚存有檔案資料24406冊、1000捆又60箱。南京解放後，新國史館從開國文獻館併入2000捆又60箱，從江蘇國學圖書館撥入73簍，接收善後救濟總署檔案室1215箱，以後高教處結束又撥交14櫥又35箱。據1949年12月28日製《國史館現藏檔案初步整理分類總目》所載：清代政府有內務府、禮部、學部、典禮院、陸軍部、度支部等11個部院的檔案。北洋政府有國務院（政事堂）、臨時稽勳局、銓敘局、統計局、財政部、農商部、陸軍部等44個單位的檔案。國民政府有廣州大元帥府、文官處、立法院、行政院、國防最高委員會等43個機構的檔案。國民黨黨部有中央黨部祕書處、組織部、宣傳部等8個機構的檔案。漢奸政府有偽維新政府立法院，汪偽國民政府文官處、立法院、司法院、考試院、行政院、監察院等院部會機構19個。南京史料整理處接管國史館時，國史館有人員37名，保存的檔案約30萬卷。這構成了南京史料整理處的主要人員和館藏基礎。史料整理處將1949年6月18日至1951年2月1日，南京解放後國史館保存與接收檔案數量及初步整理情況以表格形式作了統計。記錄內容有機關名稱、原存與接收數量、整理情況（人力、時間以及處理情況）、附注等四項。主要如下：清巡警部，原存8捆，登記卡片403號，附清代小單位107件；清民政部，原存40捆，登記卡片2891號；北洋內政部，原存350捆，登記卡片27107號；上述三項共用29人整理，耗時72天。北洋小單位，原存4捆，造目錄876號，1人整理235天；行政院檔案，原存110捆，造目錄5419號，7人整理27天；立法院檔案，原存37捆，無整理；中央黨部祕書處檔案，原存50捆，無整理；組織部檔案，原存185捆，無整理；宣傳部檔案，原存70捆，無整理；訓練部檔案，原存100捆，完成初步整理類別，7人整理30

天；社會部檔案，原存185捆，造目錄78817宗；民訓部檔案，原存8捆，無整理；農林部檔案，原存3捆，無整理；交通部檔案，原存4捆，無整理；財政部檔案，原存47簍，無整理；教育部檔案，原存32簍，無整理；經濟部檔案，原存3捆，無整理；國防最高委員會檔案，原存4捆，無整理；僑務委員會檔案，原存4捆無整理；建設委員會檔案，原存2捆，無整理；內政部禁煙委員會檔案，原存35捆，無整理；國家總動員會議檔案，原存75捆，初步清理類別，2人整理50天；中央圖書雜誌審查委員會檔案，原存40捆，一部分已初步清理類別造具清冊，1人整理50天；中央防疫處檔案，原存8捆，無整理；全國度量衡局檔案，原存4捆，無整理；漢口商品檢驗局檔案，原存1捆，無整理；衛生用具修理廠檔案，原存3捆，無整理；軍事委員會檔案，原存40捆，完成初步清理類別，附辦公廳、政治部、航空委員會檔案；軍政部檔案，原存139捆；軍訓部檔案，原存110捆；軍令部檔案，原存50捆；參謀本部檔案，原存78捆，9人整理22天，完成初步清理類別；兵役署檔案，原存165捆；重慶衛戍司令部檔案，原存15捆；運輸統制局檔案，原存14捆；城塞局檔案，原存17捆；賑濟委員會檔案，原存90簍，無整理；青年輔導會檔案，接收7簍，附全國體育協進會，無整理；國立邊疆學校檔案，接收16簍，無整理；國立東方語言學校檔案，接收19簍，附建國法商學院，無整理；地政協會檔案，接收2簍，無整理；汪偽文官處、五院檔案，原存30捆，造目錄3111宗，1人整理230天；汪偽內政部檔案，200捆，造目錄7675宗，13人整理18天；汪偽警政部檔案，原存150捆，造目錄3963宗，13人整理18天；汪偽特種員警署檔案，原存6捆，造目錄971宗，13人整理18天；汪偽清鄉委員會，原存90簍，造目錄1650宗，13人整理18天；汪偽經理總監署檔案，原存60簍，無整

理；善後救濟總署檔案，接收1215箱，29人整理345天，登記卡片44804號，尚餘9箱59捆未整理，另提出611箱單據附件待整理。

（二）政務院指導接收委員會南京辦事處檔案組所接收的檔案

1949年4月南京解放後，軍事接收機關就根據中央的指示，命令各機關將民國檔案集中保管，並在政務院指導接收委員會南京辦事處下設一個檔案組，專門負責檔案接收工作。當時的南京國民政府各機關人去樓空，只剩下一座座空房和散亂的家具、檔案、資料和圖書。為把分散在各部會的檔案集中，檔案的包裝和運輸都是十分突出的問題。沒有箱子，只好用竹簍；沒有汽車，只能用人力板車。據于堅回憶：「數千箱檔案、資料、圖書都是用這種板車靠人拉手推從市內各處分別運到國民黨開國文獻館和總統府的。」當時條件雖然艱苦，但檔案組排除萬難，在很短的時間中就集中了60多萬卷檔案。史料整理處成立後，曾將1949年6月18日至1951年2月1日，南京解放後政務院指委會南京臨時辦事處接收舊機關檔案數量與整理情況作過記錄，已整理的檔案有：總統府檔案，69簍，10人整理20天，登記5180號，計31000宗；行政院檔案，107箱36簍，20人整理19天，登記2805號，計17217宗，附軍委會外事局、第二廳、中央設計局、黨政工作考核會、國防最高委員會檔案；監察院檔案，2箱，32簍，7人整理14天，登記1980號，計32671宗；立法院檔案，16箱，9簍，8人整理9天，登記2090號，計4264宗；財政部檔案，837箱，81簍，22人整理39天，登記6320號，計71390宗，附鹽務總局檔案；經濟部檔案，612箱，113簍，23人整理52天，登記10666號，計126834宗，附工商部、實業部、農礦部、資源委員會檔案；教育部檔案，162箱，31

簍，23人整理18天，登記6970號，計19851宗，附政治大學檔案；主計部檔案，28箱，108簍，22人整理13天，登記2163號，計23789宗；社會部檔案，20箱，2簍，7人整理7天，登記527號，計7081宗；內政部檔案，7箱，6人整理5天，登記450號，計857宗；司法行政部檔案，31簍，6人整理10天，登記1320號，17841宗；中央黨部檔案，10箱，16簍，6人整理19天，登記1154號，計2476宗；交通公路總局檔案，76箱，6簍，9人整理13天，登記3553號，計12227宗；最高檢察署檔案，104箱，9人整理15天，登記1232號，計168357宗；汪偽政府檔案，24箱，75簍，12人整理35天，登記3281號，計10545宗；汪偽儲備銀行檔案，182箱，10人整理29天，登記4966號，計13705宗。未整理的檔案有：外交部檔案，44箱，55簍；鹽務總局及各稅局檔案，113箱，80簍；兒童保育院檔案，24箱；新運婦女指導委員會檔案，13簍；軍事參議院檔案，19箱，13簍；侍從室第三處檔案，20簍；後方勤務部南京供應局檔案，5箱，29簍；行政院檔案，86箱。以上共計接收2941箱，861簍，已整理2650箱，651簍，編登61813號，計600254宗。

　　（三）國民黨政府從南京逃亡時帶到重慶、成都、昆明、廣州等地去的檔案，經聯繫後派人前往接收，集中到南京

　　1.赴重慶、成都接收檔案情況：重慶是國民政府遺棄檔案最多的地區之一。1951年7月25日郭沫若令派王可風前往重慶設立近代史所重慶史料整理處，接收整理重慶所存國民政府中央各機關檔案，後因重慶所存檔案達15000箱，約100萬宗，需要檔案庫六十至八十大間，而當時的重慶機關較多，無法解決所需房屋，重慶史料整理處因而未能成立。1952年6月27日，中央人民政府政務院決

定將存放重慶的國民黨舊檔案運至南京史料整理處集中整理。1952年7月南京史料整理處接到科學院辦公廳轉來政務院6月27日政文齊字第（32）號公函：決定將存放重慶之國民黨政府檔案全部運至南京史料整理處集中整理。為此，南京史料整理處於8月底9月初，由王可風、華明、李佳、李鶴年4人前往重慶，與此前先在重慶的陳文起、李良才2人共6人，辦理接收起運事宜。王可風等人到渝後，在西南軍政委員會和西南文教委員會領導與協助下，瞭解的相關情況是：國民政府檔案存放在重慶者為大部，成都有一小部分。這些檔案以工業、貿易兩部附屬原單位為最多，分散郊區，路途遠，多係地方性檔案，以前係營業機關，故傳票、單據、帳冊占二分之一或三分之一不等。經與各單位商洽，確定檔案移交和接收的原則是：（1）檔案比較重要，有保存價值，各單位現在業務上不需要的，儘量移交集中到南京整理。（2）舊檔案與現在業務上有聯繫，時常調用作參考的，為服從當前工作，仍留原保管機關作參考。（3）肯定沒有保管價值的，如收發文簿、一般傳票廢表等，仍留存原保管機關將來報請上級批准處理。按這一原則，共接收了3980箱檔案，分四批交長江航務局負責包運，由水路運南京。

　　2.赴昆明接收檔案情況：從南京往重慶接收檔案前，史料整理處曾接到近代史所的指示，要將昆明所存舊檔案，最好在這次接收重慶檔案時能一併接收運寧。因此，王可風於重慶接收工作結束後，持西南軍政委員會辦公廳介紹信到昆明。經協商確定可接收的檔案有五部分：其一為雲南省人民政府辦公廳保管的財政部、農林部、軍政部、經濟部、資源委員會等檔案；其二為雲南省人民政府外事處保管的外交部駐雲南特派員公署檔案；其三為雲南省交通廳保管的交通部公路總局第四區工程管理處的檔案；其四為雲南省人

民圖書館保管的越南法文檔案中民國以來舊檔案；其五為昆明鐵路管理局保管的滇越鐵路及抗日戰爭中有關美軍軍運的檔案。以上檔案共207箱，交國營運輸公司由陸路從昆明經貴陽到廣西金城江，再轉湘桂路、浙贛路、滬杭、滬寧路運寧。於1953年1月1日起運，1月24日到南京。

3. 赴廣州接收檔案情況：1954年7月17日，王可風接中科院命令後，赴廣州瞭解所存民國檔案情況。王可風在廣州期間走訪了17個單位，瞭解到廣東省公安廳、廣東省財委、廣東省圖書館、廣東省勞動局等單位都保存著大量民國檔案，共計有一百多麻袋。8月27日，史料整理處向政務院報告，要求政務院將廣州所存國民黨中央系統的檔案批准由南京史料整理處接收整理。

1955年春，史料整理處接到近代史所抄轉的中央人民政府政務院1954年9月20日（54）政文習字第66號通知後，於4月7日派人前往廣東接收了廣東省公安廳、勞動局、交通廳等六個單位所保管的國民黨中央系統檔案共計22麻袋另兩木箱，於4月26日安全運到南京。

（四）南京史料整理處成立後，南京各機關又陸續發現的一些零星檔案，經過蒐集、整理，約有幾千卷

它們分別是：1951年初，南京文物保管委員會移交的國民黨政府檔案4箱。1953年1月22日，接收南京人民法院保管的檔案2捆。是年3月，從南京市人民廣播電臺接收兩箱五捆。4月，從南京機械廠接收經濟部中央工業試驗所檔案8箱。由前西南軍政委員會轉來交通部、水利部檔案4箱。1954年7月，從南京建築工程學校接收資源委員會檔案502箱。10月5日，收到中山東路小學交來軍事委員會戰地服務團檔案約5捆以及少量勵志社檔案。12月3

日，從南京圖書館接收國立編譯館檔案42箱。1955年接收南京博物院送來汪偽剪報23本。

到1956年止，南京史料整理處共蒐集、接收檔案150餘萬卷，為二史館的創建奠定了基礎。

三、南京史料整理處接受國家檔案局指導後的檔案收集工作

1956年4月，國務院發布了《關於加強國家檔案工作的決定》，規定了集中統一管理國家檔案工作的基本原則。根據這一決定的精神，南京史料整理處在檔案管理業務上接受國家檔案局的指導和監督。1956年11月，國家檔案局發布了《關於清理和整理民國元年以來舊政權檔案的暫行辦法》，1958年8月，國務院批轉國家檔案局《關於舊政權檔案集中保管的意見》。這兩個檔，明確規定了南京史料整理處收藏檔案的範圍和整理民國檔案的基本原則和一般方法。1964年4月，南京史料整理處更名為中國第二歷史檔案館，並由中國科學院近代史研究所劃歸國家檔案局領導，正式成為國家檔案局所屬的國家級檔案館之一，其基本任務和收藏檔案的範圍不變。如果說南京史料整理處成立之初的主要任務是迅速把分散各地的檔案接收到南京集中保管，那麼1956年後，在歷史檔案的接收方面，確立了邊接收邊整理的原則。

進入1956年，一方面堆積如山的檔案待整理，一方面庫藏量急劇增加，再接收檔案入藏已無庫房。因此，1956和1957年的接收工作相對平淡。僅1957年上半年接收南京市公安局移交的四部分檔案：（1）總統府及所屬機構檔案共1792卷，33本，人物卡1582個，目錄1本；（2）行政院及所屬機構檔案共2070卷，人物卡319個，個人材料袋2334個，目錄1本；（3）軍事系統檔案共1231卷，目錄1本；（4）財政部及所屬機構檔案共4516卷，目錄

1本。

　　1958年,新建的兩幢檔案庫即將竣工,檔案接收工作開始啟動。是年5月30日,史料整理處向曾三的報告中陳述:「屬於南京史料整理處接收範圍以內的舊政權檔案,現在在上海有5000箱,在北京的約有2000箱,在重慶的約有1000箱,在其他各地的約有2000箱,共約有10000箱。」圍繞上述目標,1958年接收的檔案主要有:北京圖書館交來偽華北政務委員會教育總署檔案46箱;江蘇郵電管理局移交檔案270袋;國家檔案局重慶管理處移交檔案811箱及目錄;浙江郵電管理局運來南京儲金匯業局及交通部第二區電信管理局檔案約150箱;最高法院送來中央司法機關檔案108箱,共計69430宗;財政部移交檔案750箱;鹽務總局移交中央鹽務機關檔案210箱;監察部移交檔案403卷;地質部辦公廳移交地質研究所、地質調查所、礦產測勘處三個單位的檔案共計1329卷,又兩箱外文檔。

　　在「大躍進」四寸躍三丈的檔案整理速度下,當時的接收工作仍不適應整理工作的需求。為此,1958年10月11日,史料整理處擬具《請通知各有關部門將舊政權檔案儘快移交我處保管整理的報告》,報告稱:「國家檔案局:自接你局(58)檔二字第450號關於保管的國民黨、北洋和日偽時期中央機關的檔案應由我處集中管理的指示後,有些單位已將保存的民國檔案運來我處,但至今尚有27單位還未移交。而我處接收整理民國檔案的工作,計劃在明年8月1日前全部完成。這任務艱巨,緊迫,然目前接收來的現有檔案又早已整理完畢,如果不立即接收,11月份將停工待料,有礙計劃的如期完成。為此,擬請你局協助我處通知催促各部門從本月起至11月中旬之前,速將該項檔案裝箱徑運南京淮海路31號;並將

起運時間、箱數、檔案清冊等造冊告知我處。運資可由各有關單位先墊付，而後我處可照數匯還。」

在「大躍進」的浪潮下，1958年第四季度接收各單位交來檔案達18批次，主要有：廣東省郵電管理局保管的舊電信總局檔案38箱2911卷；中央工商行政管理局移交的國民政府經濟部檔案4000餘卷；水利電力部辦公廳移交的資源委員會電管處和滬聯處等機構檔案83箱；安徽水利電力廳移交的導淮委員會檔案27500卷。

1959年，史料整理處接收了散在部分省市的民國檔案35批次計10000尺。其中，中國醫學科學院交來檔案100餘箱；財政部交來檔案37箱；海關總署交來檔案90箱；中央工商行政管理局交來經濟部、資委會檔案14箱；鐵道部交來鐵路系統檔案137箱加10麻袋；中國銀行和上海分行業務部交來中行檔案207箱；中央印鑄局交來中央印製廠的檔案約有80箱；北京房地產局交來檔案331卷。全年接收工作速度不減，但不難看出接收工作顯得被動、零碎、無目的。

1960年的接收工作是繼1959年之後，持續躍進的一年，接收工作在「開門紅，月月紅」的氣氛中開展起來，僅1960年上半年就接收了北京、重慶、上海、杭州等四個地區的民國檔案318箱。

1960年，在中央關於大興調查之風的號召下，國家檔案局提出「總結經驗，鞏固成績，改進作風，提高水準」的要求。是年10月，南京史料整理處在貫徹國家檔案局的精神時，對接收工作提出了具體要求：接收檔案的工作，應由處辦公室組織包括整理組、保管組、事務組等人員在內的接收小組專門負責。瞭解掌握各代管民國檔案的機關對檔案的整理、保管情況，有計劃有步驟地主

動進行檔案的接收工作。因此，從1961年始，史料整理處按計劃從化工部、勞動部、水利水電建設總局及一機部上海供應處等接收了民國檔案1574尺。分別向中央檔案館明清檔案部、北京中國醫學院、公安部南京檔案處等單位移交出屬於他們保管和他們急需的歷史檔案910尺。

1961年3月18日，「中共中央宣傳部、中共中央辦公廳批轉國家檔案局關於對革命歷史檔、資料保管與使用的幾點意見」一文發出以後，史料整理處針對執行檔中的問題，專門給國家檔案局打了報告，對接收工作作了如下說明：

「規定我處集中保管的檔案，雖然絕大多數已經接收了，但有些屬於同一全宗的檔案，仍散存全國各地，沒有較完整的集中，對檔案整理和開展利用工作都帶來不便。」

「目前我處情況是：原接收的檔案到今年年底即可全部初整完畢，急待接收一部分檔案來繼續整理，如不接收，對已經初步整理的全宗，由於檔案不全，又不便於進一步整理，勢必影響今後工作，對檔案的利用也很不利。為了便於利用，為了今後整理工作，必須將散存在全國各地的舊政權中央系統各機關的檔案，儘早全部集中起來。但由於我處對全國各地保存該項檔案的情況不甚瞭解，急需進行一次摸底工作，為此，請予通知全國各地檔案局、處、館大力協助，代為先就各該地區作一調查，將所存舊政權中央系統各機關的檔案填表登記，於今年7月底以前逕送我處（調查登記表附後）。一俟掌握基本情況，做好準備以後，再有計劃有步驟地分期分批接收。但希避免未經與我處得到聯繫，就把檔案送來，造成庫房容納不了的困難，並影響進一步集中整理保管檔案的工作。」

1962年4月14日，國家檔案局轉發了南京史料整理處有關集中

舊政權檔案問題的報告，同意史料整理處透過各地檔案管理局（處）館，對於目前仍然散存在全國各地的這一部分檔案，要求協助進行一次普遍地調查摸底工作。

這樣，從1962年至「文革」前後，由於史料整理處較好貫徹了「中共中央宣傳部、中共中央辦公廳批轉國家檔案局關於對革命歷史檔、資料保管與使用的幾點意見」，在國家檔案局大力支持下，檔案接收工作進入主動規劃，有序接收時期。

1962年，史料整理處檔案接收工作拉開了由被動接收轉為主動規劃，根據主客觀條件，有目的有計劃的接收的帷幕。當年接收了19次，5萬卷。其中，從上海市檔案局接收了中華教育文化基金董事會、全國經濟委員會等5個全宗檔案，從廣東省郵電管理局接收交通部第六區電信管理局檔案36箱，從昆明鐵路局接收了滇緬鐵路、滇越鐵路等民國檔案218箱，等等。既完善了相關全宗，也填補了館藏不足或空白。同時，向中央檔案館、廣東、四川及南京等地的7個單位移交了不屬於史料整理處保管的檔案600尺。

1963年3月，長江流域規劃委員會辦公室發生大樓倒塌壓損檔案事故，長江流域規劃辦公室向湖北省檔案局、國家檔案局、水力電力部並南京史料整理處報送了關於《大樓倒塌壓損的敵偽檔案處理意見報告》，經由國家檔案局協調，同年5月6日，史料整理處接收了揚子江水利委員會、長江水利工程總局、導淮委員會建委會模範灌溉局等3個單位的檔案36箱，總計7005卷。

1963年春，經與中央檔案館辦公室聯繫，接收了中央檔案館明清檔案部保存的張靜江和北洋時期籌備國會事務局的檔案1506件（包）。

1963年12月4日，收到上海市民政局移交的檔案共69箱，移

交清冊3冊。

　　1964年4月，中國第二歷史檔案館正式命名，由中科院改隸國家檔案局直接領導，正式納入國家檔案館系列。

　　這一年，主動聯繫接收的單位有：（1）與中國人民銀行總行辦公廳聯繫接收財政部、四聯總處、中央銀行、中國農民銀行總管理處的檔案；（2）與中國科學院辦公室聯繫接收中央研究院氣象所（1929.9.25～1949.4）、中央地質調查所（1949.1～4）、東方文化事業總委員會（約1925～1946）、中央研究院物理所（1928～1949.6）、中國科學工作者協會（1945.12.20～1950.3.8）、北平研究院植物學所（1930～1950）、安徽徽州府地方公文材料（1383～1929）、河南省府公文材料（1918）、中瑞西北科學考察團（1930～1935）、國立中央科學研究院動物研究所（1929～1949）、中央研究院科學技術資料和人事評議會、南滿州鐵道株式會社中央試驗所、國立北平研究院化學所、靜生生物調查所等檔案；（3）透過國家檔案局與政協商談接收馮玉祥的個人檔案。1965年5月，收到文史資料研究委員會交來馮玉祥先生的28箱檔案，中國革命博物館交來馮玉祥先生遺物兩箱一包。馮玉祥先生遺留的檔檔案，自李德全先生送交中國革命博物館後，曾由全國政協文史資料研究委員會借用參考，1965年4月，經領導決定將這批檔案移交第二歷史檔案館保管。

　　接受各單位交來的零星檔案有：（1）中國第五機械工業部辦公室交來軍政部兵工署檔案；（2）中國對外貿易部上海商品檢驗局交來舊上海商品檢驗局全宗的全部檔案；（3）四川省人民委員會辦公廳祕書處交來國民政府考試院、考選部、教育部、財政部等全宗的檔案139卷；（4）廣東省財政廳稅務局保存的財政部各省

稅務局有關人事任用和業務卷宗58卷以及移交清冊二份；（5）交通部西安築路機械廠（駐在陝西省西安地區）保存的國民黨交通部公路總局第一機械築路總隊和該局管訓處的檔案，該檔案已經過整理，共800餘卷。

1965年在檔案的交接中是個大進大出的年度。接收來的有上海等地36個單位移交的134個舊政權機構的檔案，共2533箱、2053卷、206捆，其中1221箱在上海就地銷毀。這些檔案中，較為重要的有馮玉祥夫人李德全先生捐贈的馮玉祥檔案、朱啟鈐後人朱海北先生捐贈的朱啟鈐檔案、廣西自治區檔案館移交的胡漢民檔案23卷、中國革命博物館寄來柳亞子遺物186件、中科院近代史所移交的北洋政府檔案1460卷、中國人民銀行移交的中央銀行等8個單位共17868卷、農業部移交的農林部系統檔案10箱計1748卷、上海市五金礦產進出口公司移交的中央信託局和中央保險股份有限公司各類案卷共34箱、中國紅十字會移交的中國紅十字總會及善後救濟總署檔案17箱、江蘇省科學技術委員會移交的中國工程師學會及中國農學會檔案4箱、上海市統計局移交的財政部國定稅則委員會檔案200餘卷。

在對全國各地進行普遍調查摸底工作中，我們對全國各單位民國檔案的保管情況有了基本瞭解，接收工作有的放矢，但與此同時，我們也在清理移交不屬於保管範圍的檔案。因此，繼1961年、1963年向中央檔案館、北京中國醫學院、廣東、四川及南京等地的有關單位移交了不屬於史料整理處保管的檔案1510尺之後，1965年又先後向中央檔案館、國防部、雲南省等移交有關清代檔案、民國軍事機關、雲南省政府等歷史檔案，共5萬多卷。其大致情況如下：

1.將本館保管的清代檔案移交給中央檔案館保存的計有：（1）清代巡警部等24個全宗4030號4303宗，計26箱；（2）清代陸軍部等零散檔案（未整，無目錄）計46箱、310席包；（3）有關案卷目錄一式三份。另外，清朝理藩部（代號一五二三）全宗中653、654、658、659等四個卷係由北京外交部於1960年借去，由中央檔案館直接向該部索取。

2.將本館保存的屬於國民黨和汪偽時期的軍事檔案、目錄、卡片及有關資料（北洋時期的軍事檔案，經雙方商定，仍由二史館保存）等移交給國防部保管的計有：（1）國民黨和汪偽時期檔案共38個全宗26605卷，有關目錄45本，另有重份檔案69卷和複製檔案約105尺；（2）軍事檔案卡片約計15000張；（3）有關軍事的軍政專題史料12種（每種2套）計42本；（4）中國工農紅軍戰史地圖集5大冊（複製後將原圖退回本館）及底稿圖、說明書等；（5）本館移交給江蘇省公安廳有關軍事部分的目錄清冊17本。1979年2月本館具函發給國防部辦公廳，希望要回那些複製檔案資料、卡片、繪圖等不屬移交範圍的資料。4月9日中共中央軍事委員會辦公廳回函稱：「你們所列四項中前三項檔案與資料，仍由我們保存，不改變過去的保管分工為好。你館研究工作需要查閱時，可來我處借用。中國工農紅軍戰史圖集，因我廳檔案處有一段時間被撤銷，未能按時複印，待複印完畢，即全部退還你們。」

3.將本館保管的外交檔案移交外交部保管的計有：國民政府外交部、外交部駐滬辦事處、外交部駐雲南特派員公署、北洋外交部、汪偽外交部、維新政府外交部等8個全宗共3000餘卷檔案。

此外，還向四川省檔案館籌備處移交四川省財政廳、四川省高等法院重慶分院等檔案44箱；向雲南省檔案局移交雲南省政府檔

案4410卷；向廣東省檔案館移交廣東電信管理局、茂名地方法院等單位歷史檔案134卷。

1966年2月，又向中央檔案館移交清代檔案72箱312席包。

接收進館的檔案有：1966年3月，北京大學交來黎元洪總統府的有關檔案；5月，中央檔案館交來北洋（司法、陸軍部等）及國民黨（水利、農林、經濟部等）檔案12箱；7月，近代史所交來北洋政府檔案1460卷。

根據中發（67）312號文件，本館於1967年底由解放軍接管。1968年3月26日正式成立了江蘇省清查敵偽檔案辦公室（機構設本館），以解放軍為核心組織了高校師生、省級機關少量檔案工作人員共八百多人，對南京地區七個單位（二史館，江蘇省檔案館，南京市檔案館，省、市公安局，省、市法院）保存的歷史檔案，進行全面清理。清檔期間，有中央和省級以上專案審查機構立案的800多個，均來本館調查革命老幹部的材料，為打倒老幹部製造根據。原有的檔案工作制度被廢除。原來的專業幹部隊伍被砸爛。不少檔案被竊取、裁剪、勾畫塗改。反映在檔案接收上，除1971年1月，因中國人民大學撤銷停辦，對於中國人民大學原歷史檔案系所存國民政府主計部、中央農業部病蟲藥械製造實驗廠北平分廠等12個單位1344卷，另22捆，並附目錄三本，經人民大學革委會1970年10月20日報中央，由周總理批示移交本館處理；1973年6月上海市檔案館交來從陳布雷、宋哲雲、曾仲鳴等人親屬中發現的一批信件、實物、照片等外，接收工作大多只是形式上的函來函往，並無具體實效。例如：1972年4月14日收到外貿部關於向中國第二歷史檔案館移交海關總署檔案的請示報告。報告稱：該部「保存北洋軍閥、國民黨政府和汪偽政府財政部海關總稅務司署檔

案共十六萬卷，分存北京、上海、天津三地。按照一九五八年八月十一日國務院批轉國家檔案局關於舊政權檔案集中保管的意見的通知，應移交南京中國第二歷史檔案館集中保管。當時因南京中國第二歷史檔案館庫房不夠，未移交。文化大革命中，根據1967年10月8日中發（67）312號『中共中央、中央軍委、中央文革關於接管清查敵偽檔案的指示』和1968年2月6日中發（68）27號『中央關於進一步做好清查敵偽檔案工作的指示』，這批檔案就地集中管理，我部保存部分，在我部軍代表領導下進行清查；上海、天津關代我部保存部分，在兩市革委會清查敵組領導下進行清查。現在這批檔案都已清查完畢。上海、天津兩地檔案，已分別退還上海海關和天津海關保管。1971年4月，我們曾與南京中國第二歷史檔案館聯繫，他們覆信『如你們認為這批檔案必須移交本館，省革委會指示，須請中央首長或中央辦公廳首長批准方可，否則本館不予接受。』為此，特報請批示，以便辦理移交工作。該文抄報中共中央辦公廳，抄送中央檔案館，南京第二歷史檔案館」。再如1974年10月28日收到財政部16日的函，派二人來聯繫移交檔案事宜。該部於1959年已移交了錢幣司和清理委員會等單位的檔案，還有財政部、中央銀行、農民銀行、四聯總處等單位的檔案待移交。財政部認為該批檔案經1955年反覆鑑定、研究，認為確有歷史參考價值和保存價值，並已按照原國家檔案局要求重新整理，目錄齊全。1972年12月20日和1974年7月6日分別來函催辦移交事宜，但因二史館庫房擁擠無空間存放，7月20日發函拒收，28日，李鎮懷副館長指示「待以後看庫房騰格情況再講」。又如1977年7月29日本館收到中共四川省委辦公廳來函，洽商將移交四川省檔案館保存的有關中央財政部、經濟部、教育部等民國檔案，但因庫房緊張無法妥善保管，於8月17日覆函暫不能接收。

1973年7月，撤銷省清檔辦公室，恢復二史館名稱，檔案總數除原二史館88萬多卷外，還增加了原江蘇省公安廳合併來的十萬多卷，另有零散檔案25752捆待加工整理。

四、十一屆三中全會後的檔案收集工作

1978年2月，本館恢復了「文革」前的體制和業務工作，並歸中科院近代史研究所領導。1979年4月，國家檔案局恢復工作，是年11月，本館再度劃歸國家檔案局領導。同年11月19日，本館函請國家檔案局與外交部聯繫，促其早日移交北洋政府外交部、國民黨政府及汪偽政權外交部等民國檔案。12月30日，國家檔案局發文外交部辦公室協調移交事宜。本館檔案接收工作在國家檔案局領導下有步驟地進行了恢復和發展。

十一屆三中全會後，為落實政策，1980年3月，本館將「文革」中接收的宋哲元個人檔案退還給上海市檔案館。5月，將方君璧個人檔案退還給上海市工商局。

檔案接收工作從文化大革命開始，已中斷了十幾年，自81年國辦發20號文件下達後，在集中統一管理的原則下，重新對民國檔案資源進行集中管理。為乘國務院文件下發的大好時機，本館擬具《關於做好接收工作的初步意見》，分析了館外散存檔案的情況，提出了檔案接收步驟、方法與時間表。從1981年至1985年的「六五」期間，本館在國家檔案局和移交單位的積極支援下，先後接收了公安、軍事、鐵路、海關等系統的檔案281個全宗，440636卷，從而大大豐富了館藏，使館藏量達到917個全宗，1374987卷。各年度接收概況如下：1981年，先後接收了海關、公安、鐵路等系統24個全宗共186498卷檔案進館。其中，海關檔案的接收從1959年就擬接收，據海關管理局函告，海關檔案在北

京有2萬卷（60年代因戰備運存華縣），天津有2400卷，上海有1萬4千卷。但條件一直不成熟，一拖再拖，終於在1980年底雙方達成協議，隨即本館派人前往陝西華縣（海關總署後庫）接收海關總署所藏海關檔案，在經歷一個多月的天寒地凍與艱辛旅途，1981年1月海關檔案被接收進館。同年4月復派專人到天津海關接收海關總署保存在天津的海關檔案。這兩次接收均透過鐵路部門調撥60噸的貨車運往南京。1982年主要是將1960年代移交給軍事檔案館、公安部、外交部的民國檔案重新接收回館。其中，1965年9月移交解放軍檔案館的5萬卷軍事檔案，是由專人到洛寧解放軍檔案館後庫山洞中接收，用八百隻麻袋封裝，交14輛解放牌汽車運至洛陽轉火車運回南京；公安部交回的民國檔案是到西安接運回館；外交部交回的民國檔案則是到北京接運回館。此外，1982年6月，接收了廈門市公安局保管的外交檔案3418卷；11月從政協全國委員會接收了李根源《曲石盍簪集》28冊、孫中山為庾澤普將軍題詞「應為雄鬼」橫幅一件、孫中山為鄧蔭南題詞「博愛」橫幅一件、1921年3月6日中國國民黨本部特設辦事處成立大會上《總理孫中山演說辭》記錄（孫中山親筆修改稿）一件。這些都是十分珍貴和重要的檔案。1983年全年共接收檔案73個全宗，共30418卷。這些檔案中較為重要的有外交部移交的顧維均、邵力子等人物檔案。1984年接收海關總署等6個單位檔案133729卷。1984年從上海接收入館的海關檔案包括：（1）海關總署檔案目錄（保存上、下）二冊，82959宗；（2）海關總署檔案目錄（封存）一冊，12988宗；（3）海關總署檔案資料目錄一冊，28010宗；（4）江務處檔案目錄一冊，652宗，總計接收案卷124609宗。1985年接收檔案19個全宗4611卷，接收照片217張，膠卷162盒。其中，1985年1月，上海市工商聯合會繼1984年移交1046卷

的基礎上，又補交中華民國全國商會聯合會1卷、全國工業協會1卷、全國商業統制總會1卷。7月，上海鐵路公安局杭州公安分局於1982年12月移交浙贛鐵路局文書檔案及人員檔案給予本館，1985年7月將新整理發現的人員檔案3633人計3633卷，再次移交本館。1985年12月，國營第七七二廠移交中央電工器材廠檔案6卷。1985年11月，接收中國科學院交來中央研究院、北平研究院、中研院物理所、氣象所、丁文江的檔案共637卷。1982年，外交部檔案館移交民國檔案時遺留的美國資料膠卷146盒，於1985年11月14日交來本館。

　　新接收的檔案，不僅占當時館藏的四分之一以上，而且大都較為重要，利用價值很高，有的十分珍貴。

　　1985年，全國檔案館工作會議召開，提出了在發展國民經濟第七個五年計劃（1986～1990年）期間全國檔案館工作奮鬥目標和基本任務，特別強調了豐富館藏和大力開發檔案資訊資源的問題。這是新時期對檔案收集工作的總動員，在這一形勢推動下，「七五」期間接收進館的檔案有：1986年接收檔案13米，卡片42米（28萬張）。在這些檔案中較為珍貴是1986年4月，賈哲中交來費瑞齡（鏡秋）先生手稿一批及清末頤和園修復後風景照片6張，民初天安門開放後照片1張，民初北京前門側廣場照片1張，共8張。1987年6月，南京市公安局檔案科移交檔案36卷。1988年6月，上海市糖業煙酒公司交來社會部全國合作社物品供應處會計檔案15箱。1988年7月，外交部西歐司移交外交舊資料10箱。1988年11月，中國廣播電影電視部移交中央廣播事業管理處檔案160卷，資料82卷，目錄3份。移交出館的檔案有：1986年9月，應外交部檔案館之請，本館清退了《外交文牘》等12本，在「文革」

中「抄家」抄來的私人珍貴的圖書。1987年12月,本館將南京永利錏廠、南京市鐵路管理處、鼓樓醫院三個單位610卷檔案移交南京市檔案館。1988年7月,應海關總署之請,將部分股票證券樣本(共75張)移交海關。1988年11月,為《陳布雷日記》等檔案留館保存和陳氏子女達成了「委託保管」的協定。陳布雷個人檔案是「文革」中發現,於1973年7月、1981年5月、9月先後三批由上海市檔案館和上海市委清查辦移交進館,1988年陳布雷子女將《陳布雷日記》索回,並與本館就陳布雷相關檔案的保管達成「委託保管」協定。1990年9月,向蘇州市檔案館移交「蘇州中學生履歷表」等檔2件。1991年4月,中辦祕書局檔案處交來《中華民國憲法》一冊。

「七五」與「六五」相比,收集進館的檔案數量大大減少,究其原因,屬於本館保存的檔案,在大陸上的已基本收集進館,雖然仍有一定數量的檔案散存在有關單位及個人手中,需要繼續堅持收集。但一味追求數量已不可能,必須在品質上和地域上有所突破。因此,從1990年代後,一方面立足國內,一方面放眼海外。

國內徵集情況:1991年從中央檔案館徵集了《吳忠信日記》複製件35卷;2006年在國家檔案局的支援下,前往北京接收國務院機構改革期間,原國家輕工業局所存民國時期資源委員會檔案532卷;2008年從上海徵集翁文灝檔案90卷。在這些成績的背後,也有不盡如人意之處。如1991年赴北京與中國社會科學院經濟研究所洽商日本侵華機構檔案的接收事宜,2000年赴四川檔案館調研鹽務檔案的接收事宜,等等。前者對方不願移交,後者則因經費庫房不足,凡此種種,最終皆不了了之。總的來說困擾檔案接收徵集的因素較多,豐富館藏依然任重道遠。

海外捐贈與徵集情況：（1）1991年，美國學者派特•揚和費奇孫女贈送有關「南京大屠殺」的照片和錄影帶等資料；（2）1997年9月，接收英國學者阿南德先生所贈「孫中山倫敦蒙難檔案史料」。其中，康得黎等英國友人為營救孫中山的來往信函139頁（影本），報刊7張（影本），《一八九六年孫逸仙綁架記》4本；（3）美籍華人關彬森先生於2000年10月和2002年9月先後兩次將關吉玉民國時期任職的檔案總計71件捐贈本館；（4）2004年，在國家檔案局中央檔案館的支援下，本館成功地從美國徵集了民國時期著名外交家郭泰祺個人檔案。郭泰祺早年留學美國，1916年回國出任北京民國政府祕書。後又到南方出任孫中山陸海軍大元帥府參事、外交次長。南京國民政府成立後，他擔任過外交部次長，出使過英國、巴西等國，任公使、大使。作為一位民國時期外交活動家，在其一生中留下了許多寶貴檔案資料和照片。郭泰祺1952年在美國加州病逝，其夫人長期保管著這批檔案材料。1970年代，美國聖地牙哥大學朱葆瑨教授為研究郭泰祺，就找到郭夫人要求查閱郭的檔案。由此朱教授和郭夫人建立了友誼和信任。80年代，郭夫人已到耄耋之年，愈感沒精力管理這些檔案，就委託朱教授代為保管，並囑咐在適當時候將它們交由學術機構保管。朱教授曾多次來本館查閱檔案，進行歷史研究。本館的館藏和服務讓朱教授滿意，他決定將其保管的郭泰祺檔案無償捐交本館保管。這批檔案共1735卷，內含照片1100張，主要是郭泰祺出使英國、國際聯盟、聯合國期間的檔和照片，是研究國際關係、中美關係、中日戰爭以及國民黨內部權力鬥爭等方面不可多得的第一手資料。這次大規模地徵集散存在國外的民國檔案在本館尚屬首次，它不僅豐富了本館館藏，而且有利於帶動海外華人華僑向祖國捐贈檔案的舉動；（5）2007年3月，赴美國史丹佛大學胡佛研究所檔案

館收集蔣介石日記和宋子文個人檔案，共抄寫錄入蔣介石1927～1929年所有日記，補齊1926年7個月的日記及1931年部分日記，摘錄1930年的部分日記，共計20餘萬字（本館館藏蔣介石日記係由蔣介石私塾老師毛思誠孫子毛丁先生1985年捐贈，主要是1919～1926年，1931年、1933年1～2月日記類抄）。查閱複印了宋子文與蔣介石、戴笠、郭泰祺等國民黨要員往來密電及宋子文與英美政要會談記錄813頁。並將收集複印的中央蘇區時代中共檔案資料100餘頁呈送中央檔案館國家檔案局；（6）2010年9月26日至10月1日，前往瑞士日內瓦聯合國歐洲辦事處（UNOG）徵集有關國聯李頓調查團及九一八事變檔案資料。在為期3天的工作時間內，徵集小組掃描複製1200餘畫幅，照相翻拍約500畫幅檔案檔。相關資料燒錄成光碟9張（其中Tiff格式儲存的DVD光碟8張，PDF格式儲存的有1張）。本次檔案徵集的內容重點鎖定在九一八事變、李頓調查團等國聯檔案資料的中文部分，同時還挑選了少量國聯調查團與日本方面外交官員、軍官等面談的英文記錄檔案。另外，徵集小組還翻閱一批英文檔案，對內容重要的部分檔案編制檔目錄200餘條，以彌補因時間緊迫無法對相關主題的外文檔案進行一定規模的掃描複製的缺憾，為今後繼續查閱或徵集國聯檔案留下線索。

步入新世紀，大量的檔案接收工作已漸行漸遠，代之而起的是四處求訪與遠涉重洋的徵集工作。近年來，我們透過出訪、參觀、考察或學術交流等途徑，發現在國外的檔案館和圖書館裡收藏有一定數量的民國檔案，且內容珍貴重要，為本館館藏所缺。尤其是美國、英國、法國、日本、俄羅斯等國家在民國時期與中國在政治、經濟、軍事、文化等方面有著密切的聯繫和交往，因而在其政府、企業、學校中保存有數量較大的民國檔案。經本館努力，雖然有郭

泰祺、宋子文等名人檔案，以及國聯李頓調查團及九一八事變檔案資料徵集進館的成功經驗。但諸如收藏有蔣廷黻個人檔案的美國哈佛大學燕京研究院，收藏有胡適個人檔案的圖書館，收藏有黃興檔案資料的薛君度，以及收藏海關檔案的英國國家檔案館等，都是今後徵集工作需要進一步開啟的門戶。此外，一些民國時期重要人物如張學良、張嘉璈、熊式輝等定居海外，他們大多已作古，後代將其檔案捐贈給國外檔案館和圖書館，或存放寓所不知如何處理。這些檔案屬中華文化遺產，收集進館有利於本館館藏檔案的系統和完整，且開發利用價值更大。我們如不儘早收集，讓這些檔案流失或存放異國他鄉，實為可惜。因此，我們應加強對外聯絡，積極宣傳，爭取早日將依然分散在外的民國檔案原件或複製件收集進館。

廣泛收集民國檔案，豐富館藏，服務社會是一項功在當代，惠及後人的工作。回顧60年的歷程，檔案收集工作經歷了集中接收、邊接收邊整理、主動規劃有序交接、放眼全球廣泛徵集等不同時期或階段，經過幾代檔案工作者的艱苦奮鬥，中國第二歷史檔案館在中央檔案館國家檔案局的正確領導下，已成為享譽海內外的民國檔案安全保管基地和利用中心。（王俊明撰稿）

貳　檔案整理

　　檔案整理工作是檔案館業務工作中最為基礎的一項業務工作。六十年來，我館檔案整理工作在上級組織的關心和領導下，取得了一系列工作成果，按時間順序大致可以劃分為以下幾個工作階段。

一、建館前夕檔案的整理（1949.5～1951.1）

　　我館檔案整理工作最早可以追溯到1949年4月南京解放以後。組織開展整理工作的實體性機構，一個是建館時的第一個來源——被軍事接管的原國民政府國史館，另一個則是建館時的第二個來源——政務院指導接收工作委員會駐寧辦事處。

（一）原國史館對其所藏檔案的整理

　　1949年4月南京解放，為確保包括檔案資源在內的國家財產的清點與接管，中國人民革命軍事委員會主席毛澤東、中國人民解放軍總司令朱德共同簽署了《中國人民解放軍布告》，明確規定：原國民黨政府機關及其工作人員「在人民政府接管前，均須照舊供職，並負責保護資產、機器、圖表、帳冊、檔案等，聽候清點和接管」。

　　5月，中國人民解放軍軍事管制委員會軍事代表進駐國史館，在國史館接收移交報告上簽名，正式對其進行軍事接管，並著手開始接管後所存檔案的清點與整理工作。

　　6月，清點登記與整理工作全面開展。面對混亂堆放的檔案，該館採取將現有檔案依其所屬機關各分為一個單位，各單位檔案再依其形成時代先後逐一全部整理的原則，透過分散人力、使用卡片

按宗按件、再按照一個單位集中一個時段、對幾個部門檔案同時進行逐一整理的方法，對其以往所保存的檔案及其以後從開國文獻館、國學圖書館以及南京軍事管制委員會高等教育處結束後所移交接收進館的檔案進行了清點登記和相對細緻的整理。

到12月底，先後清點登記完成清代檔案12個登記單位、北京民國政府檔案42個登記單位、南京國民政府行政機構檔案、軍事機構檔案和黨務機構檔案51個登記單位以及汪偽政權檔案19個登記單位，並以此為基礎對部分機構檔案進行了整理。

（二）政務院指導接收工作委員會駐寧辦事處對其所接收檔案的整理

1949年10月25日，中央人民政府政務院第二次會議議決組織以陳雲副總理為主任的政務院指導接收工作委員會，統籌指導與處理國內外有關國民黨政府中央各機關人員、檔案、圖書、財產、物資等清點與接收事宜。

11月底，以董必武副總理為團長的政務院指導接收工作委員會華東工作團組成，於12月初前往南京、上海等地開展檔案接收工作，在南京清點接收國民黨中央機關殘留檔案3700多箱、660多簍。次年1月，華東工作團將其在南京、上海接收的國民黨各機關檔案1200餘箱移交國史館進行接收整理。2月，政務院指導接收工作委員會華東工作團結束工作，另行成立指導接收委員會南京臨時辦事處，繼續集中國民黨各機關檔案予以登記接收和初步整理。

該處採取分工合作和相對粗線條的整理方法，按計劃在較短時間內，把某一機關形成的檔案先分稱若干大類，再按類配備人力，將每一大類中內容相同的案卷合併為一案，給予適當的標題，再以案為單位，用阿拉伯數目統一編號、擬制標題、編寫檔案目錄，使

所存檔案能夠儘快得到保管和利用,為國家建設服務。

這一時期是新中國建立後中國檔案事業的開創時期,中國檔案整理工作尚處於摸索階段,整理工作的方式方法正在逐步形成過程之中。儘管如此,這一時期的檔案整理工作卻有著劃時代的意義,在中國檔案史上占有重要地位。

二、建館初期檔案的整理(1951～1953年)

1951年2月1日,根據中央人民政府文化教育委員會指示,以政務院指導接收工作委員會駐寧辦事處和已被軍事接管的原南京國民政府國史館兩機構為基礎,採取機構合併方式,成立了中國科學院歷史研究所第三所南京史料整理處,該處於清點接收完成兩機構原先所藏的歷史檔案以後,便著手開展了所藏檔案的整理工作。

為統一規範和有計劃、有組織地開展好檔案整理工作,南京史料整理處的同仁們分析了已經接收檔案的基本狀況和當時檔案工作的基礎條件,得出了五個方面基本看法:一是民國檔案數量巨大、零亂、複雜;二是各類檔案各有一套管理方法;三是該處現有人力少,對檔案整理沒有經驗;四是如何能使這些檔案為國家建設服務;五是如何儘快地發揮所有收集到檔案的作用。並認為檔案整理工作的開展,須以原來政務院指導接收工作委員會南京臨時辦事處檔案組和原國史館兩個機構檔案的整理方法為基礎,透過經驗交流,以求互相印證,形成統一的辦法,並使這統一的辦法能夠達到兩方面要求:一是使已經接管的檔案能夠分門別類統一編號,並能依次排列,使取閱時毫不費力。二是將每一部門檔案按其業務特性制訂分類目錄簿,再在目錄簿首頁制定一個分類系統表作為索引,使查閱者可以按圖索驥,一目了然。進而明確了整理工作的三個基本原則:一是按檔案形成的機關單位和組織系統進行整理,不打亂

它的機關和組織。二是整理方法必須統一。三是先進行初步整理，編製出可以使用的目錄。按照以上要求和原則，制定了《中國科學院近代史研究所南京史料整理處檔案初步整理辦法》。該辦法共計23條，分為清檢、登記、校對、分類、抄目、典藏六個方面工作步驟，其中較為重要的整理方法和工作思路有：

一是每一機關為一整理單位。原卷封面已標明類別的，依其原類別置放。原卷封面無類別標識的，作假定類別置放。

二是成卷檔案內容非同一案者，作散卷處理。散卷依假定類別分別歸納，無法歸納的提存一處，待登記時再予以處理。

三是檔案附件應力求與正件相連，離散者應盡可能合併，無法合併的另行提存。與檔案無關的簿冊等件，剔出另存。

四是擬寫檔案名稱，並應保持原卷立場。散卷按其內容性質予以歸併，並擬訂其名稱。檔案起訖年月寫明西曆年號。

五是根據機關組織法及檔案內容擬訂卷宗檔案分類排清單，再對照分類排清單逐號排列卷宗檔案。

六是檔案登記以案為單位。凡屬一個事件的公文，無論其為一件或數件、一本或數本及其附件，裝訂成一卷或數卷，均視為一案，每案編為一號，統一編寫在原卷封面右下角。

七是按照分類順序，將已編號的卷宗檔案登目造冊，編成案卷目錄。

同時要求：嚴格按照上級指示，對於整理中所經手檔案，「片紙隻字不得隨意丟失」，檔案檔須儘量加以保存，暫不進行鑑定銷毀，免使其遭受損失。

依照這種整理方法，這一年先後分類整理完成了南京國民政府、行政院、立法院、監察院、財政部、經濟部、教育部、主計部、社會部、內政部、司法行政部、公路總局、最高法院、最高監察署、外交部、國民黨中央黨部以及汪偽國民政府、中央儲備銀行等機關單位或機關系統18個。

次年對上一年度的整理工作進行了總結，進一步明確了整理工作開展需要遵循的三項基本原則：一是就卷整卷，層層深入。先分大類，次分小類，然後確定卷標籤題。二是清檢工作完成後再進行擬寫標題工作。三是清檢與標題工作完畢後再進行卷宗標題登記與編號工作。

根據這一原則，全年合計分類整理完成北京民國政府內務部、政事堂以及國民黨中央黨史會、中央訓練部、南京國民政府內政部、交通部、行政院經濟會議、僑務委員會、衛生部用具製造廠、國防最高委員會、國家精神總動員會議、禁煙委員會、中央防疫處、全國度量衡局、商品檢驗局、農林部等機構18個全宗，形成檔案22954個卷號，合計53989宗。

到1953年年底，該處對於三年來整理工作所取得的經驗進行了一次較為全面的總結，將整理工作的基本原則進一步歸納為五個方面：一是必須重視歷史檔案，片紙隻字不使損失。二是檔案整理應當依照它原來的單位以及原來單位的組織情況進行整理，透過整理，將它的輪廓恢復出來，使原先複雜紊亂的檔案系統化。三是盡可能用統一的方法進行整理，方便於館藏全部檔案的管理。四是對於民國檔案應儘量集中統一進行保管，以保持其完整性。五是國家經濟文化建設和歷史、科學研究急需使用和參考的檔案，必須迅速進行整理，以滿足各方面需要。

同時，結合著整理工作的開展，將整理工作程式調整為更加符合檔案整理工作實際的清檢、標題、裝訂、排比、編號、登記和索引等7個方面工作步驟。

　　按照以上辦法，到1953年底，合計整理檔案93個單位，形成檔案959133卷。

　　可以看出，從史料整理處成立初期到1953年，檔案整理工作在一定程度上吸收和借鑑了原政務院指導接收工作委員會駐寧辦事處和原南京國民政府國史館所採用的檔案工作整理方法。客觀地說，這一時期的檔案整理就其實質而言，還是一種帶有清理性質的初步整理，在全宗劃分、分類、立卷及案卷題名方面還有不夠科學的地方，但是在當時國家建設百廢待興、急需利用檔案的情況下，這種整理應是符合當時社會發展需要的，其中的依照機關來源和機關單位開展整理工作，已經初步具備了全宗原則的思想。

三、學習蘇聯先進經驗至大躍進前檔案的整理（1954～1957年）

　　如果把建館初期我館檔案的整理工作看作為經驗積累時期，那麼到了1954年，這一工作便開始進入到基本理論與工作方法基本形成階段。這一時期國家第一個五年計劃開始全面實施，我館檔案整理工作也隨之有了新的變化與發展。儘管在前幾年工作中，我館檔案整理工作已經積累了一些經驗，形成了一些整理工作方法，但是工作中也遇到了一些無法解決的問題，於是便產生了結合整理工作學習蘇聯先進檔案工作經驗的迫切要求。這一年年初，南京史料整理處制定了一個學習計劃，開始系統地學習蘇聯檔案整理工作的先進理論與方法，並成立了一個專門性的試驗研究室，就清朝理藩院檔案、北京民國政府蒙藏院檔案和南京國民政府蒙藏委員會檔案

進行了試驗性整理。以期透過試驗吸取經驗，將蘇聯檔案理論與中國歷史檔案特點結合起來，以改進自己的整理方法。經過8個月邊學習、邊實踐、邊總結式的有針對性的學習和實踐，逐步形成了館藏檔案整理工作中一些較為可行、較為規範的原則與方法。其中的新思想與新觀點主要有：

1.全宗原則。一個機關的內部檔與外部檔構成一個全宗整體，此一整體不容分割，也不能夾雜其他全宗的檔。

2.分類。在整理某一全宗檔案之前，須先確定分類方案，再根據分類六項原則對具體檔案進行分類。對於歷史檔案，一般應按照組織原則、年代原則和問題原則優先的順序進行。

3.立卷。在保持檔案檔之間歷史聯繫的前提下，根據檔案內容六個特徵來確立案卷。對於歷史檔案，一般應依照年代、問題、名稱優先的順序進行。

4.排列。根據卷宗內檔案檔在形成過程中辦文之間的聯繫、卷宗檔案的重要性程度以及卷宗檔案相互之間依賴程度排列案卷。歷史檔案一般應按重要性程度進行排列。

5.鑑定。面對檔案整理工作主客觀條件發生的變化，本著積極慎重的精神，嘗試性地運用一邊整理一邊鑑定的方法，對於在區分全宗、分類、立卷以及系統化排列等一系列工序中所經手的檔案貫串著進行一些檔案檔的鑑定工作。

同時，在進一步肯定了以往整理工作成功經驗與工作方法基礎上，並從保持我館整理工作延續性和實用性的角度，有選擇的保留了一些雖有爭議但卻具有一定可行性的符合我館工作實際的檔案工作整理方法。

一是繼續保留了案卷題名中綜合性檔案名稱的標識方法。根據科學方法，案卷題名應當揭示六要素，其中檔案名稱是需著重標明的要素。但是在實際工作中，一部分由多種檔組合起來的案卷，由於檔種類繁多，標明檔案名稱往往比較困難。對於此類案卷，民國時期一般都用「案」「卷」二字概括表示。由於「案」「卷」內涵明確，用字節省，簡單明瞭，因此決定繼續保留，加以沿用。

二是繼續保留了案卷題名中附加標題的做法。民國檔案的一些案卷中經常會出現一些在案卷題名中不能揭示但又屬於一些特殊性內容檔案的情況，當這些特殊內容的檔又屬於一些比較重要的檔案時，則有必要加以標識，編制附加標題。採用此種方法，較好地解決了卷宗內特殊內容檔案的標識和利用問題。

三是繼續保留了自建館以來就一直採用的具有本館特色的統一編寫卷號的做法。我館自建館之初，為了能夠儘快地提供檔案為國家建設服務，確定了兩步走的整理工作方法。初步整理的主要目標是透過整理，盡可能快地體現出各個單位的檔案輪廓，因而立卷便會較為綜合，往往一個題名的案卷會包括若干個保管單元（即宗），從而出現一個題名的相關卷宗共同編寫同一個案卷卷號、而每一個卷號之下再按順序統一編寫相應宗號的情況。儘管採取這種做法在統計上多了一個層級，但在實際管理中並未太多的影響到我館檔案的保管與利用，因而一直加以沿用。

此後，隨著整理工作經驗的不斷積累以及對於先進檔案理論認識的不斷提高，到1955年，我館逐步產生了借助舉辦建館五周年紀念活動的時機，對以往工作所取得的經驗和理論認識加以系統化的想法，於是從這一年下半年開始，正式啟動了這一項工作，到1956年年初，一部名為《歷史檔案整理方法的經驗總結》（初

稿）的專著被初步寫成。以後歷經數次修改、補充和完善，終於在1957年年底被定名為《歷史檔案的整理方法》，由人民出版社出版發行。

該書站在理論與實踐的高度對建館以來到1957年6年間我館檔案整理工作進行了系統的歸納、梳理、回顧與總結，形成了一些較具創新性的理論與方法：

一是在館藏檔案基本狀況的分析與判斷方面：進一步將館藏檔案按照其形成與保管的基礎狀況劃分為三種類型。第一種類型為檔案全宗相當完整，原來立卷基礎較好，均已裝訂成本，卷面有標題，類目清楚，又有號碼可循的。第二種類型為原全宗內某一部分檔案原來基礎較好，另一部分則為雜亂零散的。第三種類型為原檔案基礎較差，全是零散檔，全宗又不完整，而其中又有些重要檔案檔的。針對不同類型的檔案，規定了不同的工作進度：第一種類型平均每天工作量為四尺左右，第二種類型平均每天工作量為八寸至九寸，第三種類型平均每天工作量為三寸至四寸。

二是在全宗構成與判定方面：充分吸收和運用了蘇聯檔案理論中關於判定全宗構成的三個必備條件：一為單獨的預算，二為機關的人員編制，三為能夠確定該機構組織相對獨立的立法性檔。並透過大量實證，將區分館藏檔案全宗歸納為6個方面基本方法：第一個是中央一級政權機關和管理單位，應按照清朝、北洋和國民黨三個時期進行區分。第二個是事業性機關或二級以下機關，區分全宗時可以不受三個階段政權變遷的影響。第三個是外國人參與主管的機關，區分全宗時應不受政權更迭的影響。第四個是各省各地的政權機關和事業單位，應根據其自身的組織變遷情況來確定全宗。第五個是地方軍閥及其部隊，應根據其存續的歷史確立全宗。第六個

是汪偽組織的各種機構，應嚴格區分為單獨的全宗。由於規定明確，使區分全宗工作變得相對簡便而易行。

　　三是在對於分類中若干問題的處理方面：在確定了將年代、組織機構、問題、檔案名稱、通訊者和地理等六要素作為分類的六項基本原則的同時，並根據歷史檔案形成的具體情況，提出分類一般應採用兩種分類原則相結合的方法，首選順序為年代──組織方案，或組織──年代方案，依次再為年代──問題方案或問題──年代方案以及分別由名稱、通訊者、地理等原則與其他原則兩兩相結合的方案。使分類工作做到有規可循。

　　四是在對於立卷中若干問題的處理方面：在突出強調了保持文件之間的聯繫是立卷工作重要原則的同時，總結歸納出檔案檔之間所存在的兩種聯繫：一種是檔之間一來一往的直接聯繫，一種是檔之間在名稱、作者、問題（或實物）、通訊者、地理以及年代等六個特徵方面的共同性上所產生的間接性聯繫。並強調應注意檔案原來整理的特點，原來立卷是正確地按問題的，便應當按問題進行立卷；原來是按名稱的，便應當按名稱進行立卷。並以大量實例證明，在間接性聯繫立卷中，以名稱、問題或實物和年代等特徵立卷居多，為立卷工作提供了參考和依據。

　　五是在卷宗題名的擬定方面：除著重強調標題工作是整理歷史檔案中的一項重要工作之外，同時要求標題應標明卷內檔的名稱、作者、內容、通訊者的名稱（指往來文書）、卷內檔所屬地點的名稱以及卷內檔的日期。特別是在擬寫歷史檔案標題時，應具備正確的政治立場與唯物史觀。在具體工作安排上，強調要結合立卷工作進行標題工作，以提高標題品質和工作效率。

　　六是在整理過程中結合著開展檔案鑑定工作方面：為了在檔案

整理工作中,能夠較好地解決檔案數量大、人力少與急需使用之間的矛盾,提出在繼續實行「整理工作分兩步走」工作方法的同時,實行一種「邊整理邊鑑定」的工作方法。其工作程式為:在進行編號、登記、造具目錄等整理工作之前,須進行一次剔出沒有保管價值檔的工作,範圍包括:被包括了的檔、複印檔、重份檔和失去了意義的檔。

由於合理地運用了「兩步走工作方法」和「邊整理邊鑑定」等工作原則,大大加快了館藏檔案整理步伐。到1957年第一個五年計劃結束時,我館已經基本完成了這一時期館藏檔案的初步整理。根據我館文書檔案資料計算,到1957年底我館已接收進館的檔案總數約為140萬,從解放初期到1957年近9年的時間裡,合計已經初步整理完成館藏檔案約計125萬個卷宗。

1957年下半年,隨著我館初步整理工作任務的基本完成,按照「兩步走」的整理工作要求和工作部署,我館檔案整理工作逐步過渡到細化整理工作階段,於是結合本館實際,擬訂了一個總條目數為25條的《南京史料整理處整理歷史檔案暫行辦法(草案)》,決定從這一時期起,結合著館藏檔案鑑定工作,部分地開展館藏檔案的細緻整理。具體做法為:採取一號一卷的方法對卷內檔進行順序排列,去掉金屬釘,用棉線裝訂檔案卷宗,每卷厚度以便於翻閱為限。所有被鑑定剔出的檔,進行綜合立卷,給以籠統標題,不再排列卷內檔順序,不去金屬釘,也不裝訂,每號可以包括一個以上的案卷,暫時排列在該全宗全部所保存案卷之後進行編號登記,以備將來進行檢查剔除。由於整理工作較為細緻,工作環節較為繁複,工作進度也較為緩慢。經過統計,平均每天每人僅能整理4寸。

可以看出，這一時期我館檔案整理工作的基本理論與工作方法已經基本形成。其中的整理工作兩步走、利用原基礎以及邊整理邊鑑定等基本原則與方法已經開始在整理工作中得到普遍運用，為下一階段整理工作的開展創造了一定條件。

四、大躍進時期至「文革」前檔案的整理（1958～1965年）

1958年起我館檔案整理工作開始進入到一個新的發展階段。這一年國家開始實行國民經濟發展第二個五年計劃，提出了建設社會主義的總路線，在全國性「大躍進」運動的影響下，檔案部門提出了「檔案工作以利用為綱」的方針。面對形勢發展要求，我館對於當時仍有約計兩萬箱檔案被分散在全國各地仍須由我館接收整理，以及我館以往已經接收尚待整理檔案的情況進行了分析和評估，得出了如果仍然按照此前做法對館藏檔案進行細緻整理，光是將分散在全國各地的兩萬箱檔案整理完成便需費時52年的結論。於是決定改變前一年度剛剛起步不久的第二步走進行細緻整理的工作方法，把整理工作再次改變為兩步走中的第一步，先進行初步整理，進而提出了「四寸躍三丈」的整理工作躍進指標，把過去細緻整理時平均每天每人整理四寸的工作進度（注：指對零散檔案的整理），躍進到每天每人整理三丈。按照上述方法，前後用時半年，合計完成了40600尺檔案的初步整理，整理速度為細緻整理時的81倍。

1959年6月，國家檔案局組織召開了全國檔案資料工作先進經驗交流會，會議在肯定以往工作成績的基礎上，著重檢查了出現在1958年檔案工作中的一些虛假、浮誇和形式主義問題，提出了「進一步提高檔案工作水準，積極開展檔案資料的利用工作，為社會主義事業服務」的檔案工作指導方針。

不久，根據國家檔案局這一檔案工作指導方針，我館對前一階段第一步走整理工作進行了認真的反思與總結，進而形成了一條新的檔案整理工作思路：這就是第一步走整理工作應當與利用原基礎方法相結合，明確要求檔案整理要充分利用原基礎。同時，結合新接收進館檔案的具體情況，將其劃分為三種類型，對於不同類型的檔案採取不同辦法分別進行整理。

第一種類型為接收進館的檔案已經過原保管單位整理，並編有目錄且可以提供查找利用的。對於這一類檔案應直接利用原來分類、立卷基礎，整理時給予全宗代號，維持原編號碼和原有目錄，統一編制本館目錄後即可提供利用。

第二種類型為接收進館的檔案雖然已經過原保管單位的整理，但僅為部分整理，或原保管單位整理後，由於各種原因又弄亂查找起來不便的。對於這部分檔案，原基礎好的可以繼續利用，無基礎可言的，則須重新進行整理。

第三種類型為接收進館的檔案屬於未經整理的零散檔或是被搞亂了已根本無法利用的。由於這部分檔案已無基礎可言，因而整理時則應根據「兩步走」中第一步整理的要求，先進行初步整理。

依照這種方法，先後整理了該年度接收進館的散存於部分省市的舊政權檔案10000多尺，其中，清理和初步整理出第一種類型檔案1000尺，第二種類型檔案6500尺，第三種類型檔案1000尺。

同時，根據這一時期我館檔案初步整理的進度情況，以及不久後計劃開展的第二步走整理工作，在統一工作方法與要求方面提出了具體要求：第二步整理應是在第一步整理基礎上使其更加科學化和系統化的加工整理，第二步整理不是對所有案卷都一律進行複整，而應當是有重點的進行加工整理。在具體方法上，首先是將經

過第一步整理的全宗案卷劃分為三種不同類型,再針對不同類型檔案情況採取不同方法進行複整。第一種類型為:初步整理時已經過細整並裝訂成卷,或者原移交機關已經細整並已裝訂,且現在保管和查找利用都很方便的。對這類檔案不再進行加工整理。第二種類型為:初步整理後基本上能夠查找利用,但分類、立卷、標題等工作上還有些粗糙,案卷也未裝訂,使用起來不太方便的。對於這一類案卷,則應採取選擇重點全宗的方法進行加工整理。第三種類型為:已經過初步整理,雖然基本上能夠使用,但全宗眉目不清,分類立卷有些雜亂,標題比較籠統且不能說明問題、又不便查找使用的。對於此種類型的全宗,如果檔案內容很重要,則需重新進行整理,使其達到科學化和系統化;如果檔案內容價值不大,則進行一般性整理。但不論哪一類檔案,進行第二步整理時,均應把同一全宗曾經經過幾次整理的和新接收尚未整理的檔案一併按同一全宗合併進行整理。

不難看出,這一時期的第二步走整理工作在具體內容和方法上又有了新的改進和要求。

同時,這一時期,我館還透過階段性經驗交流和專題討論方式,對1957年以來我館整理工作進行了比較全面的總結,形成了一部題名為《關於歷史檔案整理方法的幾點經驗》的文章匯集。其中所收錄的較為重要的文章有:〈關於整理大量舊政權檔案採用兩步走的工作介紹〉、〈整理舊政權檔案如何利用原基礎〉、〈關於編制殘缺全宗匯集的體會〉、〈整理舊政權檔案試行按歷史時期分類的研究〉、〈關於擬訂歷史檔案案卷標題的幾個問題〉、〈我們是怎樣編寫舊政權機關組織簡介的〉、〈編制專題卡片工作經驗介紹〉以及〈接收舊政權檔案工作的點滴經驗〉等。文章中的一些觀

點不乏具有一定的新思想與新觀點，對於做好下一步整理工作提供了幫助。

此外，這一時期，針對民國檔案整理工作中需要解決的若干技術性問題，還陸續形成了一些經驗性總結方面的文章。計有：〈編制歷史檔案標題的體會〉、〈整理歷史檔案分兩步走的工作總結〉以及〈區分歷史檔案全宗的體會〉和〈歷史檔案的鑑定工作〉等。可以看出，這一時期我館早期檔案整理工作已經進入到相對成熟與穩定時期。

此後數年在上述思想指導下，我館開展了一系列檔案整理工作。

1960年上半年合計整理南京國民政府檔案71個全宗3819尺，汪偽政權檔案5個全宗312尺。其中，整理第一種類型檔案3116尺，第二、三種類型檔案1015尺，並按政權區分北京民國政府零散檔案3000尺。

1961年按照整理工作一步走的方法與要求，先後整理北京民國政府、南京國民政府和汪偽政權檔案合計66個全宗3994尺。

1962年整理北京民國政府檔案220尺，南京國民政府檔案3368尺。其中整理第一種類型檔案373尺，第二種類型檔案1473尺，第三種類型檔案722尺。

1963年按照第一步走整理方法和要求整理北京民國政府檔案845尺，南京國民政府和汪偽政府檔案250尺。

這一年，我館還結合著整理工作的開展，對整理工作方式方法進行了改進。

一是在整理工作中增加了審卷工作環節。採取「虛實結合」的

方法，對於在審卷工作中遇到的問題，採取原則問題從嚴、非原則問題從寬和領導、專家、青年三結合的方法，對於學術上的不同意見本著「雙百」方針開展充分討論，以提高整理工作品質。

二是將整理工作與研究工作相結合。對於在整理工作中遇到的一些內容重要而又疑難的問題，透過查閱有關檔案檔進行相互印證，或借助有關圖書、報刊和其他資料加以考訂等方式，進行細緻的考證和研究，以解決整理中所出現的疑難問題。

三是摸索出一種新的「就號整卷」工作方法。對以往整理工作中存在的部分案卷品質不高、部分檔案全宗區分不清、分類不當、立卷過大以及部分檔案案卷題名不能反映檔內容等整理工作中經常出現的問題，以卷為單位，用第二步走細緻整理的要求進行整理。

1965年，按照當時國家檔案局所規定的任務，我館開始逐步將檔案整理工作重點轉移到備戰工作上來，集中全館主要力量，按照檔案重要性程度，開展了清理鑑定工作。以備一旦發生戰爭，可以立即把清理出來的重要檔案轉移至後方庫房加以保存。

首先，透過分析和判斷，將館藏檔案劃分為全宗內案卷數量不多的重要全宗，全宗內案卷數量較多的重要全宗，一般性全宗以及顯然不重要的全宗四種全宗類型。其次，按照檔案的重要性程度和保存狀況對清理工作提出了要求：一是對於重要全宗，原則上調出全部檔案，逐卷進行清理鑑別，從中選出重要檔案。但對於某些全宗內重要類項中重要案卷比例較大的，可以將整個類項的案卷都作為重要案卷，不再逐卷清理。對於某些全宗內整段檔案中無重要案卷的，可以抽查部分案卷，不再逐卷進行清理鑑別。二是對於整理基礎比較好的全宗（全宗清楚、案卷單純、基本上為一號一卷），將選出的重要案卷，逐卷進行編號並在原有案卷目錄上注明新號。

其餘的一般案卷，一律不做加工整理，只需重新編寫案卷順序號，並在原案卷目錄上注明新的卷號。三是對於整理基礎比較差的全宗（全宗混雜，案卷龐大，且一號多卷甚多），整理時在消滅了全宗混雜現象，按全宗編寫案卷號，造具案卷目錄與消滅了大號案卷並做到一號一卷之後，再選出重要檔案，進行編號、調整案卷和修改案卷標題工作。其餘的一般性案卷，只按全宗編寫案卷號，造具案卷目錄，充分利用原有整理基礎，盡可能不動卷，不再修改案卷標題。

按照這種方法，這一年合計清理鑑定完成館藏全部檔案150萬卷。其中，確定為重要檔案的有85589卷，特別重要檔案的有9187卷，一般檔案的有1414411卷9445捆，擬銷毀檔案的有33808捆1334箱137麻袋139席包。

五、「文革」時期檔案的整理（1966～1976年）

1966年6月文化大革命開始，我館檔案整理工作逐步停止。

1967年10月，根據中央中發（67）312號檔《關於接管清查敵偽檔案的指示》精神，我館被軍事接管，1968年2月江蘇省革命委員會接管清查敵偽檔案辦公室成立後進駐我館。根據當時中央交付的任務，檔案界開始啟動敵偽檔案清查工作，南京成為清檔工作的重要地區，我館則成為清檔工作的重點單位。

為配合清檔工作開展，清查敵偽檔案辦公室開展了館藏部分檔案整理工作。其中，1968年合計整理零散敵偽檔案11萬卷，到1969年7月累計整理零散敵偽檔案15萬7千多卷。此後直到「文革」中後期，又陸續整理零散檔案251個全宗2631卷。

從中可以看出，這一時期由於檔案工作指導方針出現了問題，

致使長期以來我館有序開展的檔案整理業務工作陷於停頓狀態。

六、改革開放時期檔案的整理（1978～2000年）

（一）三年恢復時期檔案的整理（1978～1980年）

1978年，黨的十一屆三中全會春風吹進了我館，隨著黨的政策的落實，領導體制的改革，我館開始逐層推進全面恢復和開展檔案業務工作，著手規劃館藏全部檔案的第二步走加工整理工作。

為切實做好這一時期館藏檔案整理工作，我館對當時檔案管理現狀和整理工作進行了一次較為全面的分析和判斷：我館所藏歷史檔案，由於案卷龐雜、散亂，數量較大，整理工作任務比較繁重。為了能夠及時提供利用，過去對整理工作曾經採取了「兩步走」的方法，第一步整理工作，「文革」前經過十多年的努力，已基本整理完畢，第二步整理工作，因「文革」開展而遭到停頓。此外，還有一大批成堆成捆未經整理編號的檔案，雖然在「文革」前和「文革」中曾作過多次清理，但因先前判斷總體價值不大，未能列入整理計劃。同時認為，整理有價值的歷史資料，是一件十分細緻且需要經過多方查找、整理、研究和考證過程的工作，只有集中一批人力，進行埋頭苦幹和細緻的工作，才能把有價值的歷史資料整理出來，加以科學管理和提供利用。

對此，經過計劃和部署，於1978年提出了《中國第二歷史檔案館三年、八年工作規劃》：計劃用8年左右時間，完成現藏檔案的第二步加工整理工作，使之達到科學化和系統化的要求。同時，結合著第二步整理工作，著手開展相關工具書編寫、庫房調整、目錄編制、專題檔案微縮製作和朝天宮積存零散檔案的清理工作。

為切實做好檔案整理工作，當時的整理部門也配套制定了《關

於檔案整理工作的八年規劃》，進一步提出和明確了經過加工整理後的檔案應當達到的標準和要求：一是全宗清楚。做到一個全宗一個代號，消滅一個全宗多個代號、一個代號多個全宗的現象。二是全宗內案卷分類科學，類項設置科學合理。三是一號一卷，消滅案卷龐雜和一號多卷現象。四是案卷標題簡明準確，能夠反映卷內檔內容，沒有政治錯誤。五是大部分案卷都要裝訂。六是編制相應的案卷目錄和分類索引。

　　同時還提出了整理工作的基本原則、步驟與方法。由於館藏檔案數量較多，保管狀況各不相同，整理工作開展必須區分檔案的不同情況，分期分批進行。首先是整理工作須按政權系統進行，逐步推開。其次是整理工作必須區別檔案原來的整理情況，充分利用原有的整理基礎。對於全宗清楚、全宗內案卷有分類、立卷情況相對較好的全宗，一律不動。對於全宗內部分案卷不合要求的，只動不合要求的部分。對於需要進行加工整理的全宗，也要充分利用原有的整理基礎，特別是對已經立好的案卷，原則上不拆卷，決不能輕易打亂重新進行整理。

　　按照這一計劃和要求，經過周密部署和安排，開展了國民政府教育部檔案系統化加工整理工作。為確保該項工作的順利實施，配套制定了《關於整理國民政府教育部檔案的初步方案》。《方案》要求：經過重新整理的檔案必須達到全宗清楚，分類統一，一卷一號，按照檔案重要性程度分別編號，重要案卷及一般案卷都要裝訂。該項工作從1978年10月開始實施，歷時2年多，到1980年年底，基本完成了教育部系統檔案的加工整理工作，共計整理完成教育部及所屬機構檔案20個全宗73914卷，對其進行了分類、排列和編號，編制了案卷目錄和目錄索引，制出了案卷分類卡。同時，編

制出重要文件卡7430張，寫出了全宗介紹。其中，對教育部全宗約15000卷檔案進行了教科書式的系統化和規範化整理，教育部系統檔案整理是改革開放以後我館開展的第一個系統性檔案整理工作專案。整理工作有計劃、有目標、有要求，對此後我館整理工作的開展起到了借鑑性和範例性作用，具有重要的指導性意義。

（二）「六五」至「七五」時期檔案的整理（1981～1990年）

1981年我館檔案整理工作進入到第六個五年計劃時期。在迎接建館30周年之際，我館對30年來整理工作進行了認真的回顧與總結，得出了三方面經驗：第一個是在整理工作中，要以歷史唯物主義觀點為指導，保持檔案的歷史面貌和檔案檔之間的內在聯繫。第二個是對於舊政權檔案整理方法的認識問題。從我館歷來整理檔案的情況來看，整理檔案的要求可以表述為兩個方面：一是按全宗整理的原則，二是利用原基礎的原則。這兩個方面已不是簡單的整理方法問題，而應當看做是檔案館整理檔案的基本原則和要求。第三個是要重視必要的技術性加工整理工作，這是做好基礎工作的一個重要方面，決不能忽視和輕視技術性的整理。

根據這一指導思想，我館重新調整了整理工作思路，決定在今後整理工作中，不再採用此前教育部系統檔案整理中所採取的幾乎全盤照搬教科書式的科學化、系統化的整理工作思路（注：按此方法，我館全部檔案整理完成，需要經歷100年的時間），代之以實行的是符合館藏實際的、切實可行的、靈活多變的整理工作模式，並將其運用到改革開放時期各個階段的館藏檔案整理工作之中。

「六五」時期我館開展的整理工作主要有：對於教育部系統剩餘部分金陵大學、金陵女子文理學院等機構全宗的整理，對於蔡元

培、顏惠慶、黎元洪、蔣介石等個人全宗的整理，對於從海關、公安、軍事、外交、鐵路等系統接收進館檔案的整理，對於館藏檔案按全宗或按專題的微縮前整理，對於本館原有全宗的改號整理，對於代號四國民政府經濟部系統檔案的整理，以及對於北洋審計院零散檔案的整理等。

其中，在新接收進館檔案整理方面：按照檔案整理的一般性原則，結合到我館檔案的管理特點，在充分利用原有檔案整理基礎、區別檔案不同類型的同時，採取了先粗後細兩步走的做法，對新接收進館檔案進行了全宗區分和全宗內檔案不同程度的分類整理，使這部分檔案「客隨主變」，納入到我館檔案實體管理的大家庭之中。

在對本館原有全宗改號整理方面：面對「六五」時期全國檔案工作發展的態勢，為進一步提高館藏檔案管理品質，實現館藏檔案的系統化管理和規範化管理，徹底解決建館初期我館曾經採用過的按照檔案進館時間的先後順序給定全宗代號做法所帶來的全宗號編寫順序較為混亂的問題，經過研究，決定將我館全部檔案按照不同政權、不同系統，劃分為一定區域重新給予相應的全宗代號，透過全宗號的改編整理，對一定政權、一定系統的全宗檔案相對集中進行管理。具體做法為：南京國民政府檔案全宗代號編列為一號至九九九號，北洋政府檔案全宗代號編列為一〇〇一號至一九九九號，日偽政權檔案全宗代號編列為二〇〇一至二九九九號，著名人物檔案全宗代號編列為三〇〇一至三九九九號。

在代號「四」國民政府經濟部系統檔案整理方面：按照檔案整理的新思想和新觀念，採取按政權、按系統相對集中進行整理的方法，對館藏已有檔案進行整理，最大限度地保持檔案檔之間的歷史

聯繫和整理方法的連貫性與一致性，進一步提高整理工作品質和效率。基本要求和做法是：就號整卷，恢復原卷，解決全宗混亂與案卷龐雜的問題。在實施初期，以原基礎狀況保持良好的國民政府實業部全宗為案例，進行了恢復原分類方案的加工整理，起到了示範性作用。

在館藏檔案微縮前整理方面：「六五」時期，隨著檔案工作現代化步伐的加快，微縮技術已經在一部分檔案館得到推廣和運用。面對新的形勢，我館決定從1985年起啟動館藏檔案微縮工作，採取以全宗檔案微縮為主、專題檔案微縮為輔的方式，以館藏中較為重要的廣州和武漢革命政府全宗作為首選，並結合著《國民黨中央執行委員會會議記錄》專題選編專案，以試點方式，開展了微縮前檔案整理工作，取得了工作實效。

在北洋審計院零散檔案整理方面：北洋審計院零散檔案係我館於1980年代初期，組織本館80餘名業務人員在朝天宮庫房1000米餘長度的相關檔案中，經過仔細鑑定檢查後留存的。「六五」時期我館經過慎重研究，決定啟動該專案零散檔案整理工作。面對留存檔案數量較大的現實情況，在整理過程中，採取了借助社會力量，透過大學辦學開展實習的方式進行了整理。專案開始階段，先後接待天津南開大學分校檔案系和天津新華職工夜大檔案班2批實習生參加了這部分檔案的整理，取得了階段性進展。作為改革開放時期我館較早借助社會力量開展的檔案整理工作專案，該專案工作為以後同類型檔案整理工作的開展起到了示範性作用。

經過一系列整理，到「六五」期末，共計完成檔案整理917個全宗，形成檔案1374987個卷號。

「七五」期間我館繼續沿用了「六五」時期檔案整理的基本做

法，在積極做好既有專案整理工作的同時，並有計劃、有步驟地開展了一些新的整理工作項目。

其中，在北洋審計院零散檔案整理中：針對「六五」時期該部分檔案整理的進度情況，進一步制定了《北洋審計院全宗整理方案》，將這部分檔案按照十一大部類劃分為三種整理狀況，以小組為單位劃分一定類別進行整理，同時採取考核與獎勵相結合的辦法，充分調動整理人員的工作積極性，進一步加快了整理工作進度，使這部分檔案得以早日提供使用。

在館藏檔案微縮前整理中：針對往年整理工作進度情況，制定出1989至1990年度《檔案微縮工作二年計劃》，同時，並向上級主管部門提交了「關於向社會提供檔案微縮品的請示報告」，以期加快微縮前整理工作步伐。先後對國民政府行政院、蒙藏委員會、戰史編纂委員會、中央大學等全宗檔案和《汪偽行政院會議錄》等專題檔案進行了微縮前加工整理。

在新開展的代號「十三」汪偽系統檔案整理中：借鑑了經濟部系統檔案整理的成功經驗，透過區分全宗、組卷、案卷審查、抄寫卷皮和編制卡片等工作環節，對該政權系統檔案進行了加工整理。

到「七五」期末，共計完成檔案整理897個全宗，形成檔案1458522個卷號。

（三）「八五」至「九五」時期檔案的整理（1991～2000年）

「八五」時期我館檔案整理工作繼續沿用了「六五」和「七五」時期的基本做法，除繼續開展代號「十三」汪偽系統檔案整理、全宗檔案和專題檔案微縮前整理等整理工作以外，並進一步調

整工作思路，加快了館藏經濟系統檔案整理步伐，全面結束了代號「四」國民政府經濟系統檔案整理工作，合計完成檔案整理36個全宗，184065卷。同時決定從1992年起，將整理工作重點轉移到全宗代號「三」國民政府財政系統檔案整理工作中來。

這一時期隨著社會利用檔案需求的增加，為了確保檔案有效利用和安全利用，進一步加快了館藏檔案微縮前整理工作。到「八五」期末，按全宗先後對國民政府全宗、行政院全宗、雲南特派員交涉公署全宗、中央大學全宗、黎元洪全宗、熊希齡全宗、胡漢民全宗、孫科全宗和顧維鈞全宗進行了微縮前整理工作，按專題對《國民黨中常會會議錄》、《四聯總處會議錄》、《汪偽中政會會議錄》、《汪偽行政院會議錄》、《南京國民政府統計檔案選編》、《陝西省情檔案選編》、《抗日戰爭正面戰場檔案選編》和《接收日軍管理工作檔案選編》等專題檔案進行了微縮前整理。

到「八五」期末，共計完成檔案整理918個全宗，形成檔案189萬個卷宗。

「九五」時期我館對於館藏檔案整理工作提出了新的目標和要求。這就是：到本世紀末，館藏檔案管理應力爭實現標準化、規範化和制度化，基礎工作進一步加強，完成全部零散檔案的整理編目和排列上架。按照這一規劃，這一時期除繼續開展館藏國民政府全宗、招商局全宗、新馬地區專題檔案微縮前加工整理工作外，並相繼開展了館藏海關檔案整理工作，館藏北洋司法類案卷修改標題工作和館藏審計檔案整理工作，全面完成了代號「三」國民政府財政系統檔案整理收尾工作（注：該項目從1992年啟動到1997年結束，合計整理檔案131847卷，分屬於100多個全宗），有重點地開展了2188袋零散檔案整理工作，郵電檔案掃描前整理工作和中

國銀行檔案掃描前整理工作。同時，為確保這一時期各項檔案整理工作規範有序地開展，制定了《民國檔案整理規則》。

其中，1996年制定的《民國檔案整理規則》，集中了當時我館整理人員的集體智慧，對於2188袋零散檔案整理工作及其以後規模性整理專案的開展，起到了規範性作用。《規則》全面總結了建館以來至「九五」規劃之前我館歷年來檔案整理工作所取得的經驗，從主題內容與使用範圍，民國檔案整理的目的與原則，整理工作的程式與方法等方面對整理工作進行了全面規範。其中，關於館藏檔案實體的部類劃分，區分全宗的方式方法，多宗卷的處理，全宗內案卷的分類，民國檔案全宗號的給定等均起到了相應的規範性作用。

2188袋零散檔案整理工作於1997年5月正式啟動，歷時三年零七個月，至2000年12月基本結束。開始階段全館先後有近百人參加了專案工作，整個專案經歷了準備、啟動、攻堅和收尾四個工作階段，共計形成檔案20大部類、17個匯集、83254卷。期間，為確保整理工作品質，統一思想和規範管理，相繼制定了《館藏2188袋零散檔案整理方案》、《2188袋零散檔案整理要求》。其中，《整理方案》針對這部分檔案的形成特點，提出了分清政權，立好案卷，判定案卷的政權（系統）歸屬，編制出與館藏管理體制大體一致的案卷目錄，經鑑定剔除殘頁碎片、重複檔、無檢索價值的事務性檔和待銷毀非檔案物的總要求，明確了檔案的實體分類應遵循來源原則，將這批檔案按系統單獨編列檔案匯集，以維護檔案實體管理體系的穩定性的總方針。由於目標清楚，任務明確，使這部分檔案在有序和高效管理中順利完成。

郵電檔案掃描前整理工作於1998年2月正式啟動，歷時4個多

月，全館先後有一百餘人參加了專案工作，共計整理完成郵政總局和郵政儲金匯業局兩個機構9個全宗28500多個卷號，49600多個卷宗。期間，根據專案工作開展需要，先後制定了《郵電檔案整理辦法》、《掃描管理辦法》和《光碟燒錄檢查辦法》等管理辦法。該項目係我館首次借助社會資金，採取合作方式，搶救整理和開發利用館藏檔案的案例，對於其後我館組織開展同類型專案工作起到了示範性作用。同時，該專案還開創了我館大規模結合檔案整理工作開展檔案掃描工作的先河。

這一時期，我館共計整理文書檔案15萬餘卷、照片檔案1萬7千張。

七、新時期檔案的整理（2001年至2010年）

2001年我館檔案整理工作進入到一個新的發展時期。新時期，在中辦館局領導下，我館在檔案整理工作開展方面又有了新的舉措和突破。在整理工作實踐中，不僅具有新思想，並且採取了新方法，取得了階段性成果。「十五」時期主要體現在國民政府財政部檔案系統化整理工作開展方面，「十一五」時期集中體現在檔級檔案深度開發與館藏檔案數位化工作開展方面。

（一）「十五」時期檔案的整理（2001～2005年）

「十五」時期我館對館藏檔案整理工作提出了明確的目標和任務，這就是：全面完成館藏零散檔案整理工作，著手編制全宗卷，使館藏檔案達到全宗清楚，標題準確，檢索便捷的目標。同時，編制《民國檔案資料等級劃分標準及管理辦法》，逐步對館藏檔案資料進行評估、劃級，實行分級管理。根據這一規劃，我館全面結束了2188袋零散檔案整理工作，相繼完成了北洋時期8個全宗3.8萬餘卷檔案的全宗號改號整理工作，同時，相繼與中國銀行、中國人

民銀行、中國煙草學會、黃河水利委員會檔案館等機構合作，先後完成館藏中國銀行全宗、中央銀行全宗、煙草專題檔案和黃河專題檔案掃描前加工整理工作，並根據香港政府特別行政區檔案處和澳門政府特別行政區利用需求，先後完成館藏香港地區專題檔案（5萬餘畫幅）、澳門地區專題檔案微縮前整理工作，啟動早兩年接收進館的郭泰祺個人檔案檔級整理工作，並根據工作需要，開展了《民國檔案分級標準》科研專案工作，採取分級管理模式，動員全館力量，全面啟動了國民政府財政部檔案系統化整理工作。

其中，《民國檔案分級標準》科研專案的研發，對於組織和開展國民政府財政部檔案系統化整理工作起到了指導作用。該《標準》研製工作於2000年下半年正式啟動，歷時一年半，到2001年底全面完成。專案以全國民國檔案為研究對象，從全宗和案卷兩個層面對民國檔案進行價值鑑定和分級評估，按全宗和案卷兩個級次將民國檔案劃分為一、二、三3個級別進行價值鑑定和分級管理。

以此為基礎，有別於其他合作專案實用性的需求，我館從2002年下半年起，運用新思想和新理念，採取分級管理模式，動員全館力量，組織開展了國民政府財政部檔案系統化整理工作。專案工作得到了國家財政部專項經費的大力支持。

為做好專案工作，整理工作開始前對該全宗以往整理與保管狀況進行了一次全面調查，形成了《館藏財政系統檔案基本情況調查一覽表》，在此基礎上起草制定了《國民政府財政部檔案整理實施方案》。《方案》要求：財政部檔案整理要充分利用原基礎，維護館藏檔案實體管理體系和檢索體系的穩定性，在此前提下，力爭用三年左右時間，全面完成約8萬卷左右檔案的整理任務，實現檔案實體有序，價值層次清晰，檢索便捷準確，保護措施得當的總體目

標。專案強調進行品質管制，各項工作品質標準均須按照《民國檔案整理規則》、《民國檔案分類標引規則》、《民國檔案檔頁號編制規則》、《特藏檔案挑選辦法》等業務規則嚴格執行，確保專案各環節工作良性迴圈。

這一時期，我館共計整理各類檔案12萬餘卷。

（二）「十一五」時期檔案的整理（2006～2010年）

「十一五」時期我館檔案工作再次進入到一個新的發展階段，檔案整理工作面臨著兩方面任務：其一是在檔案利用中，進一步提高館藏檔案的查全率和查準率。其二是在檔案利用中，切實做到減少調卷數量，儘量不提供檔案原件，確保檔案利用安全。圍繞這兩方面任務，經過充分醞釀和研究，先後啟動了館藏文件級檔案深化整理和館藏檔案數位化工作。

在館藏文件級檔案深化整理工作開展方面：進一步加大了檔級檔案整理力度，決定從館藏中相對重要的個人檔案和特殊載體檔案入手。在個人全宗檔級檔案整理工作中，選取了當時社會關注度較高的新近接收進館的民國名人郭泰祺個人檔案和翁文灝個人檔案進行了整理。整理中嚴格按照《館藏檔案檔目錄編制暫行辦法》的規定和要求，以檔為單位逐卷逐件進行整理和著錄。在特殊載體檔案檔級整理工作中，選取了社會關注度較高的商標檔案進行了整理。根據館藏商標檔案的形成特點，先後制定了《特藏商標檔案整理方案》和《特藏商標檔案加工整理辦法》，嚴格按要求對所經手的每一件商標檔案逐枚逐件進行登記、整理、編碼和目錄錄入，確保了檔級檔案的整理品質。

在館藏檔案數位化整理工作開展方面：一方面透過外出考察，借鑑兄弟單位在檔案數位化工作中所取得的經驗，另一方面結合我

館檔案特點，對館藏檔案的構成特點、整理情況及其存在的突出問題進行細化分析和量化統計，對專案工作進行總體規劃、進度安排和組織實施。

為確保數位化工作的有序開展，相繼制定了《中國第二歷史檔案館數位化工作方案》、《「教育部」全宗檔案整理中的問題及處理》以及數位化整理工作中《案卷標題問題及處理方法》、《整理人員工作職責》和《值班人員工作職責》等工作規則。

其中，《工作方案》對數位化檔案整理工作進行了總體規劃，將全部工作劃分為2個工作階段，第一階段，用5年左右時間，主要完成國民政府軍事、教育、財政、經濟、金融、審計、主計、外交、僑務、內政、社會、實業、資源、黨務、衛生、考試、監察等中央部會及汪偽國民政府、行政院、軍委會、中政會等機構檔案的整理與數位化，基本適應查檔利用需要。第二階段再分為先後二期，時間為15年。第一期用5年左右時間，主要完成國民政府鹽務、稅務、鐵路、航運、水利、郵政、司法、電訊系統及汪偽政權大部分全宗檔案的整理與數位化。第二期用10年左右時間，主要完成北洋政權、個人全宗、國民政府公路交通系統、中央機構下屬分支機構、企事業單位及不開放全宗檔案的整理與數位化。

為確保整理工作品質，《工作方案》在總結以往整理工作經驗的基礎上，規定了數位化整理工作的五個基本原則：一是充分利用原基礎，保持原全宗號、案卷號和卷號編排次序。二是整理工作開展，應依據各全宗案卷實際情況，先易後難，並結合全宗重要程度和查檔利用、庫房調整等情況，妥善安排。三是按全宗進行整理，針對各個全宗的不同情況，制定出每個全宗的具體整理方案。四是解決好遺留多年的一卷多宗問題，將宗作為卷對待，每宗擬定適當

的卷宗標題。五是同一卷宗內及前後連續卷號中的成冊重複性文件，應在案卷題名或備註中予以標明。

同時，按照清點案卷，核對、修改案卷標題，固定卷宗，編排卷內檔次序，編寫卷內檔頁碼，剔除卷內金屬物，注明特殊檔案和需要說明卷宗的情況，錄入、校對和編制卷宗目錄，檢查卷宗品質，編寫全宗檔案整理說明和檔案實體清點移交等程式和步驟，對第一階段整理工作開展進行了細化規定。

在具體組織實施中，選取了社會利用率相對較高、管理級別相對重要的國民政府教育部全宗作為試點，從2009年2月起全面啟動，到2011年年初，已先後整理完成國民政府教育部、內政部、外交部、社會部等機構全宗的加工整理工作。同時，為確保整理工作有效開展，專案還採取了勞務派遣和鐘點用工等用人方式，以確保整理工作規模和工作進度。

可以看出，館藏檔案數位化整理工作是新時期我館重點規劃和組織實施的全館性業務工作專案。專案工作不僅時間跨度大，參加的部門和人員眾多，而且涉及檔案實體整理、檔案數位化、檔案微縮和檔案修裱等各環節工作，較好地解決了檔案實體管理與數位化檔案存儲利用、微縮檔案存儲利用等諸方面問題，使我館檔案工作跨上了一個新的臺階，具有劃時代的意義，必將產生深遠的影響。

八、結語

回顧我館的六十年來檔案整理工作，可以得出這樣一些經驗和結論：這就是六十年來，經過幾代檔案人的艱苦努力和辛勤工作，我館檔案整理工作取得了顯著的成績。館藏全部檔案均已經過系統整理，形成了一個具有我館特色的館藏檔案實體管理體系，使之達到有規可循，有目可查。同時，在整理工作實踐中，還先後形成了

關於整理工作兩步走、歷史檔案整理充分利用原基礎、結合鑑定工作進行檔案整理、按照全宗和來源整理檔案、在整理工作開展中注意維護好檔案歷史原貌、整理工作開展中須重視技術性的加工整理、依照檔案重要性程度和利用需求開展檔案整理工作以及借助社會力量開展整理工作、結合微縮工作和數位化工作開展檔案整理工作等一系列整理工作基本原則和工作方法，確保了整理工作品質，提高了整理工作效率。但是，在整理工作中，我館也曾出現過一些工作失誤，走過一些彎路。如在第一步整理工作中，為了加快整理工作進度，我館曾採用過並小卷為大卷的整理方法，甚至於大躍進時期，提出過「四寸躍三丈」的整理工作口號，造成了案卷過大的情況，增加了保管與利用的難度。「文革」期間，由於檔案工作方針出現問題，致使那一時期我館檔案整理工作陷於停頓狀態。在第二步加工整理工作中，曾出現過拆除原卷重新進行整理的情況，結果不僅破壞了檔案原有基礎，還費時費力。在整理工作規劃中，曾經出現過因為某一時期工作需求，先後對同一全宗檔案多次進行重複整理的短期行為，結果不但增加了整理工作量，還因為多次對檔案原件進行整理，縮短了檔案原件的保存壽命。所有這些都不同程度地影響到我館檔案的整理品質和工作進程。

　　新時期，經過不斷反思與經驗總結，我館進一步加深了對於歷史檔案整理工作規律性的認識，正在根據新時期檔案工作發展需要，結合檔案數位化工作，開展館藏檔案系統化整理。我們相信，隨著歷史的發展，時代的進步，我館檔案整理工作將進一步走向輝煌。（任榮撰稿）

三　檔案編目

　　檔案編目工作是有關編制檔案目錄，並向檔案工作的其他環節和檔案利用者提供目錄服務的業務系統。檔案的收集、整理、保管等工作環節，是對檔案實體變分散為集中，變無序為有序的過程，檔案編目工作則是對檔案實體和檔案資訊實行雙重控制的過程，故檔案編目工作是檔案工作的核心內容之一。同時，它也是檔案工作的一個獨立環節，誠如中國當代檔案學家裴桐所指出：「隨著檔案工作的發展，現在已經突破了1950年代所歸納出來的六個環節。把編目工作從六個環節的整理工作中獨立出來，有著特殊的重要性，因為科學的編目工作是檔案檢索的必要前提。沒有目錄或者目錄不能很好反映內容，所謂『開發檔案資訊資源』就是一句空話。」舉凡館藏量達到相當規模的檔案館，其檔案目錄的種類也是多種多樣的，這是由利用者檢索要求的多樣性和館藏檔案的豐富性所決定的，我們以檔案目錄的基本職能和作用為依據，把檔案目錄分為三大類型：管理型目錄、檢索型目錄和報導型目錄，檔案館的編目工作即是圍繞上述類型目錄的建設而開展的，我館六十年的編目工作亦不例外。

一、管理型目錄的建設

　　管理型目錄又稱館藏目錄，主要由全宗目錄、案卷目錄、檔目錄等組成，它們是根據檔案整理的成果編制的，反映了檔案實體的排列次序，便於對檔案進行管理和統計。它們是以對檔案實體進行管理為主要功能，編制初衷主要是供檔案管理人員使用的工作目錄。我館六十年來的管理型目錄的建設基本完成了涉及全部館藏檔案的案卷目錄，開展了檔目錄的探索試驗實踐，涉獵了全宗目錄的

編制。

(一)館藏案卷目錄的建設

案卷目錄是管理館藏檔案的主要目錄形式,是案卷的登記簿和花名冊。它用目錄的形式固定案卷的分類排列順序,記錄了全宗內案卷的內容和形式,反映和鞏固檔案整理工作的成果,是檔案整理的結果。我館館藏案卷目錄的形成、構成成份、特點和價值都有其獨特之處。

1.館藏案卷目錄的形成

我館館藏案卷目錄的形成和館藏檔案的接收狀況、整理方式等密切相連,大致分作兩個階段:

(1)民國檔案整理「第一步走」階段(1951～1963年)

民國時期在南京的國史館,曾保存有清末、北洋軍閥政府、國民黨時代少數機關的部分檔案。南京解放後,在政務院駐寧辦事處下成立了一個工作組,將國民黨政府崩潰時遺留下來的各機關檔案60萬卷,加以集中保管整理。南京史料整理處成立後,接收了以上兩個單位及其檔案,並陸續從南京各機關及重慶、昆明、廣州、北京等地接收了4000餘箱檔案,至1957年,共計約有150萬卷。此後,還陸續接收了不少檔案。這些檔案數量巨大、凌亂、複雜,各類檔案各有一套管理方法,有的運用的是近代管理辦法,有的仍沿用清末及北洋政府時代的辦法;有的有個粗略目錄,有的連登記冊也沒有;有的尚完整,有的就是一堆散亂文書。而史料整理處的人力很少,缺乏經驗,但同時必須使這些檔案為國家建設和科學研究服務,儘快發揮其作用。工作人員經研究討論後提出了「兩步走」方針,即把檔案的整理工作分為兩個步驟來進行:第一步,進

行初步整理（又叫粗整），儘快地按檔案的機關單位和組織系統整理出檔案，編出目錄，使之能夠查找利用。第二步，進行細整，按照「科學化、系統化」的要求，進行細加工，解決粗整後案卷過於龐大、卷內檔排列無序、未編頁號、沒有卷內檔目錄等問題。截至「文革」前，基本上是集中力量做好了第一步的整理工作，擬待以後有條件時再逐步做好第二步的整理工作。

在整理過程中，工作人員堅持了「利用原基礎」的原則，即在整理過程中盡可能地利用原來的整理基礎，而不輕易打亂檔案原來的整理基礎重新整理。具體而言，根據進館檔案的實際情況，把檔案區分為三種不同的類型，分別提出不同的整理要求，採取不同的做法。即：第一種類型，整理基礎比較好的，一般不再進行加工整理，沿用其舊有案卷目錄，只是根據檔案館管理和提供利用的需要，編上全宗號，統一案卷序號。第二種類型，原來整理基礎一般的，要進行部分的加工整理和編制案卷目錄等項工作。我館歷年來接收和收集來的歷史檔案大都有一定的分類、立卷和編目的基礎可供利用，亦即多屬於第一、二種類型。第三種類型，原來整理基礎比較差的，或者基本上屬於雜亂零散的檔，要進行區分全宗、分類、立卷、排列編號和編制案卷目錄等一系列整理工作。

工作人員在館藏檔案整理過程中還堅持了按全宗整理檔案的原則，我館所收集保存的歷史檔案是在各個機關分別形成的，並且由形成機關分別加以分類整理，在接收入館的時候，全宗基本上是清楚的，相對而言各個全宗互相混雜的為數不多，因而大部分檔案完全有條件按照全宗原則進行整理和保存，因此，案卷目錄大多是以全宗為構成單位。個別全宗檔案數量太少，則按機構系統歸併為全宗匯集；或部分零散檔案無法區分全宗，也共同組成檔案匯集。全

宗匯集、檔案匯集在管理上均視同一個獨立的單位，分別形成各自的案卷目錄。

經過十餘年艱苦細緻的整理，到1963年我館已基本完成了館藏檔案的初步整理工作，除整理中剔除待鑑定的檔案外，有152萬個卷宗得到了系統整理，編有了案卷目錄。

（2）民國檔案整理「第二步走」改良階段（1978～2010年）

「文革」期間，我館業務工作基本處於全面停滯階段。「文革」結束後，從1978年起，全面恢復各項業務工作，按照「兩步走」的設想和要求，擬定了全館檔案進行第二步整理工作的規劃，並抽調了十餘人用了一年多的時間，試驗整理了國民政府教育部全宗的檔案，試驗實踐否定了原來設想的「第二步走」整理方法，因為它主要照搬蘇聯的一套做法，不太適合我館檔案的實際情況。

從1982年起，改變第二步細整的設想和要求，採用靈活機動的做法，針對第一步整理過粗的問題，提出「大部分不動，小部分重整，避免打亂重整」的方針，集中力量重點解決了以下幾類問題：

一是解決了部分檔案全宗不清的問題。在第一步檔案整理過後，館藏部分檔案仍存在整理過粗，全宗混雜的現象，即一個全宗代號內包含有兩個以上立檔單位的檔案，有的全宗代號甚至包含有三、四個政權時期幾十個立檔單位的檔案。同時有全宗分散的現象，即一個立檔單位的檔案編有兩個以上全宗代號，最多的竟編有十多個全宗代號。針對這一情況，我們進一步區分全宗，由按機關系統劃分全宗改為按機關單位劃分全宗，進而建成新的全宗內案卷目錄。

二是解決部分案卷過於龐雜和標題不當問題。我館部分檔案在第一步整理後，案卷過於龐雜，有的一個卷包括有幾十個乃至數百個卷宗，排放在架子上長度近百尺。在擬寫案卷標題方面，因受當時政治氛圍的影響，標題中常有政治性評判詞句。對於前者，我們盡可能利用原基礎，在分清全宗的基礎上，取消一號多宗，改宗為卷，重新擬定案卷標題；對於後者，則採用客觀具體的詞句對案卷內容進行揭示，從而形成新的案卷目錄。

三是解決了「2188」零散檔案整理問題。在第一步整理中，我館工作人員堅持邊整理邊鑑定的原則，將認為無保存價值的會計傳票、單據黏簿、帳冊、基層機關的會計報表和檔案複本等剔出集中存放。1982年，我館對上述檔案再次清理後分裝入2188隻編織袋，排架500餘尺。1997年5月，我館根據國家檔案局關於「九五」期間消滅積存零散檔案的要求，組織全館力量對2188袋檔案進行突擊整理，到2000年底止完成，計形成8個全宗匯集，共83000卷檔案及其案卷目錄。

在此期間，我館還和社會各界開展廣泛的合作，從1997年起至2010年，借助社會力量先後系統整理了郵電系統檔案、中國銀行檔案、中央銀行檔案、煙草檔案及財政系統檔案，修訂和重擬了所涉全宗檔案的案卷目錄。

至此，我館全部1354個保管單位，220萬卷宗檔案均已達到有規可循，有目可查的目標。在1990年代中期，我館就計劃建設電腦機讀目錄體系，其重要組成部分之一即是館藏檔案案卷級機讀目錄資料庫，該資料庫目錄（一）庫是以館藏檔案簿式案卷目錄為基礎，以全宗為單位，將案卷號、案卷標題、案卷起訖年月逐項錄入電腦，到1997年，除當時剛整理完畢的財政部全宗尚剩部分未及

錄入外，館藏檔案全宗都已基本錄入完畢，利用者可以透過這些錄入項目中的任意字、詞進行檢索，較之人工翻閱更快捷方便。

2.館藏案卷目錄的構成成分

案卷目錄一般包括的構成成分有全宗號、目錄號、目次（類目索引）、序言、案卷目錄表、備考表等，我館案卷目錄也基本具備了這些成分。

我館在檔案整理過程中，每確定一個全宗，都賦予一個全宗號。為了便於管理，我們根據館藏檔案的實際情況，按照不同政權時期和全宗的不同性質（類型），把主要館藏全宗分為四個部分順序編號。這四個部分是：

（1）孫中山領導的南京臨時政府和南方革命政權檔案，國民黨機構和南京國民政府的檔案，全宗號自1至999號編列；

（2）北京民國政府檔案，全宗號自1001起至1999號編列；

（3）日偽政權（含汪偽政權及其他偽政權）檔案，全宗號自2001起至2999號編列；

（4）人物檔案：全宗號自3001起編列。

在每一部分檔案之內，全宗號的編列沒有分類，一般按檔案進館的先後時間順序流水編號。

全宗建立後，在分批接收和分批整理的過程中，為保持檔案的原保管系統，或記錄該批次檔案的來源，在統一的全宗號下編制案卷目錄號，賦予其特定意義，如用（1）或直接是漢字數字的全宗代號代表該全宗主體部分檔案；用（2）代表「文革」期間清理鑑定時劃出的重要檔案；以（3）代表清理鑑定中剔出的暫存檔案；

以（4）代表從公安部接收來的檔案；以（5）、（6）……表示後接收整理加入的檔案，或者代表全宗內某一類別的檔案，但除（2）以外，有時也會有不合上述慣例者。

　　我館大多數全宗目錄號為（2）的檔案是在「文革」期間特定歷史條件下組成的。1965年4月起，根據中央關於備戰工作的指示精神，我館對當時館藏743個全宗152萬卷檔案進行清理鑑定，將每個全宗的檔案分成重要和一般兩種，「所謂重要檔案，是全部檔案中的精華。是記述和反映舊政權機關基本情況的一些檔案，記述和反映舊中國歷史的重要史料。這些檔案，對我們很有用，萬一遭受損失對我們很不利。包括如下幾個方面：（一）反映該機關主要職能活動的文件，即反映該機關重要的政治和業務活動的文件。（二）雖然不反映該機關主要職能活動，但記述和反映了重要歷史情況的檔。（三）反映我黨我軍我政權情況和黨領導下的人民革命鬥爭情況的檔。」對清理出來的重要檔案在原全宗號下給予帶（2）的目錄號，案卷重新編號、編目，並在原案卷目錄相應條目備註欄注明「改重」或「抽重」。

　　一個全宗的案卷目錄還設有目次，即案卷所屬類目的索引，包括案卷分類類目的名稱和在目錄中的起止頁碼、案卷的起止號。還設有序言，介紹使用案卷目錄的方法和有關情況、立檔單位和全宗的簡史、全宗內檔案的完整情況等。序言的這些內容並非所有全宗都有，而是根據各個全宗的具體情況而定。還設有案卷目錄表，這是案卷目錄的主體部分，它以表格形式記錄案卷的有關事項。還設有備考表，附在全部案卷目錄之後，總結性地記載案卷目錄的基本情況。

　　館藏檔案除上述四部分外，還有極少部分檔案以特指字為首，

序以數字流水命名全宗號。一是全宗號以「清」字開頭的檔案，係從館藏檔案中清理出來的一些清朝檔案；二是全宗號以「新」字開頭的檔案，為新中國成立前後該機構被撤銷或接收後的檔案；三是全宗號以「資」字開頭的檔案，為特殊載體或特別形態的檔案，如證章、關防章戳、家譜、照片膠卷檔案等；四是全宗號以「特」字開頭的檔案，為館內特藏檔案。

3.館藏案卷目錄的特點及對之客觀公正的認識

館藏案卷目錄的建設是一項巨大的工程，遷延貫穿於我館建館後的整個工作歷程，至今還在結合館藏檔案數位化工作修正昇華中。該專案的建成，標誌著我館館藏檔案全宗清楚，組成了案卷，編出的目錄基本能反映內容，可以查找利用，亦即達到了有規可循，有目可查，便於檔案的管理和利用的目標。縱觀其跡可以發現它具有覆蓋面廣、發揮作用及時性強、使用時效長等優點，但也有題名揭示案卷內容不佳等缺點，對此，我們應有一個客觀公正的認識。

館藏案卷目錄覆蓋面廣：一個全宗內的全部檔案，經過分類、立卷、擬寫案卷標題，進行系統排列之後，要對案卷逐個進行登記，登記的結果是形成了案卷目錄。可見只要經過整理的每個全宗的每個案卷都被囊括於館藏案卷目錄中，即館藏案卷目錄覆蓋了所有經過整理的館藏檔案。

館藏案卷目錄發揮作用的及時性強：在南京史料整理處成立後的三、四年中，雖然工作人員不多，卻清檢整理了大量的檔案，到1953年底，業經整理好的，計有93個單位，959133卷，雖然整理出的目錄比較粗糙，但卻在短期內使大量檔案便於保管，也可以很快提供利用。當時有的檔案，甫經整理完畢，就及時提供給各機關

使用。如南京水利實驗處曾按目錄調卷查找許多水利資料；中央鹽務總局調用了鹽務歷史資料；也有一些行政和公安機關不斷地來查對人事材料。這說明一些舊檔案已能發揮它的作用。

館藏案卷目錄發揮作用的時效長：迄今為止，由於種種原因，包容了我館全部館藏檔案的檢索工具只有案卷目錄，因此，一直以來，我館的檢索工具主要是依靠案卷目錄。在早期，用人工抄寫等方式複製多份案卷目錄，提供各方利用。直至今天，向利用者提供簿式案卷目錄進行檔案查找仍是我館進行檔案檢索的主要方式。

但是，館藏案卷目錄也存在著不足，主要表現在一些全宗內沒有分類或分類不科學、組卷過大及案卷題名對案卷內容揭示得不夠準確全面，造成部分全宗的檔案無規可循，有目難查，不少內容重要的檔案被埋沒。這些問題是由其形成過程和案卷目錄本身固有特性所決定。我館大部分檔案的整理屬於「第一步走」的整理結果，整理的主要目的是恢復、保持其歷史原貌和歷史聯繫，解決其雜亂無章、堆積無序的狀態，這種整理更偏重於檔案實體混亂狀況的解決。同時，由於建國初期大多數整理人員缺乏科學整理檔案的知識和經驗，又急於把數量巨大的檔案清理上架，以供利用，因此檔案整理很粗糙，一卷不少有厚達數百頁的。而且就是立卷正常合理的案卷，也不一定就是單主題，也可能是多主題。一個案卷所涉及檔主題、責任者眾多，給全面概括、準確擬寫案卷標題增加了難度，以致不得不採取掛一漏萬的方式，將其中主要的、重要的內容在標題中點出，其餘則忽略不計，這樣當然會使未被揭示的檔案內容成為死資訊，很難再被利用；亦或不得不將若干個檔案內容的小概念概括上升為一個大概念，而其實這個大概念內涵是大於這若干個小概念內涵之和的，這樣做不僅沒能準確揭示檔案內容，反而淹沒了

案卷的個性。可見，案卷內內容揭示得不夠準確全面，從一定程度上說，是案卷級整理方式難以克服的弱點，期冀在這種工作方式內加以徹底解決是不現實的。

案卷目錄是在保持檔之間歷史聯繫的條件下，固定檔案的保管單位和分類排列的順序，初步揭示檔的內容和成分，對於檔案的查找利用，只能是打下一個基礎，創造一定的便利條件，亦即只能在一定程度上和一定範圍內解決「便於查找利用」的問題，而不可能為查找利用創造一切便利條件，這是因為：第一，不同的人為了不同的目的，會從多種不同的角度來查找利用檔案，而檔案的整理工作只能主要採取某一種方法或者結合採用幾種方法，只能解決便於從某一種或幾種角度的查用，不可能解決便於從各種不同角度的查用。第二，從一個檔案館的整體來說，它保存有不同時期、不同性質的多樣檔案，而檔案的整理工作是按各個全宗分別進行的，只能解決在一個全宗內便於從某種角度查找利用的問題。有鑑於此，我們對館藏案卷目錄應該有一個客觀公正的態度，不應對之求全責備，或抱有超越其功能實現可能的期望值。

（二）檔目錄的建設

檔目錄又稱卷內檔目錄，它是在案卷檔整理完成的基礎上編制的，其作用一方面是存儲和檢索檔資訊，另一方面是為了固定檔在案卷內的排列次序，以便更好地管理和使用文件。它是在較深層次上揭示館藏檔案的一種目錄。我館檔目錄的建設基本上屬於規劃和探索試驗性質，並沒有真正實施開展，只是就個別全宗及專題目錄中加以運用。

我館建館之初進行檔案整理時，提出「兩步走」方針，其中第二步中就包含有編制卷內檔目錄的規劃，在1956年3月擬就的《關

於南京史料整理處12年遠景規劃的意見》中提出：「在全宗正確基礎上，根據材料重要性程度與使用需要程度，有輕重有先後的按科學方法轉入第二步。從第二個五年計劃開始大力進行。此項二步複整工作不機械的一律按整個全宗進行，而是選擇一個全宗內某幾類某幾項或某幾目檔案，全類、全項或全目進行複整。」事實上，由於二史館館藏量實在太大，二步複整並未在第二個五年計劃時開展，直至「文革」結束，「二步走」才再次提上議事日程。但1978年，我館按「兩步走」的設想和要求，就教育部全宗檔案進行試驗，試驗結果否定了原來設想的「兩步走」計劃，就此，透過「兩步走」開展檔目錄建設的事宜被擱置起來。

2000年前後，隨著民國檔案開放力度加大，對檔案內容資訊的揭示提出了更高的要求，原有的案卷目錄因其形成過程和自身固有特性，其具有的部分功能——檢索功能已難滿足當時的民國檔案工作需要，對民國檔案資訊作進一步開發，開展民國檔案檔級整理工作逐漸被提上議事日程，並形成了以下共識：一是民國檔案檔級整理應在案卷級整理工作基礎上進行，與之實行楔形無縫連接。這是因為案卷級整理方式在揭示多主題案卷檔案內容資訊上有其不可克服的弱點，需要檔級整理工作對之進行彌補。至於單主題案卷，有案卷級整理結果已足以揭示其內在資訊，則不必開展檔級整理。這一點與建館初期對檔案整理工作「兩步走」的設想有異曲同工之妙。二是民國檔案檔級整理應包含對民國檔案機讀目錄資料庫的延伸、完善。在1990年代，我館就根據民國檔案著錄標引的有關規定對館藏民國檔案進行了案卷級著錄標引，2000年後，已完成了近140萬餘卷，不過，這種案卷級著錄標引從一定意義上說是案卷級整理結果的衍生物，因為它主要是依據案卷標題而進行的，而多主題案卷標題存在著如前所分析的弱點，據之進行的著錄標引

結果存在一定缺陷也就可想而知了。因此，對這類多主題案卷應和檔級整理相呼應，將著錄單元按有關主題破解成檔級後再予以標引，使民國檔案資訊在機讀目錄資料庫中得到延伸和完善，進而形成案卷和檔級標引相結合的民國檔案電腦檢索體系。三是檔級整理應結合檔案館數位化工作進行。當時，檔案館數位化建設已成為檔案界研究和實踐中最為熱烈的話題與專案，並成為檔案館發展的必然趨勢，而要進行檔案的數位化，首先要進行檔案的數位化前處理，檔級整理即可因此而與檔案館的數位化工作結合進行。

　　正是基於上述認識，我館開始了檔目錄建設的探索試驗實踐。我館檔目錄以檔級和檔級組合兩種形式構成，並注意充分利用民國檔案的原有整理基礎，不改變原全宗號、卷號。編制過程中既注意檔案的內容、數量和整理狀況，又兼顧不同的利用要求，講求實效，在維護檔案完整安全的前提下，充分開發檔案資訊。鑑於館藏檔案基礎較差，在編制檔目錄時，結合整理案卷，以編目帶整理，實行目錄編制和加工整理相結合的原則。具體是從兩方面進行，一是結合專題，開展檔目錄建設工作，完成了館藏照片檔案、民國時期印章檔案及香港地區、澳門地區、臺灣地區、藏區檔案資料等地區檔案檔級目錄的編制。二是以全宗為單位，開展編制檔目錄的試驗。在1980年代，整編部就國民政府全宗進行了編制檔級目錄的嘗試。到1997年，為給修訂《民國檔案主題標引細則》提供依據，又著手對這批文件目錄進行了分類主題標引試驗。同期，先後又就南京臨時政府、廣州大本營、廣州國民政府、武漢國民政府、全國經濟委員會等全宗檔案進行了檔級目錄編排的嘗試。

　　我館檔級目錄的建設沒有全面推展，在工作安排上是作為機動工作對待，見縫插針，有力量即進行，處於一種嘗試探索試驗階

段,和目錄投入檢索使用的目標還有相當的距離。

（三）全宗目錄的建設

全宗目錄是介紹檔案館館藏所有全宗情況的一種檢索工具,由全宗條目按某種特定順序排列組成。全宗條目的著錄項目包括全宗號、全宗名稱、全宗內檔案數量、起止時間等等。全宗目錄是對檔案館館藏進行宏觀管理的基本工具,一般在館藏檔案數量較大、全宗較多的檔案館中使用。

早在1962年9月編制的《南京史料整理處1963～1972年十年規劃的意見》中就計劃「編寫全宗介紹一冊,約200萬字……便於內外部利用檔案者查找使用」。在1987年出版的《中國第二歷史檔案館簡明指南》中附錄了〈館藏全宗一覽〉,內含全宗名稱、全宗號、案卷數量等資訊。在2002年4月,整理編目部和電腦中心合作完成了《中國第二歷史檔案館館藏全宗名冊》。到2005年5月,整理編目部在多次清理館藏案卷級機讀分類目錄資料的工作中收集形成了若干資料,初步弄清了我館當時的全宗數和案卷數,編制了一套最新的《中國第二歷史檔案館全宗目錄》（初稿）。

我館編寫的上述全宗目錄分別記述了當時每個時期檔案工作者所能瞭解到的館藏檔案全宗情況,從中可以窺見館藏變遷的過程,它們在每個時期都發揮了應有的作用,但客觀地說,希冀借之真正瞭解清楚二史館的家底狀況,還嫌粗糙、不完全,有待進一步核對修改和完善。

二、檢索型目錄的建設

檢索型目錄的主要功能是對檔案文獻實行智慧控制,為利用者提供多種檢索途徑。面對浩如煙海的檔案文獻,人們想憑記憶檢索

或逐件閱讀檢索,都是不可能的。現代社會的日益發展,使社會分工愈益細化、專業化,社會需要造就檔案工作這一專門職業的原因之一,就是要把覆蓋整個社會的日益加重的社會記憶的職能集中起來,交給檔案機構和工作人員來承擔,從而使社會本身更加輕鬆而有效地前進。檔案工作者的社會責任和義務決定了他們必須向社會提供檢索型目錄。建立檢索型目錄是根據利用者的不同需求來確定的,我館建設的檢索型目錄主要有:專題目錄、人名目錄、分類主題目錄。

(一)專題目錄的建設

專題目錄是檔案館普遍採用的一種目錄形式。從檢索語言角度分析,它是介於分類目錄和主題目錄之間的一種目錄。它具有選題的靈活性和專題結構的系統性。一方面,它集中了有關某一專題的全部檔案線索,不受年代、全宗限制,另一方面,在專題目錄中設類、項、目的檢索層次,便於按專題的某一方面系統檢索檔案。它的條目著錄單位,可以是檔級,也可以是案卷級。

1.建館至「文革」結束時專題目錄的建設

南京史料整理處在開展檔案利用工作初期,全國各地利用者來處查找利用檔案多屬政治方面的,該處以編制的案卷目錄和案卷存放地點索引就能解決問題。1958年後,隨著社會主義建設事業的發展,全國科學文化機關前來調閱檔案者日益增多,這時再用案卷目錄和案卷存放地點索引則嫌不主動、不系統,因為科學文化方面的材料往往是跨全宗分布的,正是為了適應這種需求,本著「利用為綱」的方針,編制專題目錄成了南京史料整理處的必要工作。該處在專題的選擇上,從當時國家建設實際需要出發,並結合該處保存的歷史檔案情況而加以確定,先就經濟、政治方面選擇了若干專

題，分工業、礦業、電業、水利、糧食、商業、經濟、國際貿易、中英關係、中日關係、學生運動等專題。在製作過程中，採取按北洋、南京國民政府和汪偽三個不同政權分別進行，並充分利用檔案原基礎，如原全宗的分類方式、專題類別所屬的基本全宗等等進行專題目錄內的排列。到1963年，共完成專題資料目錄卡片23萬張，地區性資料目錄卡片3萬張，大事記卡片8萬張。有了這些參考工具，使館藏檔案變成了活材料，迅速地為國家各項建設提供了利用。

2.「文革」結束後專題目錄的建設

「文革」結束後，隨著經濟建設的大力開展，歷史檔案的開放利用，社會主義市場經濟的逐步建立及自身為彌補財政缺口的需要，從1980年代起，我館的專題目錄建設再次駛入快車道。這個時期的專題目錄主要分為地區目錄、小型專題目錄和大型專題目錄三種類型。

（1）地區目錄的建設

1980年代，全國各地興起了編史修志的熱潮，為適應各個地方大量查找檔案的需要，我館開始了館藏地區檔案目錄的編制。該目錄是以館藏地區卡片目錄為基礎，對其中「各省市……」類卡片調閱原卷查明所涉省市補抄完全，再分入相應省市，然後首先按北洋、南京國民政府和汪偽三個不同政權區分開，再在各省市下按《民國檔案分類表》的各級類目分類，類項內排列以問題為主，也可採用按年代（如計劃、報告等），必要時，還可按全宗，以全宗內的案卷號進行排列。以卡片形式完成後，再編印成冊，到1991年9月，共完成全國各省市地區目錄118冊。

1992年，為了進一步開發館藏有關南洋和港、澳、臺灣地區

檔案資訊，我館開展了南洋和港、澳、臺灣地區檔目錄的編制工作，將館藏凡涉及南洋（包括新加坡、馬來西亞、印尼、菲律賓、婆羅洲）、臺灣、港澳（含九龍）等地區的檔案檔均進行著錄，著錄專案有：檔號、檔標題、時間，然後對著錄條目按《民國檔案分類表》結合檔案的實際類分條目，有序排列，列印裝訂成冊。最後完成南洋地區目錄9675條，港澳臺地區目錄36000條。

（2）小型專題目錄的建設

除了按地區編制地區目錄外，從1980年代中期開始，我館還根據利用者特定需求，並結合館藏檔案微縮拍攝工作，編制了一些小型專題目錄，從1986年至2003年先後編制了館藏抗戰時期軍事檔案目錄選編、商標檔案、日軍在南京罪行檔案、江蘇房地產檔案、韓國獨立運動四個專題目錄共13000餘條，館藏審計檔案檔目錄1800條，國民黨中常會檔案史料選編檔目錄4000條，四聯總處會議檔目錄400條，抗日戰爭正面戰場各戰役案卷目錄1597條，北洋大理院案例檔案選編目錄4447條，汪偽中政會及最高國防會議會議錄目錄2500餘條，黃河流域檔案史料專題目錄2100餘條，館藏民國時期印章檔案目錄1500餘條等小型專題目錄。

（3）大型專題目錄的建設

我館在實行參照公務員管理前，屬於科學文化事業單位，事業經費嚴重不足，每年預算經費只能維持人頭費用、經常費用及一般性業務支出，如果要開展其他的工作，則往往感到心有餘而力不足。另一方面，隨著民國檔案開放利用、宣傳工作的深入，社會各界對民國檔案價值的認識也在不斷提高，從1998年起，主動前來尋求或願意合作開發檔案資源的機構日益增多，如原郵電部文史中心、中國銀行、中央銀行、中國煙草學會、英國劍橋大學等機構就

出資與我館合作進行相關檔案的整理開發工作，相應形成有關檔案專題目錄，具體為：館藏郵電檔案專題目錄30冊、中國銀行檔案專題目錄23633條、中央銀行檔案專題目錄約36000條、海關檔案專題目錄57910條、煙草檔案專題目錄6570條等等。此外，我館還對館藏照片檔案進行檔級著錄，完成了17800條。

我館專題目錄的建設，在選題上，緊扣當時社會對民國檔案利用的需求，既選擇了地區目錄這種具有長效性和較強生命力的專題目錄，又為特定的利用者度身定做了針對性極強的專題目錄，較好地實現了專題目錄即時性和長效性兼具的功能。

（二）人名目錄的建設

人名目錄是檔案特有的目錄形式。它以檔案中記載的有關某一人物的、具有檢索意義的情況為基本記錄事項，提供人名檢索途徑。檔案具有查考性和憑證性的特點，利用人名目錄查證有關人物情況的檢索需求，在對檔案的利用需求中占有相當大的比重。人名目錄一般是根據利用需要按專題編制的，我館的人名目錄具有鮮明的時代特徵，其中一部分是直接採自原始檔案形成。主要有國民黨黨政軍人員和敵特偽人員卡、抗日陣亡將士名錄、黃埔軍校同學名錄等三種。

1.國民黨黨政軍人員和敵特偽人員卡

我館國民黨黨政軍人員卡是從江蘇省公安廳移交接收的，分作一號卡和五號卡兩種，主要為民國時期國民黨黨政軍機構人員卡，其中部分是直接由國民政府銓敘部人事檔案卡片構成，涉及國民黨中央，各院、部、會及各省市縣政府公務員和備用人員。

我館敵特人員卡是「文革」時期，大約從1967年開始，至

1973年止，為滿足當時社會上各單位對所謂反革命分子、右派分子、變節分子內查外調的特定需要而編制。製卡人透過重點清查敵偽黨、政、軍、警、憲、特、法院、監獄的政治性檔案，以及經濟、技術檔案中夾雜的政治性檔案，對被捕、被俘、投敵、叛變、自首分子，特務、間諜分子，敵偽反省院（自新院、感化院）和其他集中關押、處理政治犯機構中訓育科長（主任）以上人員，不屬以上範圍，但有嚴重政治罪行的反革命分子等摘錄制卡，共製成259萬張人名卡。此類人名卡是為適應「文革」時期特定的政治鬥爭需要而編制的，實用面窄，「文革」結束後，用處就不大了，絕大部分被銷毀，極少數留餘卡片也基本處於廢棄狀態。

2.抗日陣亡將士名錄

1990年代，我館根據當時為落實政策到館查找抗日時期國民黨軍傷亡官兵撫恤金的人日益增多的情況，決定將有關的檔案編制人名卡，製作成抗日陣亡將士名錄，共有20餘萬張。建卡以後，作用顯著，未建卡前，查找一名抗日傷亡人員的材料，少則須調五、六卷，多則十幾卷、幾十卷，閱檔三、四天，建卡後則連複製材料在內，僅需半小時至一小時。2003年4月起，我館更啟動了抗日陣亡將士名錄電子資料庫建設，將原有的名錄卡片全部輸入電腦。該資料庫啟用後，可以透過陣亡將士的姓名、別名、籍貫、部隊番號、陣亡地點、遺屬等要素快速準確地進行機檢。

3.黃埔軍校同學名錄

為了滿足利用者查詢黃埔軍校歷屆學生履歷、就學情況等資訊的需要，我館根據館藏檔案中黃埔軍校同學錄等資料編制了黃埔軍校同學名錄，並於2005年輸入電腦，實現了電腦檢索。

（三）電腦檢索分類目錄及分類主題一體化目錄的建設

「文革」結束後，隨著歷史檔案開放利用工作的開展，電腦技術被引進到民國檔案工作中，民國檔案編目工作逐漸由對檔案實體進行整理獲得案卷目錄、卷內檔目錄等方式轉變成對檔案資訊的深層開發，將圖書情報界普遍運用的分類檢索和主題檢索方法引入到檔案界，開始編制電腦檢索分類目錄及分類主題一體化目錄。檔案界採用的檔案分類法是一種以國家機構、社會組織從事社會實踐活動的職能分工為基礎，並緊密結合檔案記述和反映事物屬性關係，採取從總到分，從一般到具體的分類方法，它是以號碼和類目相結合的方式來揭示檔案內容，使利用者能「按類索檔」，可在較大範圍內滿足利用者對檔案查全的要求。運用分類法形成的分類目錄是檢索型目錄的主要形式，它的特點是系統性和嚴密性。而主題法是建立在規範化的語詞的基礎上，運用主題詞及其相關的語義關係來表達檔案的主題內容的一種方法，運用主題法形成的主題目錄是根據主題詞法檢索語言組織的目錄，它以檔案文獻的主題作為編排的依據，以主題詞作為排檢標識，並按主題款目詞的字順排列。主題目錄具有集中性、直觀性、靈活性、參考性的特點。而分類主題一體化目錄則是同時運用分類主題檢索方法、綜合兼具二者特性的一種目錄。

我館開展這項工作之初，限於當時的技術條件：既無電腦也無影印機，因此首先組織全館職工、家屬、駐館武警戰士逐個按全宗對案卷目錄抄製案卷目錄卡，到1984年，抄製完成90萬張案卷卡片，抄製工作告一段落。其後幾年又陸續整理出30萬張案卷目錄卡。在此期間，我館開始了相關目錄建設的理論和實踐的探索。

為了建立統一的檔案分類檢索方法，實現中國檔案分類檢索體系的規範化，我館編制了國家標準《中國檔案分類法•附表•民國檔

案分類表》（下簡稱《分類表》），該標準於1987年正式頒行，繼而又編制了兼具分類和主題兩種標引功能為一體的《民國檔案分類主題詞表》（下簡稱《詞表》）。從1990年開始，我館按手工檢索的要求，依據《分類表》類分手抄案卷卡，到1992年，完成1009944個條目的分類工作。為了給應用電腦管理民國檔案創造條件，使館藏檔案管理手段現代化，從1993年2月起，由為手工檢索改為機讀目錄資料庫做準備，開始了按國家標準《檔案著錄規則》，並以分類檢索為主，人名、地名、機構名等主題檢索為輔的方式對手抄案卷卡進行標引，旨在建立起館藏民國檔案案卷級機讀分類目錄資料庫。到1997年，共標引完畢146萬餘條分類主題目錄，並將其中120萬餘條標引條目輸入電腦，從而初步建成了按《分類表》進行的以分類標引為主，主題標引為輔的館藏檔案案卷級機讀分類目錄資料庫。該資料庫按照館藏分為國民政府、北洋政府和汪偽政權三大部分。當時，已在館內各主要業務部門聯網使用，在一定程度上緩解了僅靠案卷目錄等原始手工檢索工具查找利用檔案時所產生的不便。

　　在對案卷級機讀分類目錄的使用過程中，逐漸發現了以分類檢索為主方法的一些不足之處，諸如專指性差、多維性差等，並意識到如果沿分類法一條道走下去，該檢索目錄必將有其不可克服的缺點，而主題法具有專指性強、多維性強的特點，兩種方法特點互異，因而決定了相互間可以互補。另一方面，民國檔案主題法標引的重要工具——《詞表》即是分類與主題法一體化初步結合的產物，在1997年前後也計劃正式頒行。《詞表》的推出能為實現二者的一體化創造一定的條件。同時，國家檔案局設置於我館的全國民國檔案資料目錄中心將承擔該中心案卷級資料庫採集標準的研製，這些標準、規則需要在實踐中加以驗證。正是由於這種種原

因，促使我館開展了民國檔案分類主題標引試驗工作。

　　民國檔案分類主題標引試驗工作開始於1997年年初，歷時10個月。該項工作可以分為兩個部分：第一部分，對館藏案卷級目錄資料庫中按類選取的8000條目錄選擇進行了主題標引，合計完成資料標引3500餘條；第二部分，對館藏國民政府全宗5000餘卷檔案17000餘張檔級著錄單進行了分類主題標引，共完成15300張。主題標引及其與分類標引法的結合運用，當時在檔案界並未普遍開展，我館的這項試驗可謂開風氣之先。這次試驗體現了分類主題標引一體化思想，充分利用分類標引的現有成果，在進行案卷級主題標引時，借助已標引分類號，利用《詞表》中的「分類號──主題詞對應表」明晰出檔案主題，選定恰當的主題詞予以標引。在進行檔級主題標引時，課題組制訂了《館藏國民政府全宗檔目錄分類主題標引的要求及管理辦法》，並在分類主題標引中出現的題名、責任者的認定、標引操作程式、主題分析、單主題和多主題的確認、主題詞的選定及標示等方面執行相應規定，如發現問題，經過討論研究，對《辦法》予以修訂補充，形成若干次補充規定，從而在解決了部分問題的同時，獲取積累了寶貴的經驗教訓。

　　為了完善館藏案卷級機讀分類目錄資料庫，完成向全國民國檔案資料目錄中心的案卷級民國檔案報目工作，以及按照國家級檔案館達標要求的有關規定，進一步提高庫存資料品質，我館分別於2001年和2005年兩次對該資料庫進行了清理，從中發現了存在的問題，並對下一步工作提出了建議。

　　館藏案卷級機讀分類目錄資料庫存在的主要問題是：

　　1.資料庫資料不全：該資料庫是就1984年全館人員手工抄製案卷目錄卡進行，目錄卡在抄製過程中，全宗和案卷條目有遺漏或

重複；1984年目錄卡抄製完畢後至1993年開始標引這十年間，因數次搬遷有遺失；在標引過程中標引人員對一些難以標引的條目暫時存疑而最終漏標；十幾年來，由於檔案實體的整理及其他原因造成資料與實體不相對應等等，從而造成資料庫資料不全。

2.分類標引中產生的問題：《分類表》於1987年頒行後，在1994年進行了修訂，某些分類類號發生了變動，但並未對原有標引予以調整；不同的標引人員在對《分類表》的理解、處理執行的差異以及標引人員和審查人員標引認識的不一致而造成標引不統一，從而影響檢索的查全、查準率。

3.電腦處理時產生的問題：如輸入資料時打錯、打漏資訊；資料庫本身設計中存在的缺陷，如標引中有劃控項，但資料庫卻沒有預留其位等等。

針對上述存在的問題，負責清理工作的整理編目部在2005年5月提出以下建議：

1.清理和補充標引資料庫資料：第一步補充完成標引「國民政府」全部137.14萬卷中剩餘部分約40萬條條目的標引工作（2001年統計資料，下同）；第二步清理完成「北洋政府」全部15.17萬卷剩餘部分約4萬餘條條目的標引工作；第三步完成「汪偽政權」全部12.39萬卷（條）條目的標引工作。標引時可運用我館和青島市檔案館合作研製結項的「民國檔案快速分類標引」軟體。同時，向民國檔案目錄中心的報目工作也一併進行。

2.標引不規範、不統一問題的解決：該資料庫是按《分類表》標引而成，但因存在前述標引問題，因此擬選取二至四名有責任心、熟悉分類標引的工作人員集中完成。

3.解決電腦處理時產生的問題：針對資訊輸入時產生的錯誤，對照該資料庫目錄（一）庫的案卷目錄，以及在必要時核對檔案實體予以校對糾錯。另外，由於該資料庫是我館擬對外開放的機檢目錄，因此要劃定屬於控制使用的全宗和案卷，使之不進入資料庫。

三、報導型檔案目錄的建設

報導型檔案目錄的基本職能是透過揭示、報導、交流和傳播檔案文獻資訊，向利用者和社會各界介紹檔案資訊資源的價值、內容和開發方法，介紹檔案館藏的基本情況和查找線索。檔案館指南是報導型檔案目錄中最重要的一種。

自建館以來，我館就館藏檔案的情況，對外曾幾經介紹，但都較為簡略。到1987年，編輯出版了《中國第二歷史檔案館簡明指南》（下簡稱《簡明指南》），該書係《中國第二歷史檔案館指南》（下簡稱《指南》）的簡明本，全書共331千字。《簡明指南》按全宗簡明介紹檔案內容，也有少數全宗合併予以介紹。由於館藏檔案全宗數量多，《簡明指南》只對227個重要的和檔案數量較多的全宗做了簡明介紹，其餘的全宗則列表以備查。同時，為讀者便於瞭解二史館情況和使用該指南，《簡明指南》還就二史館的歷史沿革、館藏概況、整理檔案方法和開放利用制度等做了簡明敘述。

《簡明指南》的出版發行，為社會各界瞭解和查用我館館藏檔案提供了重要的條件，收到了預期的良好效果，但是《簡明指南》對館藏檔案情況的介紹畢竟是簡要的，不甚詳盡，因而不可能全面滿足利用者多方面的需要，加之二史館指南是《亞洲史料指南》叢書的組成部分，且隨後館藏狀況也有了不少變化，故很有必要重新編撰和出版更為詳盡的指南。幾經努力，1994年我館編輯出版了

《中國第二歷史檔案館指南》，全書共774千字。《指南》沿襲了《簡明指南》的框架結構，仍分南方革命政府檔案、北京民國政府時期檔案、南京國民政府時期檔案、日偽機構檔案、人物檔案等章節對館藏檔案進行了介紹，在這些章節下容納了更多的全宗，對各全宗檔案內容的介紹也更為詳盡。此外，還將政黨和社團機構檔案獨立成章，新增館藏其他全宗檔案簡介及館藏民國時期書刊資料介紹，並對《指南》中所涉組織機構、人物編列了索引，以方便利用者查詢利用相關檔案。

　　檔案館指南是具體介紹和報導一個檔案館的總體情況和館藏檔案情況的工具書，是檔案館面向社會的視窗。它的主體內容和核心內容是館藏全宗介紹，因此，它是以全宗介紹為基礎的。透過檔案館指南，利用者和社會各界可以不受時間、地點的限制，瞭解一個檔案館收藏檔案的情況和利用檔案的手續、過程等等。檔案館指南還起著館際情報交流和對外傳播檔案資訊的作用，它是最基本的報導型檔案目錄。可見，它對報導內容的及時性應該有較高的要求，需要在適當的時候對報導內容予以更新，否則，以它的傳播面之廣，所起的誤導性也不小。《中國第二歷史檔案館指南》出版後的十餘年，隨著收集、整理工作的進行，檔案數位化工作的快速推進，館藏檔案保有狀況又有了新的變化，同時，新形勢下，對檔案實體和資訊的安全提出的要求更高，因此修訂《中國第二歷史檔案館指南》的呼聲再起。

四、結語

　　我館檔案編目工作甫一開始到很長一段時間，主要是隨著檔案的整理，形成案卷目錄，亦即把工作重點放到反映檔案整理次序上，放到目錄對檔案實體管理功能的實現上，當這種功能告一段落

或基本完成時，便把工作重點逐漸轉向建立檢索型和報導型檔案目錄上，這種轉變是我館編目工作由單一向多項，由初級向高級的發展過程，也是以經驗編目向科學編目的發展過程。因為案卷目錄這一曾經唯一的檔案目錄是在整理過程中形成的，檔案目錄工作一度被歸入整理環節。隨著檔案工作的發展，檢索型目錄的出現，檔案編目工作開始出現脫離整理工作的趨向，隨著檢索型目錄的逐漸增多和體系化、理論化，以及報導型目錄的產生和發展，檔案編目工作實質上脫離了整理工作，完成了從非獨立系統向獨立系統的歷史性飛躍。我館檔案編目工作的歷史驗證了檔案編目工作發展的這一客觀規律。

建館60年來，我館檔案編目工作自身逐步發展的同時，也使館藏檔案由建館之初的龐雜、凌亂、無序變成了今天的有規可循、有目可查，並構建和嘗試構建起了包含館藏檔案的管理型、檢索型、報導型目錄的多項立體的民國檔案目錄體系，在檔案管理與利用工作中發揮了積極而卓有成效的功用。

注：本文所引資料資料如未標明出處，係參考依據二史館及二史館整理編目部現行檔案。

（陳曉敏撰稿）

肆　檔案價值鑑定

　　館藏民國檔案是民國時期中央國家機關所形成的核心檔案，記載了近代中國近半個世紀的歷史變遷，蘊含著豐富的歷史價值，是彌足珍貴的一代文獻。全面認識民國檔案的價值，科學區分民國檔案的價值，是檔案管理業務的一項重要內容，也是體現檔案管理水準的一個重要標誌。建館60年來，中國第二歷史檔案館積極開展民國檔案價值鑑定工作，在理論與實踐兩方面進行了一系列的探索。

一、民國檔案初始鑑定

　　民國時期，始終未能建立起國家規模的檔案事業和集中統一的檔案管理體制，各機關檔案管理水準參差不齊，少數機關制定的文書檔案保存期限表，往往流於一紙空文。加之機關文牘主義盛行，「有文必檔」成風，大量庶務性檔留存下來，與體現機關主要職能活動的業務性檔交織在一起，致使民國檔案形成「玉石俱存」的現象。

　　新中國第一代歷史檔案工作者直接面臨上述問題的困擾。1950年4月，中央人民政府政務院指導接收工作委員會華東區工作團駐寧辦事處檔案組（簡稱「檔案組」）成立，接收了南京地區的國民黨政府中央國家機關檔案，其中就夾雜著大量機關庶務性檔，檔案價值參差不齊。在缺乏檔案管理經驗的情況下，如匆忙地進行鑑定銷毀，難免會形成偏差。政務院副總理、華東區工作團團長董必武指示：「我們集中的大量舊政權檔案應全部保存。其中哪份檔有價值，哪份檔無價值，不可能在目前作出決定，更不可剔出燒

毀，片紙隻字都要保存，不可拋棄。」「檔案組」遵照這一指示，在接收整理時將一般檔案與重要檔案分別保管，不進行銷毀。

1951年2月，中國科學院近代史研究所南京史料整理處（簡稱南京史料整理處）成立，接管了「檔案組」與軍代表管理的原國民政府國史館，並在全國範圍內繼續接收民國檔案。由於檔案數量劇增，「玉石不分」的現象較為普遍，檔案價值鑑定問題被再次提了出來。因缺乏明確的規定和具體的標準，仍然依照前例，在整理時將非重要機關的次要文件剔出，單獨存放。

1957年，南京史料整理處決定對國民政府、行政院等重要機構的檔案進行細緻的加工整理，要求對檔案價值作出比較科學的鑑定，以確保全宗內案卷品質。當時擬定了一份《鑑定歷史檔案的初步範圍》，分組織、印信、交接、法令、會議、計劃、建議、報告、調查、統計、情報、資料、人事、經費、文書、庶務等16大類，對應該剔除的檔案作出詳細的規定，並在實際操作時實行「剔出從嚴，保留從寬」的原則。

南京史料整理處在整理過程中剔除次要檔案的做法持續至1960年代初期，剔除檔案絕大部分借存於南京市博物院朝天宮庫房。截止到1962年11月，南京史料整理處剔出的次要檔案排架長度為21910尺，約占全處全部檔案的五分之一。

1964年4月，南京史料整理處改隸國家檔案局，更名為中國第二歷史檔案館。稍後，「文革」動亂發生，大規模檔案整理鑑定工作陷入停頓狀態。

1980年代初期，中國第二歷史檔案館對朝天宮庫房存放的剔除檔案進行了一次再鑑定，將尚有保存價值的部分運回館內繼續保管（即2188袋零散檔案），其餘部分在報請上級有關部門批准

後，予以銷毀。

民國檔案的初始鑑定，初步解決了館藏檔案「玉石不分」的問題。「玉石不分」現象是民國時期落後的檔案管理制度的產物，是國民黨政權留下的沉重包袱和歷史舊債。中國第二歷史檔案館從1950年代初期即重視這一問題，在整理過程中剔除不必歸檔的文件，鑑定的時機是恰當的。當時被列入剔除範圍的主要是機關內部科室的收發文簿、會計報表、傳票、單據黏存簿、報領平價米、平價布、清冊、申領生活補助費（米代金）清冊、購置家具與修繕房屋檔、未譯的電報原碼、過量的重份檔、蟲蛀和模糊不清的文件等。這些檔是機關在處理日常事務中所形成的，不反映機關的主要職能活動，更不能反映民國時期的基本歷史面貌，缺乏歷史查證和學術研究價值，不必永久保存。從鑑定的實際效果看，一批庶務性檔被及時剔除，保證了館藏檔案的品質。

由於受特定歷史環境以及認識水準的制約，館藏民國檔案初始鑑定也存在一些偏頗之處，主要表現為1950年代開始大量剔除次要檔案時，將一批有實質性內容的零散檔和地圖、照片、圖紙等非文書檔案剔了出來，反映了當時對檔案概念的理解和對檔案價值的認識尚嫌膚淺。80年代在對剔除檔案進行再鑑定時，上述檔案被慎重地挑選了回來，於2000年前付諸整理（即2188袋零散檔案整理工程），重新納入館藏民國檔案實體管理體系，彌補了歷史的缺憾。

二、重要檔案鑑定

1964年9月，全國檔案局長會議根據當時對國內外形勢的估計，提出檔案館要加快清理、鑑定工作的目標。國家檔案局明確要求中國第二歷史檔案館爭取在一兩年內做好檔案的清理鑑定工作，

把重要的需要確保安全的檔案挑選出來，以適應「國內外階級鬥爭形勢」和本館檔案管理要求。

1965年4月，中國第二歷史檔案館根據國家檔案局的部署，開始實施館藏重要檔案鑑定。下列三大類檔案被列為重要檔案：

一是記述和反映社會上重要的政治、軍事、經濟、文化等方面情況，對於當前和今後有重要查考作用的文件。包括：記述和反映重要歷史事件情況的檔；記述和反映舊政權反共反人民重大罪惡活動的檔；記述和反映帝國主義侵華活動的重要文件；反映軍閥混戰、反動派內部派系鬥爭的重要文件；反映舊中國工農生活狀況和民族工商業狀況的重要文件；記述和反映國防、邊界、外交、民族、華僑、宗教等方面重要情況的檔；記述和反映社會上其他重要情況（如重大的天災、人禍、物價飛漲等）的檔。

二是反映舊政權中央機關和其他重要機關基本職能使用中的檔案。包括：該機關重要的法令和規章制度；該機關重要的預算、決算；該機關重要會議的主要文件；該機關與國外有關方面簽訂的條約、協定和發表的聲明等檔；該機關為處理重大問題與有關方面聯繫的往來文件；該機關主管人員與有關方面公務聯繫的重要函電；該機關組織設置、變動、人員任免等重要文件。

三是反映我黨、我軍、我政權情況和我黨領導下的人民革命鬥爭情況的檔。包括：被敵人搜獲的我黨我軍我政權以及黨領導下的革命團體的檔、報刊資料、照片等；敵人有關我黨我軍我政權活動情況和其他革命活動情況的重要報告和情報；敵人破壞我黨組織和我軍作戰的重要文件；敵人鎮壓群眾運動、迫害進步文化事業、迫害進步人士、迫害民主黨派的重要文件。

在鑑定的實際操作上，採取了以下措施：一是將案卷數量不多

的60個重要全宗，約2.3萬卷，全部劃作重要檔案。二是將案卷數量較多的55個重要全宗，約30萬卷，進行逐卷清理鑑定，從中挑選出重要案卷，按全宗（或系統）重新編列案卷順序號，俗稱「改重」。三是將一般全宗約110萬卷，依據案卷目錄進行清理鑑定，或整卷「改重」；或從案卷中抽出部分內容，重新立卷，重新編列案卷順序號，俗稱「抽重」。四是將顯然不重要的全宗，約10萬卷，全部劃作次要檔案。

1965年底，中國第二歷史檔案館完成了館內全部150萬卷並2536箱檔案的清理鑑定工作，並且清理了朝天宮庫房和淮海路庫房的剔除檔案。經過清理鑑定，館藏民國檔案按價值區分為三個部分：

（一）重要檔案，共計85589卷，其中特別重要檔案9167卷；

（二）一般檔案，共計1414411卷，另9445捆；

（三）擬銷毀檔案，共計33808捆、1334箱。

館藏重要檔案的鑑定，是在民國檔案初始鑑定基礎上的又一次探索，分清了管理的重點，做到了有備無患，適應了當時形勢的需要。在長期實行手工檢索的年代，重要檔案的區分，也為利用工作和編研工作提供了極大的便利。

三、特藏檔案鑑定

1990年代初期，中國第二歷史檔案館為強化館藏精品意識，開始籌建民國檔案特藏室，將特別重要、特別珍貴的檔案挑選出來，集中典藏，予以特殊的保護。中國第二歷史檔案館特藏室建設起步較早，經過歷年的補充完善，目前特藏室典藏民國檔案珍品計

1萬餘卷（件）。

　　中國第二歷史檔案館特藏檔案鑑定的原則有兩項：一是檔案資訊內容特別重要，二是檔案載體形式較為特殊。依據上述原則，下列15種（類）檔案被列入特藏室的收藏範圍：民國時期全國性黨政軍機構成立後第一次印發的文告、宣言等檔；民國時期較具影響力的地方性黨政軍機關成立後第一次印發的通電、布告等文件；民國時期國家機關首先頒布並具有重要意義的法律、法規等檔；民國時期具有重大歷史意義的會議紀錄、決議、決定等文件；民國時期反映重大歷史事件始末的重要文件；民國時期著名人物具有重要內容或意義的親筆題詞、日記、信函、手稿、印章等檔案或實物；民國時期具有重要歷史意義的照片、影片、錄音等聲像檔案；民國時期具有重要歷史意義或特殊意義的軍事地圖、城市規劃圖、郵路圖等圖紙；民國時期關於國徽、國旗、軍旗等標誌性物件的設計圖稿；民國時期具有較高史料價值、藝術價值和經濟價值的書畫作品、古籍善本和報刊雜誌；民國時期重要機構的印信；民國時期公私企業的著名商標；民國時期印發的存世較罕的郵品、印花、錢幣、債券、票證及其樣張；民國時期製發的存世較罕的勳章、獎章、紀念章、證章、勳刀、獎旗等實物；民國時期能夠反映社會變革的典型性、代表性較強的其他文件和實物。

　　建立民國檔案特藏室，是中國第二歷史檔案館在檔案價值鑑定方面的創新性舉措，體現了全面、辯證的檔案價值觀。檔案價值是由內容價值與實體價值兩個部分所構成的，在通常情況下，主要表現為檔案的內容價值，即檔案資訊內容對利用者的有用性，這是檔案與文物的一大區別；但是，一些特殊形式與特殊載體的檔案，其實體價值則遠遠超過檔案的內容價值，需要加以特殊保護。因此，

中國第二歷史檔案館將具有重要的內容價值與實體價值的檔案,都納入檔案特藏室的收藏範圍,體現了檔案價值觀的進步。

四、探索民國檔案分級鑑定

1999年6月修訂頒布的《中華人民共和國檔案法實施辦法》規定:各級檔案館館藏的永久保管檔案分一、二、三級管理。由此,確立了中國檔案的分級管理制度。

中國第二歷史檔案館積極進行民國檔案分級管理研究,成立了民國檔案分級管理研究課題組。2000年,課題組完成了《民國檔案分級管理可行性研究報告》。2002年,課題組起草了《民國檔案分級標準》,作為國家行業標準的草稿,上報國家檔案局。上述兩個課題的理論貢獻主要表現在三個方面:

(一)論證了民國檔案分級鑑定的必要性

鑑定的產生,緣於檔案檔的無限增長,西方學者曾形象地喻之為「雪崩」,不鑑定即有「塞破乾坤」之虞。因而,現行檔案的鑑定,是透過對檔案檔保存價值的分析評判,規定檔歸檔和檔案進館的範圍,劃定檔案的保管期限,以及對到期檔案進行後期再鑑定,歸根結蒂是要解決「存與毀」的界限問題。而民國檔案是歷史檔案,不具有現行檔案「再生性」的特點,經過建國後大規模的接收與徵集,館藏民國檔案數量呈穩定狀態,不存在庫容壓力,現行檔案鑑定所要解決的矛盾在本館表現得較為和緩。中國第二歷史檔案館歷史上曾經進行過剔除次要檔案的做法,如再進行大規模的存毀鑑定,將會損傷館藏檔案的完整性。只有少數接收後按原基礎編目的全宗,才適宜在加工整理的同時進行存毀鑑定。

檔案鑑定的最佳時機是在檔歸檔和檔案進館之際,這是現行檔

案鑑定的一大優勢，也是民國檔案無法彌補的缺憾。經過數十年的整理編目，館藏民國檔案實體管理體系業已建立，檔案檢索體系均已成型，不論是從全宗中剔出次要案卷，或從案卷中剔出次要檔，均將不同程度地影響檔案實體管理體系和檢索體系的穩定性。忽視了這一點，民國檔案鑑定問題將只能落入紙上談兵的尷尬境地。必須根據新的情況，選擇新的鑑定模式。

在民國檔案管理領域，一直存在著漠視檔案價值等級差別的現象。整理的程度、編目的級次、保護的重點並未完全與檔案的價值等級相關聯，從主觀上看是一視同仁，實際上卻是否認了檔案價值等級的客觀存在，其結果是分不出管理的輕重緩急，人才物的投入失之盲目。解決這一矛盾的有效途徑，是根據價值大小對檔案實行分級管理，制定各級檔案管理規範，對不同價值等級的檔案實施不同程度的管理要求。

民國檔案價值鑑定不再是檔案管理一個獨立的業務環節，而是與其他業務環節交織為一體，在檔案管理活動中起著先導性、基礎性乃至決定性的作用，即以檔案價值鑑定為先導，以檔案價值大小為依歸，有序進行檔案的整理編目、搶救、保護與開發，實現管理管理資源的合理配置，在檔案管理全過程中，體現檔案價值意識，充分彰顯檔案工作的目的性與效益性。

（二）闡述了民國檔案分級鑑定原則

1.全面性原則

民國檔案內容豐富，成份與形式多樣，其價值也是多方面的。因此，館藏民國檔案鑑定必須堅持全面性原則。

首先，從內容來看，民國檔案記載的是民國時期的社會歷史變

遷、政治、軍事、經濟、文化、外交、社會等領域無所不包。上述不同內容的檔案在不同的歷史時期，其價值的表現程度是不盡相同的，要全面看待，客觀分析，防止出現歷史上曾經發生的重政治檔案、輕經濟檔案，或者矯枉過正，出現重經濟檔案、輕政治檔案的傾向。只有從客觀上全面分析民國檔案的價值，才能克服鑑定的主觀隨意性。

其次，從成分與形式上看，民國檔案不僅有黨政機關檔案，還有企業檔案、社會團體檔案、人物檔案；不僅有文書檔案，還包括大量的科技檔案和各類專門檔案（如照片檔案、商標檔案、訴訟檔案、統計檔案等），這些檔案都是民國檔案的有機組成部分，共同體現了民國檔案的價值，在實際鑑定時，應統籌兼顧。

第三，從體現和決定民國檔案價值的因素來看，不僅要考慮檔案內容的重要性、完整性，還要考慮檔案的來源、形成機關的職能、形成時間、載體特徵等因素，一切體現和決定民國檔案價值的因素都應被選擇作為鑑定的標準，再根據不同情況確定主要標準和次要輔助標準，配合使用，使檔案的價值得以全面、完整的體現。

2.系統性原則

鑑定工作是民國檔案管理系統的一個組成部分，為了維護檔案實體管理體系和檢索體系的穩定性，維護檔案實體的歷史聯繫和檔案內容的邏輯聯繫，必須遵循系統性原則。

民國檔案實體管理遵循全宗理論。全宗理論是檔案實體管理的理論基石，是被實踐證明的科學穩定的管理方法，一切試圖打破全宗的嘗試都將是徒勞無益的。作為檔案管理系統一個環節的鑑定工作，必須與系統的整體性相協調，尤其不能與全宗理論相悖。在進行鑑定的實際操作時，一方面要看到，一個全宗之內，由於立檔單

位內部職能分工的不同，檔案的自然類別明顯，價值層次清晰，如業務檔案與庶務檔案，反映重大歷史事件的檔案與反映機關內部活動的檔案，因而在全宗之內認識和區分檔案的價值具有可行性和必要性。另一方面，要注意維護一個全宗的有機聯繫，防止人為割裂全宗的完整性，損害檔案實體管理體系的有序性，給保管、利用造成障礙。在這一問題上，宜借鑑《中國檔案分類法》的成功經驗，採用檔案實體鑑定與資訊鑑定相結合。

民國檔案實體管理的基本單位是案卷。作為檔案實體管理系統中的一個層次，是系統穩定的基礎。民國檔案的案卷絕大多數遵循「一案一卷」的立卷原則，反映同一事件前因後果的檔組成一卷，是一個有機聯繫的整體，在鑑定時，宜從整體上去認定一個案卷的價值。

民國檔案的基本構成單元是檔，也同樣存在系統性要求。如主文與附件、文字與照片、註冊文書與商標圖樣，都是一個整體，在鑑定時不能割裂。

3.歷史性原則

檔案價值鑑定充滿了悖論色彩，只能體現一定時期的認識水準。堅持歷史性原則，就是要分析歷史，善待歷史，探尋和把握歷史發展的基本脈絡，充分尊重和利用既往鑑定成果合理的成分，找到新的鑑定模式與既往鑑定成果的契合點。切忌全盤否定歷史，對檔案實體進行反覆折騰。

（三）提出了民國檔案分級鑑定標準

民國檔案鑑定標準是確定民國檔案價值的客觀依據，一切決定、影響民國檔案價值大小的因素，都應選擇為價值鑑定的標準。

1.內容標準

　　檔案的價值主要是由其內容的資訊含量及其意義所決定的，這是檔案與文物的重大區別。以內容的重要程度為標準，可以將館藏民國檔案的價值界定為三個層次：一級檔案是具有國家歷史意義的檔案。凡是直接反映國家領土、主權、資源、重大民族關係、重大外交關係、重大歷史事件（能夠影響國家歷史進程與演變）的檔案，都是具有國家歷史意義的。例如：民國時期歷屆中央政府與鄰國勘界的檔案；有關南沙群島、釣魚島主權歸屬的檔案；反映西藏地方與中央政府關係的檔案；有關三峽工程的歷史勘探材料；反映南京大屠殺真相的檔案；審判日本戰犯的檔案；直接反映南京臨時政府、洪憲帝制、五四運動、九一八事變、西安事變、七七事變、臺灣光復等重大歷史事件的核心檔案。二級檔案是指具有永久性社會歷史意義的檔案。凡是反映民國時期各方面社會歷史變遷的檔案，都是具有社會歷史意義的，此一層次的檔案面廣量大，是民國檔案的主體，是具有較高級別和較重要職能的立檔單位在職能活動中所形成的，檔案內容主要反映的是民國時期的社會歷史面貌，而不是本機關的內部活動情況。三級檔案：指具有一般性社會歷史意義的檔案。

2.來源與職能標準

　　來源與職能在全宗一級是一致的，強調檔案來源的重要地位，實質上也是強調立檔單位職能的重要性。在評定民國檔案價值時，兩者可以結合使用。對於某些機構，雖然地位顯赫，但職能空泛，或職能範圍較窄，其檔案的價值等級應相應降低，如國民政府監察院等。而有些機構，雖然行政級別不高，但職能特殊，其檔案等級應相應提升，如戰犯處理委員會等。以來源與職能為標準，我們可

以將民國檔案價值等級界定為三個層次：一是執行國家綜合職能和特殊職能機構的檔案，如國民政府、行政院、蒙藏委員會、外交部等。二是執行國家部門職能和行業管理職能機構的檔案，如經濟部、財政部等。三是執行地方性、區域性、分支性、階段性、傀儡性職能的機構的檔案，如各部的下屬機構、分支機構、臨時機構等。

3.典型性標準

在區分一些非政權性機構的檔案價值時，來源和職能標準顯得並不重要，如企業檔案、大學檔案，這時，需要使用典型性標準。以招商局全宗為例：招商局歷史檔案起於1872年，止於1949年，是現存企業歷史檔案中時間跨度最長的。招商局經歷過商辦、官督商辦、官商合辦、官辦、國營、股份制等中國近代企業各主要體制，在中國近代航運企業中占有主導壟斷地位，一些著名的實業家參與或主持招商局的管理，以上四個方面的原因決定了招商局在中國近代企業中最具典型性和代表性，招商局檔案對於研究中國近代企業史具有典型性意義，整體價值明顯高於其他一般企業檔案。又如商標檔案，一些知名企業和著名品牌的商標，所代表的智慧財產權和無形資產均高於一般企業和一般品牌，因而其檔案的價值等級也應作相應的提升。

4.時間標準

檔案的形成時間與其價值是有一定關聯的。在民國檔案價值鑑定上，下列幾種情況必須要考慮時間標準。一是特殊時期以特殊紀年方式的檔案，應提升其價值等級。如民元以前資產階級革命黨人以「黃帝」紀元的檔案，袁世凱復辟帝制時以「洪憲」紀年的文件等。二是時間延續性較長，且連續不斷的機構的檔案，能夠完整地

反映某一領域的社會歷史變遷，如郵政檔案、海關檔案、中國銀行檔案，均源於晚清、止於民國結束，能完整地反映近代中國郵政、海關、銀行的發展歷程，也應相應地提升其價值等級。

5.實體標準

檔案館的某些藏品同時具有文物的性質，其實體價值遠超過內容價值。如郵票、郵品、印花稅票、債券、字畫、名人手札、印信、勳章等。在評定和區分這些藏品的價值時，應區別兩種情況對待：一是作為檔案的附件或附著物出現的，與檔案是密不可分的，在區分價值時，應考慮實體的文物性標準，提升檔案整體的價值。二是獨立出現的，與檔案無甚關聯，由於它們的價值主要不是由其內容所決定的，因而其價值等級與檔案沒有可比性，而且這類藏品雖藏於檔案館，但是往往從概念上卻不能稱之為檔案，宜作特殊藏品處理，而不能稱之為特級檔案。

實行檔案分級管理，是中國檔案管理制度、尤其是檔案鑑定制度的一項重大改革，任重而道遠，在理論研究上和實際操作上還面臨諸多問題。雖然嚴格意義的檔案分級管理尚未實現，但是檔案分級管理的思想已成為檔案界的共識。

五、申報中國檔案文獻遺產

2000年，為了配合「世界記憶工程」的開展，為申報「世界記憶工程」提供客觀依據，同時也是為了有計劃、有步驟地搶救和保護中國檔案文獻遺產，國家檔案局啟動了「中國檔案文獻遺產工程」。這項工程透過嚴格的檔案價值鑑定，實現優中選優。

中國檔案文獻遺產工程是中國最高規格的檔案價值鑑定。為了確保入選結果的科學性，有關部門專門開展了中國檔案文獻遺產工

程課題研究，制定了《「中國檔案文獻遺產工程」入選標準細則》，從主題內容、時間、地區、民族與人物、形式與風格、系統性、稀有性等七個方面明確了判定檔案文獻價值的標準，體現了對檔案價值的綜合認定。

2002年3月、2003年10月和2010年2月，中國檔案文獻遺產工程國家諮詢委員會先後評選出三批中國檔案文獻遺產，中國第二歷史檔案館申報的五組檔案入選《中國檔案文獻遺產名錄》。

（一）孫中山題詞——「博愛」

中國第二歷史檔案館館藏「博愛」題詞，是孫中山1922年為愛國華僑鄧蔭南親筆題寫的橫匾，是目前發現的孫中山「博愛」題詞的唯一原件。「博愛」是孫中山偉大人格的寫照。「博愛」題詞在孫中山的墨蹟文獻中具有特殊的意義，是中華民族的珍貴文化遺產。

（二）孫中山手稿——致日本友人犬養毅函稿

1923年10月24日，孫中山致函日本郵電大臣兼文教大臣犬養毅，精闢地分析了第一次世界大戰後的國際形勢，譴責帝國主義列強的侵華行徑，抨擊日本政府的錯誤政策。中國第二歷史檔案館館藏件為孫中山的親筆函稿，共24頁，約3500字，是迄今發現的孫中山書信手跡中篇幅最長、字數最多的函件。這份檔案是研究孫中山思想及中日關係的重要歷史文獻。

（三）孫中山與南京臨時政府檔案

孫中山與南京臨時政府檔案形成於1912年1月至3月，集中收藏於中國第二歷史檔案館南京臨時政府全宗，共計138卷。這組檔案包括孫中山及南京臨時政府頒布的各種法令、法規，南京臨時政

府與清政府進行交涉的文函，反映帝國主義插手中國內政的資料；南京臨時政府出版的《臨時政府公報》；還有部分照片。檔案真實地反映了孫中山與南京臨時政府所從事的政治、軍事、財經、外交等重要活動的情況，是研究辛亥革命的珍貴文獻。

（四）「日升昌」票號、銀號檔案文獻

日升昌銀號創設於1832年（清道光十一年），總號設在山西省平遙縣，先後在北平、天津、漢口、西安、上海等地設立分號，經營匯兌業務，1909年經清政府度支部核准領取營業執照，經營時間前後長達120年，是中國近代具有典型性和代表性意義的老字號。

本組檔案由中國第二歷史檔案館、中國票號博物館、山西省平遙縣檔案局聯合申報。其中，中國第二歷史檔案館選送的日升昌銀號檔案，選自國民政府財政部全宗，近30件，時間上起1909年（清宣統元年），下迄1948年。內容包括清政府給平遙日升昌總號和北平日升昌分號核發的商號登記證，重慶市商務總會給平遙日升昌總號核發的憑照，國民政府財政部經辦日升昌銀號復業登記的來往檔，日升昌銀號從事商務活動的檔案史料，日升昌銀號股東名冊及重要負責人履歷表等。本組檔案集中反映了日升昌銀號自清朝末年到1940年代近40年間經營演變情況。

（五）民國時期籌備三峽工程專題檔案

本組專題檔案形成於1912～1948年，共有文書檔案198件（組）、圖紙25套（份），照片一組9幅，全面系統地反映了民國時期籌備三峽工程的歷史過程，內容涉及三峽工程的提出、調查、勘測、論證、設計及經費預算，中美兩國政府機構的磋商與合作，長江歷代（漢至清）水災記載資料，三峽地區地質調查、水土保持

問題研究、水文資料匯集，中國科學家提出的三峽工程可行性報告，美國專家提出的《揚子江三峽計劃初步報告》，三峽水力發電工程模型照片等。本組檔案具有重要的歷史意義與經濟文化價值，對於今天長江流域與三峽地區的生態環境建設、庫區綜合治理、三峽大壩的維護，仍具有現實的意義。

（六）國民政府商標局商標註冊檔案

中國第二歷史檔案館館藏民族工商企業商標註冊檔案約有2萬餘卷，內含商標約8萬張，文獻形成時間為1928年至1949年。其中最具特色的是民族工商企業在註冊登記中所形成的商標，尤其是一些老字型大小企業如張裕、冠生園、九芝堂等商標。

這批檔案真實地記錄了國民政府對於民族工商企業進行管理的歷史和民族工商企業經營發展的歷史，具有豐富的歷史文化價值。

（七）侵華日軍南京大屠殺專題檔案

本組檔案由中國第二歷史檔案館、南京市檔案館、侵華日軍南京大屠殺遇難同胞紀念館聯合申報。其中，中國第二歷史檔案館申報檔案有三組：

1.日軍自攝的南京大屠殺暴行照片。形成於1937～1938年，共16幅，裝訂成冊。本組照片由日軍自拍，內容真實，當年被國民政府國防部軍事法庭列為京字第一號證據。

2.《陳瑞芳日記》。金陵女子文理學院程瑞芳女士記載南京大屠殺事件的日記，形成於1937年11月～1938年3月，逐日記錄了日軍在金陵女子文理學院安全區燒殺搶掠的暴行。

3.國民政府國防部軍事法庭審判日本戰犯檔案。形成於1937～1948年，共1019卷，主要內容是該法庭建立的法律、法理基

礎，以及該法庭審判日本戰犯全部工作而形成的各類檔案。包括日軍南京大屠殺案調查取證，各類人口傷亡調查表、財產損失調查表、敵人罪行調查表等，南京大屠殺案及其主犯谷壽夫起訴書、判決書等，南京大屠殺倖存者證言，南京大屠殺案日軍官兵供詞、南京大屠殺案發生期間滯留南京的外籍人士證詞等。這批檔案是侵華日軍南京大屠殺暴行的鐵證，具有重要的歷史憑證價值。

六、結語

中國第二歷史檔案館透過開展上述各種形式的檔案價值鑑定活動，對民國檔案價值的認識逐步深入，對民國檔案價值的區分更加科學，檔案鑑定的目的性更加明確。今後，將進一步建立健全自身的檔案價值鑑定機制，將全面、準確、精細地認識館藏檔案的價值，作為檔案館工作的基本職能之一，在檔案管理全過程中，體現檔案價值意識，以更好地落實檔案工作的科學發展觀。（孫武撰稿）

伍　保管工作

　　檔案保管是檔案館最基礎性的工作之一。透過科學化、規範化的庫房管理確保檔案安全，為檔案利用提供高效便捷的服務是檔案保管工作的基本職責。60年來，本館幾代保管人滿懷為國管檔的神聖使命感，以默默無聞的奉獻精神，科學嚴謹的工作態度，築牢了檔案安全的堅固防線，建立了科學規範的檔案庫房管理體系，在服務國家大局，滿足社會利用需要等方面做出了自己的貢獻。

　　本文將從檔案庫房建設、庫房管理、檔案安全保管等方面回顧建館60年來的檔案保管工作。鑑往知來，我們深知檔案安全是檔案館的第一要務，是幾代檔案保管人為之奮鬥的目標。我們有信心在前人的基礎上，把本館檔案保管工作的水準提升到一個新的高度。

一、檔案庫房建設

　　檔案庫房是檔案館檔案保管的最基礎條件。南京史料整理處成立後，接收了原國史館位於淮海路31號的平房庫房和政務院接收指導委員會駐寧臨時辦事處檔案組位於中山東路309號原開國文獻館的宮殿樓房，並以此二處作為史料整理處的檔案庫房和辦公地點。淮海路31號均為平房庫房，總共16間。史料整理處剛接收的時候共存放檔案290887宗，8457捆，177箱，14櫥，中外文圖書17752冊，刊物雜誌37808冊，報紙200餘種897冊348捆。中山東路309號庫房以宮殿樓為主體，第一層19間；第二層1大間；第三層1大間；第四層2間；另有平房庫房3間，總共26間。共存放已經整理檔案607447件，未整理檔案200箱134簍。1951年9月，考慮

到分兩處辦公甚為不便，史料整理處決定將原來在中山東路從事檔案整理保管工作的業務2組人員併入1組（淮海路31號），以較堅固安全的中山東路房屋專作典藏檔案之用。中山東路只留下原來2組的兩個人負責看守。

　　史料整理處成立初期，不斷收集南京各機關發現的零星檔案，從重慶、昆明等外地批量接收檔案，原本不敷使用的檔案庫房問題更加突出。淮海路房屋年久失修，破爛不堪，雖每年加以檢修仍是此破彼漏，檔案安全難以保證。中山東路庫房容納不下全部檔案，除宮殿樓一層留下部分作為辦公用房外，其餘地方，無論房間、過道還是樓梯，均堆滿成箱成簍成袋的檔案，多的甚至堆放高達四層。

　　1952年9月，史料整理處從重慶接收4178箱檔案後，就曾要求以中山東路309號開國文獻館房屋調換中山東路77號房屋，以解決為數巨大的新近接收檔案如何存放的問題，但未能如願。庫房嚴重不足直接影響到大批檔案的接收，當時甚至考慮過暫時不再從全國各地接收檔案的問題。

　　1954年6月，史料整理處向中國科學院華東辦事處報告，首次申請新建庫房，以解決檔案存放問題，但因種種原因未獲批准。次年4月，中科院上海辦事處南京分處同意將中科院下屬的雞鳴寺1號書庫分配給史料整理處存放檔案，暫時部分緩解了燃眉之急。

　　在1956年3月史料整理處編制的12年遠景規劃中，基本建設問題占有非常重要的地位。設想以集中保管500萬宗歷史檔案及供250人員工作、住宿，須建築40328平方公尺面積的房屋，其中檔案庫房占22700平方公尺，並於第一個五年計劃期內開始籌畫興建。但由於國家經濟困難，再加上中山東路用地涉及軍事單位，興

建庫房的問題暫時還無法實現。

　　1957年史料整理處終於成功地獲准在中山東路309號新建總面積大約4000平方公尺的四層檔案庫房。經過近一年的建設，1958年6月完成土建工程並通過驗收。庫房建築是按照「環境安靜、結構堅固、有現代化裝置、注意適應工作的需要」的要求來選址和施工的。1959年初，庫房投入使用，全處人員經過7天的努力，將大批檔案搬入新庫房存放。這是史料整理處期間興建的第一幢，也是唯一的一幢檔案庫房。1985年，該庫房啟動了以「提高庫房防火等級，增設防火安全設施；提高庫房隔熱能力，增設空調去溼設備；協調建築外觀，更換琉璃瓦屋面」為內容的改造施工。專案資金150萬元。1987年10月，項目改造完成。該庫房一直使用到現在。

　　1958年史料整理處又向南京博物院借用朝天宮庫房2500平方公尺，作為臨時存放檔案之用。

　　1976年6月，本館請求新建3500平方公尺檔案庫房的報告獲江蘇省革命委員會計劃委員會批准，並列入省1976年基建計劃。庫房設計方案是在原主體建築前東西兩側各建一幢三層樓房，要求做到「六防」：防火、防竊、防潮、防塵、防光輻射、防高溫。該方案是本館與省建築設計院、南京市城市規劃處以及南京工學院楊廷寶教授一起多次反覆研究的方案。該庫房1978年3月動工，實際施工時建築面積擴大為4400平方公尺，總投資46萬元。1980年建成，並交付使用。但由於這兩幢三層樓房在最初的功能設計上沒有採用中央空調設施，庫房溫溼度控制很難達到要求。考慮到該庫房外觀設計上與309號主樓——宮殿樓的協調，改造安裝中央空調系統比較困難。再加上其他方面的一些原因，所以，當1992年新的

檔案資料庫投入使用後，這兩幢三層檔案庫房的檔案逐步搬出，其功能由檔案庫房逐步轉變為業務用房和辦公用房。

　　1985年5月，本館申請擴建檔案、資料庫房的報告獲得國家檔案局批准，1986年正式列入國家計劃。該庫房共5層，1986年3月動工，1990年8月竣工，被南京市評為優質工程。項目批准總建築面積8560平方公尺，總投資815萬元。在庫房設計上，充分考慮檔案、資料的保護問題，能防潮、隔熱、防蟲、防塵、防紫外線，地震按7級設防。庫房採用中央空調，並安裝有火災自動報警裝置。這是本館最後建成的一幢檔案庫房。

　　目前，本館作為檔案庫房仍在使用的只有兩幢樓房：1958年建成，1959年投入使用的四層庫房，現在編號為5號樓；1990年竣工的五層檔案資料庫房，現在編號為4號樓。考慮到檔案搬運安全等方面的需要，兩幢庫房之間建有空中廊橋相連。

　　作為檔案庫房重要裝具的檔案架在60年中也經歷了一個從缺到有，從木質架到鋼製架（包括戰備櫃），從固定架到密集架的演變過程。1951年，史料整理處剛成立的時候，淮海路辦公處有各式書架164個，中山東路檔案庫有各式書架157個，檔案櫥31個，借用（中科院）寧處辦公廳各式書架130個。由於檔案架嚴重不足，大量的未整理檔案用箱、簍、筐、袋等堆積存放在庫房。1951年，史料整理處新購檔案架274個。1953年6月定做書架140只，7格6層。1959年投入使用的四層檔案庫房，安裝有594只樟木檔案架，所有的檔案架都編上統一的號碼，便於管理。這些檔案架大部分沿用至今。

　　1965年，為了適應戰備檔案轉移工作的需要，本館向上級有關部門申請製作尺寸為長83cm、深27cm、高34cm的戰備鐵皮箱

3000個。但由於國家鋼材緊缺，至1969年，本館配置的戰備櫃不到400套。這些戰備櫃在1969年檔案戰備轉移中，發揮了作用。1978年，為配合兩棟三層庫房的建設，在原有623套的基礎上又購置了一部分鐵箱，總數約770餘套，並全部放置在底層庫房。現在，這些戰備櫃已經不再作為庫房檔案裝具使用。

1991年，新檔案資料庫交付使用後，三至五層配置金屬密集檔案架共756列，另外還有部分鋼製固定架。檔案密集架的使用大大提高了庫房的有效容量。2009年11月，本館對這批檔案架進行了一次升級改造，更換橫面板及傳動手柄（含上下齒輪及軸承座）593套，增加面板274塊，有效地延長了密集架的使用壽命。

2010年，為配合檔案原件封存試點工作，本館採購了200套鋼製五節櫃作為檔案封存的裝具。五節櫃堅固耐用，在遭遇諸如地震等自然災害時，能夠最大限度地保護檔案實體的安全，還能便於檔案的迅速轉移。今後隨著檔案數位化的進一步開展，檔案原件封存將變成一個常態化的工作，五節櫃的需求可能會越來越大，五節櫃將逐步成為本館檔案保管裝具的主體。

60年來，本館檔案庫房建設有了長足的發展，從建館初期的4500平方公尺左右，發展到現在的兩幢樓房，總面積達近12000餘平方公尺。庫房條件也不斷得到改善。從最初老舊平房為主體，只能解決檔案的存放問題，到後來新建樓房庫房，具備一定的隔熱、防紫外線等功能，最後發展到新建庫房擁有中央空調、紅外視頻監控、消防感溫和庫房溫溼度即時監控等現代化的設備系統，檔案的安全保管條件和技術保護手段有了很大的進步。但是，現在的5號庫房建成於1950年代末，房屋老舊，幾如危樓。4號庫房建成距今也20年，當初在功能設計上也沒有考慮到預留設置保管條件

要求更加高的微縮膠片庫、光碟庫、照片庫和地圖藍圖庫等專門用途的庫房。對照國家建設部和發改委2008年聯合下發的《檔案館建設標準》，我們現有的庫房無論在面積還是建築標準、內部配套設施、功能齊全等方面都有很大的差距。隨著國家經濟實力日益強大，近年來許多檔案館已經完成或正在進行新檔案庫房的建設。作為集中典藏民國檔案的中央級國家檔案館，我們期盼著在檔案庫房建設上跟上時代的步伐，建設一個面積充裕、設施完善、功能齊備、環境良好的現代化一流檔案原件保管基地，以長久、安全地保管好這些寶貴的國家財富。

二、庫房管理工作

庫房管理工作是檔案保管的基本內容，包括庫房的設置與調整、檔案的排架、全宗卷的建立與管理、檔案的調取與歸還、檔案清點統計、庫房衛生等等。庫房管理的水準直接關係到檔案的安全保管和對外利用。幾代檔案保管人在檔案庫房科學化、規範化管理上辛勤工作，默默無聞地履行自己的職責。

（一）南京史料整理處成立時，接收了檔案組和舊國史館兩處檔案90萬卷，檔案分存中山東路309號和淮海路31號兩處。淮海路有平方庫房16間，中山東路以四層宮殿樓庫房為主體，另有平房庫房3間。兩處庫房都有已整理的檔案和未整理的檔案，保管調閱均不方便。1954年，透過對蘇聯先進的檔案管理理論的學習，史料整理處明確了必須按「全宗」進行整理和保管的原則。從1954年起，史料整理處開始有計劃的逐漸將已整的檔案都集中到中山東路保管，淮海路庫房逐漸改為待整理檔案存放地和整理人員的工作場所。1955年，進行了一次比較大的庫房調整，將原來存在淮海路已整理好的238架檔案，分別送到保管條件相對好的中山東路庫

房和借用的雞鳴寺庫房，有的檔案甚至用檔案盒裝起來作妥善保存，防止被破壞和遺失。庫房調整工作徹底改變了以前已整理和未整理檔案交叉放置的情況。整理場所和保管庫房區分開來，對於檔案的安全保管也是非常有利的。

在完成庫房大調整的同時，庫房管理工作也納入科學有序的軌道。檔案庫房繪製有檔案存放位置圖，標明機關代號、架號、案卷的起訖號，調閱、查找起來很方便。日常庫房管理也明確按照「四防」、「四要」的要求嚴格執行，即防火燒、防潮霉、防蟲蛀、防盜竊，要空氣乾燥，要內外清潔，要系統清楚，要使用便利。保管組人員直接參與檔案架的設計與放置。

1959年初，新建的4000餘平方公尺四層檔案庫房投入使用，在史料整理處的統一領導下，保管利用組突擊搬運檔案7天，將大批檔案遷入新庫房。隨即，展開庫房內部管理，對每間庫房、每個檔案架、每架的兩面和每格都進行了系統的編號。同時編制庫房檔案的存放位置圖。在梅雨季節到來之前，在新庫房開展了防溼防潮工作，利用電扇通風，用數十個缸子存放大量的生石灰和乾木屑吸潮，把生霉的檔案進行刷霉、晾乾，使大批檔案免受潮溼侵害。截至1959年底，庫房內存放歷年整理好的檔案558876號，1479500宗。

1955年下半年開始，為配合國家開展的肅反運動、審幹工作、整風運動等各項政治運動，保管利用組開始了比較大規模的特殊性調閱任務。到1961年，調閱檔案近56萬卷（宗）次。

大量對外調閱檔案暴露出檔案庫房管理工作中的一些問題。庫房檔案架子太密集，有些架子上雙層擺放檔案，有的把檔案放在架頂上，影響調插卷的速度。調卷量非常大，調出來的卷不能及時歸

檔上架，不僅影響調卷而且對檔案安全造成隱患。在檔案點收點交過程中，經常發生少號的問題。史料整理處對此非常重視，從1961年7月開始，組織人員入庫進行清查，結果發現缺少案卷1959個號，占保管案卷總數689686個號的千分之三，問題是相當嚴重的。經過6個月的努力，查清97%的案卷下落。

1965年，本館按照國家檔案局要求，在機關四清運動結束之後，集中力量進行備戰。保管部門奮戰10個月，在配合完成館內全部150萬卷2525箱檔案的清理鑑定工作（區分重要檔案）的同時，還清理了淮海路庫房和朝天宮博物院庫房內的雜亂檔案43253捆760箱140席包50木盒。另外，還結合備戰，接收和移交了一批檔案；調整了庫房，搬動了13個庫房的檔案，改變了全宗分散存放的情況。完成了對重要檔案85589卷，特別重要檔案9187卷和部分一般檔案的逐卷清點，發現和糾正了不少錯亂情況。

南京史料整理處時期，檔案保管工作經過多年探索，形成了四條檔案庫房管理方面行之有效的基本原則：第一，檔案的安全第一。不論是已整理的和未整理的，庫房所保管的檔案，首要的是注意安全，不使遭受損失和毀壞。第二，保管檔案應遵守嚴格的組織紀律。對外要保守祕密，內部門窗的開關，檔案的進出，都有規定，大家能一致遵守。第三，檔案的放存和裝架，都力求系統化、科學化，須使其便於管理和調用。第四，要定期檢查，以免檔案被蟲蛀、鼠咬、遭受霉潮等損壞。這些寶貴經驗為本館檔案保管工作奠定了非常好的基礎。

（二）「文革」期間，本館檔案保管工作遭受較大的破壞。1967年11月，本館由解放軍接管。保管工作一切圍繞政治鬥爭的需要開展。多年來形成的保障檔案安全的庫房管理工作經驗被批

判，庫房管理制度遭到嚴重破壞。這一時期，本館先後接收外單位分散保管的檔案近40萬卷，卻只堆在庫房走廊，不僅不能防霉、防潮，也無法防盜。庫房管理上倒退到只能適時掌握通風，庫房地面返潮，保管人員用拖把拖拖。檔案調閱，只要是重要人物或當權者一句話，根本不辦理手續，就可以直接將需要的檔案拿走。

（三）全面恢復整頓和狠抓基礎工作時期。1978年，本館擬定《檔案庫房管理規定》，逐步恢復了「文革」前的一些好的規定。為糾正「文革」以來檔案管理方面的混亂以及檔案庫房管理制度廢弛的狀況，1978年8月7日至1979年3月，對館藏全部檔案進行了清點。清點結果是：全部檔案71004尺，合23668米或47華里。全宗總數1089個，案卷總數914313卷。重要檔案（國民黨、北洋、汪偽和個人）223個全宗，94374卷。

這次檔案清點是在「文革」結束後，檔案系統開展撥亂反正的情況下進行的，有特殊的意義。以這次的清點結果為依據，在庫房管理上逐步開始建立全宗卷，記載每個全宗的數量、所屬機構、檔案整理說明以及檔案變動及進出庫房情況。為了加快檔案保管工作的全面整頓，儘快讓檔案保管工作走入正軌，我們制定了「1978～1985年保管組業務規劃」，明確提出「結合新建庫房和檔案的第二步整理，爭取在85年前對全部檔案的科學系統保管方面有一個大的改進」的目標。

為明確檔案保管工作職責，充分調動工作人員的積極性，確保檔案的安全，做好檔案基礎工作，方便利用，1984年我們作為試點部門，率先在全館試行保管工作崗位責任制。對每位保管員進行德、能、勤、績的考核。考核採取百分制評分計獎法，總分為100分，其中按照要求完成工作定額60分，考勤、考德各20分。考核

內容涵蓋保管工作的各個環節。對考核優異的，給予獎勵。對工作上發生較大事故造成損失的，扣發當月獎金；嚴重者應給予行政處分。

1981年，在兩幢4400平方公尺新庫房投入使用後，我們隨即組織人員完成庫房調整，並重新編制庫位表。經過一年多的努力，共調整檔案43萬餘卷。館藏全部檔案實現了首先按照歷史時期或政權屬性（北洋、國民政府、汪偽）區分全宗，同一政權機構檔案再按其組織系統和重要程度分別集中，按全宗分類保管的科學化管理模式，從而完成了保管組預定的業務規劃目標。這一管理模式客觀地反映了民國檔案的特點，是科學可行的。直到今天，我們仍舊沿用這種檔案實體排架方式。

（四）1990年代以來，本館檔案保管工作進入全面發展時期。檔案庫房管理制度日趨完善，以制度建設帶動保管工作規範化、科學化管理成為這一時期的重要特色。檔案分級管理的思想引入保管工作實踐，特藏庫的建設成為本館檔案保管工作的一大亮點。充分利用各種現代技術手段開展檔案微縮複製和數位化建設，以檔案複製件替代原件提供利用，確保檔案原件安全，盡可能延長檔案壽命是這一時期本館檔案保管工作的又一重大使命。為此，我們開展了微縮膠片庫建設，正在進行數位化檔案光碟庫的建設和異地備份工作。跟緊技術進步的步伐，運用先進技術實現庫房科學化管理是我們追求的目標。我們開展了檔案條碼管理工作，初步建成了條碼管理系統。認真做好檔案清點統計工作，摸清家底，為檔案搶救性保護工作提供準確的基礎資料，是檔案保管工作的重要內容。我們成功完成了一次檔案全面清點工作，不僅徹底摸清了家底，而且針對清點發現的問題，提出並逐步落實了改進相關基礎工

作的具體措施。

　　1.庫房管理制度日趨完善。經過幾十年檔案保管工作實踐，我們已經建立了一套比較行之有效的制度體系，涵蓋了檔案庫房日常管理、庫區值班等諸多方面。為進一步築牢檔案安全保管的制度防線，貫徹「靠制度管人，靠制度管事」的理念，2003年起，我們對保管工作和各項規章制度作了全面梳理。根據檔案保管工作的實際需要，對已有的規章制度進行修訂完善，其中包括崗位職責、特藏檔案管理、檔案出入庫登記等13項規章制度。另外，為適應保管工作的新情況，我們陸續頒布了一些新的規章制度。2006年為做好專案檔案的管理，我們制定了《專案檔案調用管理辦法》。2007年制定《專案檔案管理辦法》、《商標檔案出入庫辦法》、《檔案庫房防漏職責分工》等。2008年制定了《檔案原件日常利用管理細則》、《封存期檔案原件調閱使用辦法》等，從嚴控制檔案原件調卷數量，明確調還卷手續，確保檔案原件在流通過程中的完整與安全。2009年10月館務會討論通過的《檔案庫房管理工作規範》，新增了有關檔案封存的內容。2010年2月制定的《對外提供檔案原件及掃描管理暫行辦法》專門針對開展檔案數位化工作之後，為加強檔案原件管理，有效提供利用服務而制定的。同年3月制定的《關於內部工作調用檔案管理辦法》，對內部用卷每次調卷數量和歸還時間都作了非常嚴格的規定，減少每次調卷的數量，縮短用卷時間。2010年3月，我們將歷年來有關檔案保管的各項規章制度匯編成冊。在健全完善規章制度的同時，我們還加大了檔案安全保管制度的學習和監督執行力度。將其中一些重要的制度製成展板上牆張貼，讓大家每天進庫工作的時候都能看到，隨時學習，對照執行。另外，我們還從這些規章制度中選出部分條款，制定了保管員行為「八不」守則，時刻警醒自己。對違反檔案安全保管制度

的人和事，我們組織講評，有關當事人在年終考核時不予評優。透過以上舉措，我們為檔案安全保管和科學化管理築起來一道可靠的制度防線。

　　2.特藏庫的建設。特藏庫是本館重要珍貴檔案的集中保管地，它既是我們對館藏檔案實行分級管理，借助特殊的設備、特別的方式進行精心保護，以延長檔案壽命的具體舉措，同時也是以陳列展覽的形式對這些重要珍貴檔案的一種利用。特藏庫的建立不僅是檔案保管工作的亮點，也是本館對外交流、接待工作的一張名片。

　　早在館「七五」（1986～1990年）規劃中，本館就已經提出要做好珍貴和重要檔案的保護工作。1987年，保管部成立特護組，專門從事珍貴檔案的蒐集、編目、複製、修裱和特藏。首先啟動的是孫中山、蔣介石、馮玉祥等著名人物手跡的保護，隨後逐步擴大到對珍貴字畫、郵品、商標、債券、票證、證章、照片、地圖及其他重要檔案的集中典藏和保護工作。經過幾年的努力，1994年6月正式建立了特藏庫，但其規模和藏品都有限。

　　1995年9月，本館召開了一次有關檔案分級管理的座談會。會議針對館藏量大，管理困難，工作頭緒多，但重點不突出的問題，一致同意對館藏檔案實行分級管理的辦法，集中有限的資源和人力對重要珍貴檔案優先進行特殊保護和特別管理。在加快建立特藏室的問題上達成共識。

　　2001年國家檔案局召開的全國檔案局館長會議上明確提出：「各級國家檔案館尤其是副省級市以上檔案館可以嘗試建立特藏檔案室，將特別珍貴、重要檔案集中保管，採用先進的設施、設備，對重點檔案實施特殊保管和提供利用」。2002年，本館根據這一精神，在新庫1樓重新擴建特藏庫。經過一年多的努力，至2003年

11月，全部完成1萬餘卷特藏檔案的搬遷轉移；4萬多枚商標接收入藏；陳列室精品布展到位，新的特藏庫建成開放。

現在的特藏庫面積約500平方公尺，集中典藏約60個保管單位1萬餘卷（件）珍貴檔案，包括孫中山、蔣介石、張靜江、馮玉祥、汪精衛、宋子文、蔡元培等50位人物的個人全宗和字畫、商標、郵票、鈔票、照片、印信、證章以及其他珍貴檔案匯集等。特藏庫在功能設計上將藏與展有機地結合起來。特藏室全部採用密集架，珍貴檔案全部放入專門特製的紅木、樟木盒和票冊夾中存放。陳列廳以展櫃的方式展示具有典型性、代表性的特藏檔案精品，分為名人字畫、名人風采、北洋梟雄、大事掠影、珍郵寶泉、金石印章、徽章證照、火花商標等幾個部分，透過展示這些具有鑑賞價值的檔案珍品，從不同層面反映民國時期政治、經濟、文化等方面的榮辱興衰。

特藏庫自建成以來，先後接待尉健行、李嵐清、丁關根、回良玉、王剛等中央領導長官參觀。同時接待各級領導和來賓以及來自全國各地兄弟檔案館的同仁和臺灣、香港及海外的專家學者、代表團大約近5000人次參觀，充分展示了民國檔案的魅力，極大地發揮了特藏檔案的社會價值，提升了本館的社會知名度和影響力。

3.檔案微縮膠片庫的建設。本館自1985年開展檔案微縮複製工作以來，經過近15年的努力，陸續完成蔣介石、陳布雷等個人全宗，國民政府、行政院、戰史編纂委員會、中央大學等全宗以及新加坡、山西、寧夏等地區專題檔案的微縮複製，形成16毫米、35毫米片8384盤（其中母片3881盤）。為儘早發揮這些微縮膠片在檔案對外利用中的作用，逐步減少對檔案原件的依賴，降低頻繁調用和複印給檔案帶來的傷害，1999年，保管部購置專業的微縮

膠片櫃，並在檔案庫房設置了微縮膠片庫房。同年，將所有膠片從技術部接收，移入庫房，實行專庫專櫃專人保管。保管人員在最短的時間完成了膠片的清理、標注和編號工作。由於微縮母片的保管條件要求較嚴，一般情況下需保持在攝氏溫度13～15度，溼度35%～45%的安全範圍。2006年，保管部又採購了20套膠片櫃專門存放母片，並將其轉移到條件相對較好的特藏庫房。還與技術部配合定期對其進行檢查和倒片，以防黏連。2008年10月，根據館內有關停止使用檔案原件提供利用的決定，對外利用改調微縮膠片。僅2008～2010年三年的時間，對外利用調取微縮膠片就達6175盤次。檔案微縮膠片庫的建設，既滿足了社會利用者的查檔需求，又促進了檔案原件的安全保護，延長了檔案的壽命。

　　4.條碼技術是一種經濟、實用的自動識別技術，在社會生活諸多方面都有廣泛的用途。進入21世紀以來，檔案界開始將這種技術引入到檔案管理中。本館檔案條碼管理專案於2007年立項。經過兩年多的調研和論證，2009年4月專案正式啟動。專案軟體透過議標確定由上海一家專門從事檔案條碼業務的公司負責開發。8月份，專案設備相繼到位。9月，專案設備進行安裝調試，管理軟體也完成安裝和試運行。10月到11月間，完成包括北洋政權檔案在內的館藏40餘萬卷檔案的條碼標籤黏貼任務，館藏檔案條碼管理系統初步建成。這一應用性的科研專案，應用成熟的條碼技術與電腦網路系統、檔案目錄資料庫，實現了對檔案實體的動態管理和有序管理，改變了手工登記統計效率低下、易出差錯、資訊難以蒐集統計的傳統管理模式，實現了檔案實體管理的現代化。該管理軟體利用條碼和掃描槍來代替普通鍵盤輸入，依據管理許可權、工作流程對檔案資訊實行管理，從而提高資訊的準確性、規範性。系統具有檔案管理的各種功能，設有檔案條碼編碼列印、檔案條碼庫的建

庫、檔案實體的出庫和入庫管理、檔案實體在利用過程中各個節點的查詢統計，以及人員管理和資料自動備份等功能。

　　5.檔案清點統計。2010年，本館多次組織全館人員認真學習中央書記處書記、中央辦公廳主任和中央檔案館館長、國家檔案局局長楊冬權一系列有關檔案工作的重要指示精神，並對照檔案館工作現狀，對涉及檔案安全的問題展開討論，拿出切實可行的整改措施。鑑於檔案清點統計在檔案保管工作中的特殊作用，同時考慮到1992年檔案清點後我們又新接收了部分檔案、完成了大量零散檔案的整理、重新整理了部分全宗檔案，館藏檔案全宗、案卷等情況有了一定的變化，2011年1月18日，館務會研究決定，立即啟動館藏檔案搶救性清點工作，把它作為整改工作的第一步和突破口。

　　這次檔案清點工作分兩個階段進行。第一階段為入庫點卷。這一階段從全館各部門抽調人手，組成11個小組，由各部門主任擔任各小組組長。點卷工作從1月19日正式開始，到2月23日全部完成。清點採取以全宗為單位，逐卷逐宗點卷的方式進行。根據統計，館藏檔案共1354個保管單位，220.4萬餘卷宗，其中案卷數為168.6萬餘，宗數為51.7萬餘。

　　透過清點，我們實現了摸清家底的目的。同時，針對這次檔案清點發現的問題，本館已經制定並採取了相應的措施。由分管保管、整理工作的館領導牽頭組織專家小組，對這次檔案清點工作中發現的各種問題展開討論研究，提出相應的解決方案。整理部負責對所有編號錯誤的卷、宗進行逐一糾正；對未整理檔案按照數位化檔案整理的統一標準和要求進行整理；空缺號問題透過數位化整理解決。保管部則以此次檔案清點工作為契機，加快庫房管理科學化、規範化的步伐。將所有點卷單按全宗、按庫房進行裝訂，作為

檔案保管工作的重要資料長期保存。對於案卷改重、原缺、提交特藏、移交、調出、大尺寸等等涉及檔案實體位置變更的，一律在原來位置放置代卷插牌，說明案卷去向或存放位置。

三、安全保管工作

檔案保管工作最核心的任務就是確保檔案的安全和完整。在本館60年歷史上，檔案安全保管一直是幾代檔案人的神聖職責，也是檔案館的第一要務。

南京史料整理處成立後，1951年1月召開的第一次臨時行政會議上就做出關於冬防的決定，成立冬防（不久改稱安全）一組、二組，開展防火、防盜、防特的工作，以確保檔案安全。2月，針對原國史館檔案安全事故進行安全排查，把破舊老化的檔案庫房維修問題提上計劃。在完成維修之前，保管組經常注意通風、防蟲、防火、防潮的工作，定期檢查，並且派人輪流值班，以防發生事故。為了從制度上保證檔案安全，史料整理處根據國家有關規定，制定了庫房管理制度、保密制度以及保管組工作細則等，便於有關人員遵照執行。1951年通過的《中國科學院近代史所南京史料整理處檔案初步整理辦法》中涉及檔案安全保管的專門條款就有4條。如檔案庫須有防火設備，嚴禁工作人員在庫內吸煙；檔案庫須不時檢查，注意通風，以防潮腐；檔案庫一律加鎖，並指定專人保管等。1953年12月，史料整理處第2次處務會議討論通過了「管理庫房暫行辦法」，確立了保管檔案安全第一的思想，提出了檔案的存放和管理系統化、科學化的具體要求。1954年9月1日制定了「檔案保管工作制度」。第一次提出「雙人進出庫」和庫房管理「四防」要求：防蟲、防潮、防火、防盜，其基本原則和要求至今都是檔案保管工作的必須遵守的準則。

在加強內部管理的同時，史料整理處還非常注重庫房及辦公場所周邊環境的安全。1954年4月，史料整理處向江蘇省公安廳報告，請求通知該處所在地公安機關協助解決周邊安全問題，對有人在淮海路東庫房邊搭草棚居住，做飯生火等影響整理檔案工作室的安全隱患，加以排除。

為了進一步明確部門之間的責任，確保檔案在整理、保管和利用諸環節的安全，1960年史料整理處做出明確規定：所有檔案，除整理組正在整理，每組因工作需要借出正在使用，分別由整理組和使用人員負責安全保管外，其他凡已整理和未經整理的檔案，均由保管組負責安全保管；凡整理組整理好的檔案，向保管組移交時，兩組必須按登記目錄進行點交，做好交接手續，明確責任；凡檔案借調使用時，負責管理利用人員必須嚴格執行制度，辦好手續，使檔案既能發揮應有的作用，又能保護檔案檔的安全；經常注意檔案的安全保管，如庫房的溫溼度，安全設備，保管制度，安全檢查，儘量做到有一定人負責，有一定的制度，能定期進行檢查，以保護檔案的安全。

由於思想上高度重視，相關檔案安全保管完善，措施到位，到文化大革命開始之前，本館克服了檔案庫房嚴重不足，庫房條件較差等給檔案保管工作帶來的困難，在安全保管上一直沒有出過什麼事故，工作是非常有成績的。

1967年底，本館由解放軍接管。1968年3月正式成立了江蘇省清查敵偽檔案辦公室（機構設本館）。這一時期對本館前17年來形成的一套確保檔案安全行之有效的規章制度一概予以否定，一概斥之為「修正主義路線的產物」，是「禁條」「舊框框」，「老一套」。正常的借閱手續不要了，只要是當權者或某個大人物的一

句話，就可以將重要檔案從庫房取走。已有的庫房保管制度被砸碎了，檔案庫房的大門日夜開放，查檔者可隨意進庫調檔案，還美其名曰「走群眾路線」。庫房管理、檔案調閱利用制度的破壞直接給檔案的安全帶來影響。例如，1968年4月軍委辦事組兩工作人員，從本館取走周佛海日記4本。這二人沒有介紹信，也沒有留下調走這些檔案的正式批件。檔案取走後，交給了誰，存放在何部門，都不清楚。

「文革」期間，在檔案安全保管上實施了一項重要的工作——戰備檔案轉移。為確保檔案實體的安全，應對突發戰爭等對檔案可能造成的破壞，早在1965年，國家檔案局就對一史館明清檔案和本館民國檔案的戰備轉移問題做出過指示。同年，按照國家檔案局要求，在機關四清運動結束之後，本館集中力量進行備戰。用10個月的時間，突擊完成了館內全部150萬卷2525箱檔案的清理鑑定工作，並且清理了淮海路庫房和朝天宮博物院庫房內的雜亂檔案43253捆760箱140席包50木盒。經過清理，區分了重要程度：重要檔案85589卷，特別重要的9187卷，主要內容包括對外關係、邊界邊防、民族關係、舊政府反共反人民的活動以及其他重要政治和經濟檔案檔。這些檔案作為應急時需要轉移的戰備檔案。1969年，清查敵偽檔案辦公室又從本館一般檔案中清理出部分具有重要價值的檔案，對原先確定的重要檔案中部分不重要的檔案抽出重新歸入一般檔案，調整後構成完備的轉移檔案。為了便於轉運和存放這批戰備檔案，經中央批准，本館還專門製作了300套鐵皮箱作為戰備檔案櫃。

關於戰備檔案轉移地點，1965年國家檔案局原本已經確定以陝西鳳縣後庫作為轉移地點。但1969年10月，中央檔案館根據中

央辦公廳指示通知本館，需要戰備轉移的檔案不能存放陝西鳳縣後庫。有鑑於此，省革委會清檔辦公室將戰備檔案轉移地點改在小三線，最後選定距南京70公里的句容縣境內茅山農場。

1969年11月，江蘇省革委會決定，本館從15日起，暫停對外接待，並立即將重要檔案轉移出南京。經過十多天的緊張工作，至28日，所有重要檔案8萬卷全部裝箱，順利轉移到句容農場，並派專人看管。1972年，所有轉移到句容的戰備檔案全部運回南京，繼續作為重要檔案入庫存放。

「文革」結束後，本館在檔案安全保管的整頓恢復上採取了一些有力的措施。首先啟動追蹤調查「文革」期間專案小組等從本館拿走檔案下落的工作。1979年5月，本館辦公室專門致函原江蘇省革委會清查敵偽檔案辦公室副主任，詢問「文革」中調出的某些檔案的下落。組織館內有關工作人員回憶這些檔案的去留，說明提供線索，設法索回。其次，對1978～1979年檔案清點過程中發現的300個缺號進行查找，做到逐個落實。對找不出來的缺號，查清其來龍去脈。要求檔案保管利用中不再產生新的缺號。最後，在檔案安全保管內部管理上，把提高檔案保管人員的安全責任意識當成一個頭等重要的事情來抓。把庫房保管工作的責任，按庫、按人分工落實。

1981年3月，本館通過了《關於加強檔案保護工作的規定》，基本恢復了「文革」前行之有效的檔案安全保護的有關制度和規定。

本館借用南京博物院朝天宮庫房存放檔案20多年。由於該庫年久失修，房頂嚴重漏水，使檔案多年遭受水淹，處於不安全狀態。1982年6月，本館在完成對朝天宮檔案清理鑑定的基礎上，下

決心將其運回到中山東路館內庫房存放，徹底清理了積存多年的「檔案海」，解決了歷史遺留下來的老大難問題，讓這批命運多舛的檔案終於有了一個安全的保管場所。

從1981年初2幢3層新庫房啟用之日始，本館就把涉及技術保護方面的檔案保管安全問題作為一項重要工作來抓。我們健全了各庫房的內外溫溼度記錄制度，逐日逐週不間斷的記錄，積累了完整的全年庫房溫溼度資料。在梅雨季節，開啟去溼機，降低庫房溼度。但由於庫房設計的局限和缺乏必要的設備，庫房溫溼度控制一直不很理想。為從根本上解決這一問題，1985年，本館啟動了以提高庫房防火等級，增設防火安全設施；提高庫房隔熱能力，增設空調去溼設備；協調建築外觀，更換琉璃瓦屋面為內容的後庫（現在編號為5號樓）改造施工。經過施工改造，庫房溫、溼度基本能夠控制。

1988年，為加強檔案安全保護工作，本館在全館開展檔案安全教育，形成了「有效地保護檔案，維護其完整與安全，使其『延年益壽』，是檔案館最基本的職責和任務」的共識。同時採取具體措施，專門成立由保管部和技術室人員組成的檔案工作小組，對本館檔案基本保管狀況進行全面調查。內容包括開展檔案清點，摸清家底；開展案卷狀況調查，全面掌握檔案破損、霉變、生蟲、特殊大尺寸等情況；建立特殊載體檔案資料庫，為實施對照片、唱片、地圖、證章、字畫等檔案特殊保護、特殊管理做好前期準備。這項工作持續進行了4年時間，檔案清點工作於1992年年底順利完成，家底基本摸清。經過入庫調查，檔案破損狀況也有了一個基本的資料：破損嚴重的檔案占館藏量0.5%～1%，約1萬卷；一般破損的約占館藏量10%～15%，約15萬～20萬卷。館藏檔案70%以上未

裝訂。館藏檔案約有30%的案卷卷皮，已經破爛。珍貴和重要檔案的狀況調查也取得很大進展，完成了個人全宗和珍貴檔案的目錄編制，為特藏檔案室的建立奠定了非常好的基礎。

在調查掌握了館藏檔案基本保管狀況的情況後，本館充分利用國家檔案局分配的全國重點檔案搶救經費，從1984年開始，花10年時間持續開展了抄寫並更換案卷封皮、修復破損檔案等檔案實體搶救性保護工作。共重新抄寫並更換案卷封皮近70萬卷（宗），修復破損檔案210萬張。同時還對8個全宗進行裝盒保護，將近9萬卷裝入2萬多隻無酸紙檔案盒，進一步改善了檔案的保存狀況。

在做好庫房檔案安全保管的同時，我們還加強了檔案在個人借閱期間的管理。1990年年中，我們針對個人長期占用檔案，久借不還，個人大量複印檔案等問題展開了一次專項清理。透過清理，大家普遍受到了一次檔案安全方面的教育。個人使用檔案的安全管理問題開始納入檔案安全管理的整體中進行規範。1996年7月，本館更進一步規範了個人調用檔案的問題，制定了專門的規章制度，設立專門的內部閱卷室，不允許檔案帶往個人辦公室使用。並嚴格調閱手續，從嚴控制每次調閱複印檔案的數量，縮短檔案利用的週期。

1991年夏天，南京遭遇罕見的特大洪澇災害，館內成立抗洪搶險突擊隊，制定應急搶險預案，組織保管員調整庫房，將存放在臨時庫房的待微縮檔案進行了緊急轉移，僅一天搬遷檔案近2萬卷。同時將庫房底層架上的檔案捆紮成捆。由於措施到位，預防積極，我們順利地度過了這場可能發生的危及檔案安全的嚴重水患。考慮到南京地處長江下游地區，每年夏天的防洪任務很重，為了將這項工作常態化，我們經過多年的摸索，於2005年專門制定了防

汛搶險工作預案,確保事態發生時,各部門有條不紊、按部就班地負起各自的職責,確保檔案的安全。

2008年汶川大地震給受災地縣檔案造成的巨大破壞,引起全國檔案界的高度關注和深刻反思。如何確保檔案原件安全再次成為擺在各級檔案館面前的一個重大而緊迫的課題。2010年4月,中央檔案館館長、國家檔案局局長楊冬權在本館檢查檔案安全工作期間,就檔案安全問題做出重要指示,明確提出了開展檔案原件封存試點的要求。

本館檔案原件封存試點工作於2010年6月正式開始組織實施。為確保各個環節科學、有效地協同運轉,我們成立了以保管部、技術部和行財處為核心的封存試點工作組。由保管部負責專案組織協調、整體方案的制訂、封存工作期間檔案的安全監管,承擔擬封存檔案的清點、移庫、五節櫃排列、封存後檔案的裝箱入櫃、封存櫃檔案索引標識(牌)安裝、封存檔案條碼管理軟體發展等工作環節。技術部負責檔案除塵、消毒、抽真空。行財處負責封存檔案庫房的出新以及整個項目的後勤保障。

檔案原件封存試點採取兩種技術方式進行,第一種用抽真空技術(絕氧充氮)將檔案抽真空封裝,然後放入五節櫃。採用絕氧充氮技術封存檔案可以較長時間地使真空袋內檔案的溫溼度控制在一個符合要求的水準,還可以透過絕氧消殺各種檔案有害生物。這種方法對人體也沒有任何損害。第二種採用具備防火防霉防蟲防酸等性能的紙箱將檔案封裝,然後放入五節櫃。這種「四防」檔案紙箱由陝西師範大學歷史文化遺產保護教育部工程研究中心生產,紙箱表面處理劑中含有硼、鋁、氟等多種無機阻燃成分,在火災出現時瞬間自滅,並具有抑煙性能。同時紙箱中還含有八硼酸鈉等高效低

毒的驅蟲防霉劑，能保護箱內檔案不生蟲、不生霉。

9月份完成第一間庫房封存試點，12月中旬完成第二間庫房檔案封存。共封存民國北京政府時期檔案42個全宗32000餘卷，約占館藏全宗總數的3%，不到館藏檔案案卷總量的2%。這次試點為今後大規模開展數位化完成後檔案原件的封存工作提供了寶貴的經驗。

在檔案安全保管上，我們築起了幾道防線，除了「人防」、「制度防線」等之外，我們還有一套設備先進、可靠實用的「技防」體系。1991年本館新檔案資料庫建成投入使用的時候，庫房內就建有一套消防系統。滅火劑採用的是「1211」產品。由於技術的發展，原來的滅火劑已經被淘汰。2006年7月，本館這套系統進行了升級改造，滅火劑全部改用環保型的七氟丙烷滅火氣體。管網改造充分利用原基礎，對原管網進行吹氣沖洗，保證管道內沒有灰塵、雜質。煙感、溫感報警設備採用了一種比較先進的光電環保型探頭。這次消防系統改造非常成功，本館也因此成為國內檔案館界第一個採用國家消防規範標準施工的單位。2004年，我們在進入檔案庫房的專用電梯上加裝了IC卡識別器，除持有IC卡的保管員等少數人外，任何無關人員無法透過電梯進入庫區。2008年5月，本館還成功地建成了庫房視頻監控系統。每間庫房、每條庫房過道、通風機房等均布設了紅外攝像探頭，保證庫房在零照度的情況下都會傳送清晰的即時視頻圖像。相關視頻經過嵌入式硬碟錄影設備錄製，保存時間長達3個月。

在檔案安全保管問題上，幾代檔案人傾注了大量心血，付出了極大的努力。既有成功的經驗，也有安全事故帶給我們的深刻教訓。現在，我們已經建立了比較健全完善的規章制度，擁有了一套

「人防」、「技防」相互配合的安全防範體系。本館「十二五」規劃中，已經明確把民國檔案安全體系建設提上議事日程，我們有信心實現規劃中提出的目標，確保檔案安全保管。

　　回顧60年檔案保管工作，檔案安全保管條件得到較大改善，我們已經建立起一套比較完善的、具有較高水準的檔案安全防線，即制度防線、環境防線、人員防線、技術防線和保密防線。庫房管理水準也已經走上科學化、規範化的軌道。圍繞黨和國家中心大局，為服務大局和滿足社會需求提供檔案利用方面也取得很大的成效。但從建設民國檔案安全體系的總目標，從再保檔案安全一百年的要求來看，檔案保管還有大量的工作要做。首先是檔案館庫建設方面，現有庫房面積缺口大，功能不全。5號樓因建築年代久，現在成了一幢存在著很大安全隱患的老舊危樓。建設一個現代化的檔案原件封存保管基地，徹底改善檔案安全保管的條件已經成為了一個迫在眉睫的任務。第二，抓隊伍，提高保管人員素質。檔案安全的幾道防線，人員防線最重要。好的制度要靠人去執行，好的技術要靠人去掌握和使用。對檔案保管工作而言，人員的綜合素質就是要具備高度的責任心和較強的業務能力，二者缺一不可。要把提高人員素質作為長期的工作來抓。第三，抓管理。經過60年的建設，檔案保管工作已經有一套比較完善的制度和科學管理體系。關鍵是要抓落實，抓執行。要把按制度辦事變成檔案保管工作者的自覺意識和行為習慣，把為國管檔的神聖使命感轉化為日常工作的責任心，從小事抓起，從細節做起。第四，抓重點。在今後相當長的一段時期內，以確保檔案安全和現代化管理為目標的檔案數位化建設始終是本館的一個中心任務。檔案保管工作一定要圍繞這個中心工作，保障數位化工程的順利開展。已經數位化檔案的原件封存和檔案異地異質備份工作也將成為常態化的、重要的檔案保管工作內容。檔案保管工作必須圍繞中心，突出重點。（文俊雄撰稿）

陸　開放利用

建館60年以來，我館始終重視民國檔案的利用工作。特別是改革開放以後，我館緊緊圍繞黨和國家中心工作，找準歷史檔案服務中國特色社會主義建設事業的切入點、結合點，不斷改進服務方式，創新服務手段，提高服務品質，在為領導決策服務、為各工作部門服務、為廣大人民群眾服務方面發揮了積極作用。

一、對外開放民國檔案工作概述

（一）建館初期至「文革」期間利用工作

建國初期，新中國的檔案事業是以服務新政權的建立與鞏固為主要任務，為行政機關服務是中國早期檔案利用工作的基本內容，帶有濃厚的政治色彩，我館也不例外。

我館的前身南京史料整理處自1950年代初成立伊始，當時被賦予的任務是：將舊國民黨中央政權在中國統治20多年以來各機關的檔案集中起來加以整理，提供給人民政府各部調用；將其中有關重要的歷史資料進行整理選擇，作為編寫中國近代歷史參考之用。由此可見，為政府機關服務是當時利用工作的重點，接待的利用者基本是黨政機關和組織的利用者，個人利用者的數量極其有限。最初幾年的查檔利用比較零星，如1951年的查檔人次僅為4人，調卷34卷；1952年的查檔人次為26人，調卷226卷；1953年的查檔人次為37人，調卷308卷。自1954年起，隨著中國社會主義建設事業的發展，全國各地前來我館查檔利用的單位逐漸增多。查檔者來自全國除臺灣之外的每一個省、市、自治區，身份包括國家機關幹部、部隊軍官、科學家、大學教師和工程技術人員等。為

了開展利用工作，當時的史料整理處制定了相應的制度和辦法，還編制了一些參考工具，如案卷級目錄、專題卡片、專題目錄、舊政權機關組織簡介等。1956年，為了配合肅反鬥爭和審幹工作的需要，公安部和國家檔案局在全國範圍內開展了「清理敵偽政治檔案」的運動。在此背景下，我館在1950年代中後期形成了第一次查檔利用高峰期。「文化大革命」開始後，我館於1967年年底實行軍管，次年3月成立了江蘇省清理敵偽檔案辦公室。在整個「文革」期間，歷史檔案的政治作用被發揮到了極致，在我館形成了第二次查檔利用高峰期。

1954～1979年查檔單位數和利用案卷數一覽表

年份	單位數（個）	利用案卷數(卷)
1954年	93	32878
1955年	3433	68888
1956年	23379	233790
1957年	14000	140000
1958年	15993	191916
1959年	3493	39515
1960年	743	11065
1961年	926	20451
1962年	356	14161
1963年	123	16012
1964年	368	2678
1965年	1046	7761
1966年	1050	6300
1967年	1382	92820
1968年	22231	133386
1969年	52767	316602
1970年	65000	390000
1971年	7494	65964
1972年	9168	55008
1973年	4996	30026
1974年	2164	12984
1975年	2270	136200
1976年	1453	87180
1977年	846	3251
1978年	758	7941
1979年	553	6222

除了常規的查檔服務形式，我館在成立初期即重視運用展覽這種特殊的檔案利用方式，分別於1956、1958和1959年舉辦了三次歷史檔案文獻展覽會，在社會上比較廣泛地宣傳了檔案工作。其中1958年與北京明清檔案館（現中國第一歷史檔案館前身）在北京皇史宬合辦的為期四個月的「歷史檔案展覽會」，規模宏大，反響熱烈，陳毅、謝覺哉等中央領導以及鄧拓、千家駒等知名學者也參觀了展覽。

（二）新時期檔案開放工作概況

1978年12月黨的十一屆三中全會勝利召開，實現了中國歷史性的偉大轉折，開啟了改革開放的新時期。1980年，中共中央書記處作出了開放歷史檔案的決定，中國檔案開放的歷史進程邁出了關鍵性的第一步。同年，根據全國檔案館工作會議的決定，中國第二歷史檔案館館藏檔案對社會各界開放。凡申請來館查檔的本國公民與境外人員，只要具備合法有效的身份證件（身份證、軍官證、護照等）及申請手續，即可查閱利用已開放的檔案資料。

　　檔案開放後，同全國其他公共檔案館一樣，我館的檔案利用工作由原來主要為政治服務發展到為政治、經濟、軍事、外交、科學、文化、教育等各個方面服務，由原來單純為工作查考提供檔案發展到為工作查考、領導決策、編史修志、歷史研究、科技研究、文藝創作、社會教育、維護個人合法權益等各種需求提供檔案，由原來主要接待黨政機關工作人員發展到接待各行各業的公務利用者以及廣泛的個人利用者，由原來只向本國利用者開放發展到也對外國利用者開放。30年來，我館接待了35萬多人次來自包括臺灣、香港在內的全國各地和美、日、英、法、德等20多個國家的中外查檔者，提供檔案100餘萬卷（次），使民國檔案在政府工作、經濟建設、史學研究、對外交流以及愛國主義教育諸方面都發揮了積極的作用。從查檔者的結構上看，史學工作者以及各高等院校歷史專業的研究生占了近六成，構成了查檔者的主體。此外，黨政機關、企業公司、新聞媒體及社會公眾在我館的服務物件中也占據著重要比例。特別是近幾年來，隨著社會檔案意識的逐漸增強，普通公民的私人性查檔逐年增多的趨勢十分明顯。

　　2000～2010年度內地查檔單位類型分布表

單位類型	單位數量（個）	百分比（％）
高等院校	2577	42.35％
黨政機關	1125	18.49％
企業公司	539	8.86％
文化事業	406	6.67％
科研院所	315	5.18％
媒體傳播	220	3.62％
軍事單位	179	2.94％
中小學校	96	1.58％
黨派社團	81	1.33％
財稅金融	79	1.30％
警政司法	77	1.27％
基層組織	70	1.15％
市政公用	58	0.95％
醫衛社保	53	0.87％
律師公證	31	0.51％
其他	179	2.94％
合計	6085	100％

2000～2010年度內地查檔目的類型分布表

目的類型	單位數量（個）	百分比（%）
學術研究	3039	49.94%
個人查證	851	13.99%
修纂志書	825	13.56%
工作參考	652	10.71%
展覽陳列	349	5.74%
影視創作	130	2.14%
新聞出版	86	1.41%
人事調查	66	1.08%
產權憑證	41	0.67%
其他	46	0.76%
合計	6085	100%

2000～2010年度海外查檔單位類型分布表

單位類型	單位數量（個）	百分比（%）
高等院校	605	81.65%
科研院所	50	6.75%
企業公司	19	2.56%
媒體傳播	18	2.43%
文化事業	15	2.02%
黨派社團	7	0.94%
黨政機關	2	0.27%
基層組織	2	0.27%
律師公證	2	0.27%
醫衛社保	1	0.13%
中小學校	1	0.13%
其他	19	2.56%
合計	741	100%

2000～2010年度海外查檔目的分布表

目的類型	單位數量（個）	百分比（%）
學術研究	663	89.47%
個人查證	33	4.45%
工作參考	11	1.48%
修纂志書	10	1.35%
影視創作	9	1.21%
新聞出版	5	0.67%
產權憑證	4	0.54%
展覽陳列	2	0.27%
其他	4	0.54%
合計	741	100%

1987年《中華人民共和國檔案法》頒布，對於公民利用檔案的權利作出了明文規定：「中華人民共和國公民和組織持有合法證明，可以利用已經開放的檔案。」公民利用檔案的權利受到了法律保障。為貫徹落實《檔案法》，多年以來，我館遵照《中華人民共和國檔案法實施辦法》的有關規定和國家檔案館局的指示，積極穩妥地開展歷史檔案的開放利用工作，及時採取了多項有效措施，熱情主動地為社會各界提供服務，取得了較好的反響。

首先，在人員組織和制度建設上，我館在提供查檔服務的第一線及時調整並充實了一批業務素質強、敬業的幹部和專業人員；同時，頒布了多項規章制度，制訂了接待人員工作守則，在制度上抓落實，在崗位上抓責任，要求接待人員在日常工作中明確工作目標，強化服務意識，熱情服務，對不能提供查閱的要耐心解釋。

其次，在服務的硬體建設方面。為了進一步增強服務能力，近幾年來我館還下大力氣努力改善各種硬體設施，為查檔者提供良好的閱覽環境和查檔條件。自裝飾一新、布局合理的閱卷大廳投入使用之後，氣勢不凡、設施先進的電子查檔大廳也已經竣工；添置了多台微縮膠卷閱讀機，更新了微縮膠卷還原影印機。同時，籌資興

建了寬敞明亮的茶餐廳，並在館區劃建了一座小公園，專供查檔者休息吸煙之用。隨著我館數位化建設的全面開展，為了增強對社會的服務能力，方便與查檔者之間的溝通，我館還開通了「中國第二歷史檔案館網站」。該網站自開通以來，受到了廣大民眾的極大關注，網站點擊率在全國同類網站中名列前茅。

此外，本著方便查檔者、滿足查檔者需要的宗旨，我館及時調整了服務策略：一是延長了閱卷時間，接待人員克服人手緊張的困難，主動放棄了午休，對查檔者提供午間開放服務；二是合理調整了查檔收費標準，相繼取消了登記費和調卷費，有效降低了查檔者的查檔成本；三是敏銳把握社會檔案資訊需求變化的最新動向，提前趕制各種專題目錄，為查檔者節約了寶貴時間，提高了查檔效率；四是在日常接待利用工作中，盡力為查檔者提供各種查檔便利，無償地向查檔者提供摘抄紙、鉛筆、信封、提袋和紙杯，免費為查檔者代寄信函等。這些做法均受到了廣大查檔者的好評，塑造了國家級檔案館的優良形象。

針對查檔高峰期對檔案實體和資訊安全可能產生的負面影響，我館未雨綢繆，採取了一系列相應舉措：加強了查檔閱卷場所的安全保障措施，消除各種安全隱患，增添了多個電視監控的機位元，並對監控錄影設備進行了更新升級；為最低限度降低因查檔量激增而造成的檔案原件損耗，嚴格限制檔案原件的複印數量；設專人預審制度，對檔案檔的內容加以審查把關。

二、充分發揮民國檔案的價值

（一）為黨和政府重大任務和活動服務

改革開放以來，我館緊緊圍繞黨和國家中心工作，改進服務方式，創新服務手段，提高服務品質。多年來，為配合黨和政府的各

项重大任務，我館積極主動地在館藏中深入挖掘，及時向上級有關部門提供了大量珍貴的歷史檔案作為重要憑證，發揮了重要作用。這方面的事例有許多，比較典型的有：

1980年代初期，黨中央確定了「和平統一、一國兩制」解決臺灣問題的基本方針。為充分發揮館藏民國檔案在對臺工作中的特殊價值，1984年4月7日，時任副館長的施宣岑對中國新聞社記者發表談話，表示「中國第二歷史檔案館願意向臺灣學者開放」，在海峽兩岸產生了熱烈反響。兩岸在民國檔案利用方面的交流從此得以開展，為祖國的統一大業作出了應有的貢獻。1990年10月，國家民委遵照江澤民總書記的批示，在中央對外宣傳領導小組的領導下，承辦《西藏社會歷史資料展覽》的任務。本館向其提供了「西藏熱振感謝中央派員入藏主持達賴坐床典禮電文」等一批珍貴檔案檔。1991年5月，本館向中央對臺辦提供了有關臺灣二二八事件的一批檔案。1991年6月，正值華東特大洪水氾濫的緊要關頭，國家防汛總指揮辦公室派員前來查檔，我館為其提供了一批有關民國時期洪澇災害及防洪規劃的檔案資料。1991年9月，時值蘇聯解體之際，應外交部的要求，為其查找了有關波羅的海三國（立陶宛、愛沙尼亞、拉脫維亞）的檔案材料。1992年6月，國務院三峽工程審查委員會辦公室為三峽工程做前期準備，特地派人來館查檔，我館給予了積極協助。1993年2月，南海局勢驟然緊張，我館及時地向外交部、海軍等部門提供了一批有關南沙群島的檔案材料。

進入新世紀以後，我館在主動服務黨和國家中心工作方面的意識得到了進一步增強，服務能力得到了進一步提升。為確保上級機關下達的緊急查檔任務能夠及時完成，2004年我館專門制定了《中國第二歷史檔案館應急查檔預案》，明確規定本館有關人員在

接到上級機關緊急查檔的通知後，應立即進入應急查檔程式，動員各相關業務和後勤保障部門，特事特辦。預案還要求，如逢午間、晚間及節假日，查檔人員應加班工作，直至任務完成。

在國民黨主席連戰先生2005年4月下旬訪問大陸前，我館專門組織人員從館藏檔案中找到了其祖父連雅堂的有關檔案，這些檔案記載了連雅堂先生在日本殖民統治臺灣時期向北洋政府申請恢復其福建原籍並更名為連橫的情況，反映了連雅堂先生的愛國情結。我館在將這些珍貴檔案製成模擬複製件後，派專人送到北京，由中央領導人將其作為禮物送給了來訪的國民黨主席連戰先生。中央領導選定我館製作的檔案複製件作為禮品送給來訪的中國國民黨主席連戰先生，是我館的莫大榮譽。這項任務也是對我館應急能力、團結協作能力的一次檢驗。為圓滿完成任務，館領導高度重視、親臨督戰。各相關部門人員相互配合，相互支持，體現出令人振奮的團隊精神。這份禮物令連戰深受感動。翌日，連戰在演講時表示：「胡總書記把我祖父當年要求恢復中國國籍的申請書找出來送給了我。祖父連橫在日本統治臺灣那個時代就要求恢復中國國籍，可見是一個民族思想非常強烈的人。」連戰先生回臺後，在接受CCTV和美國《華盛頓郵報》記者採訪時，都提到了胡錦濤總書記親手送給他其祖父連橫復籍更名檔案複製件一事，表示這是在此次的「和平之旅」中最令他感動的事情。

2006年2月，我館接到中辦主任王剛批准的協助外交部和財政部有關人員查閱「善後大借款」檔案史料的任務以後，立即組織有關人員開展工作。在調閱了大量檔案史料和查找相關性專題資料的基礎上，向國家檔案局提交了「善後大借款」歷史情況的調查報告。其後，又為外交部和財政部有關人員來館查閱「善後大借款」

檔案提供熱情服務，複製了相關檔案史料。並按照二部所提供的檔案目錄，利用雙休日時間，為其緊急複印相關性檔案史料100餘頁，較好地完成了該項政治任務。

　　2008年西藏拉薩發生「3•14」打砸搶燒事件後，國家檔案局為向世人說明中國中央政府有效管轄西藏700多年這一改變不了的事實，及時從自元代以來浩如煙海的檔案中，列出了15條珍貴的歷史檔案，並將這批歷史鐵證製成視頻檔，在其官方網站上予以公布，強有力地批駁了達賴集團的謊言。在這15件歷史檔案中，《中華民國國民政府認定拉木登珠為第十四世達賴喇嘛的命令》一文即是由我館從館藏中篩選並提供的。

　　在體現我館接待大批量查檔能力方面，值得一提的事例是為黨史系統收集民國時期抗戰損失檔案史料提供服務。2006年中央黨史研究室對全國黨史系統下達了查找收集民國時期抗戰損失的檔案史料的任務，各地各級黨史機構紛紛派員前來我館查閱有關檔案。僅當年1-11月份我館就先後接待了全國各地79家黨史機構。鑑於該項目具有查檔批次頻繁、查閱範圍相對集中的特點，我館抽調專人，收集編制了有關專題目錄，並將相關案卷突擊掃描成電子檔，既為查檔者提供了檢索和查閱的便利，又有效地保護了相關檔案原件。

　　每逢黨和國家舉辦一些重要的紀念和宣傳活動，各新聞宣傳媒體單位常常會派員光臨我館的閱卷大廳，為籌辦活動查閱相關檔案資料。例如在2001年為紀念建黨80周年，中央和各省級宣傳媒體來館查檔，拍攝利用相關歷史檔案，僅中央電視臺與中共中央文獻研究室合拍的專題片就有3部，它們分別是《使命》、《開端》與《方志敏》等。2004年，為準備次年的抗戰勝利60周年紀念活

動，共有包括中央電視臺、江蘇電視臺在內的26家媒體單位前來我館查檔拍攝，占當年國內查檔總數的5%。其中中央電視臺拍攝的文獻紀錄片《抗戰》，查閱並拍攝了有關徐州會戰、武漢會戰等方面的檔案檔和圖片。面對這種類型的查檔需求，我館的工作人員都能夠高度重視，提供熱心服務和有力協助，有力地配合了黨的宣傳中心工作。

（二）民國史研究的史料中心

我館的館藏範圍十分廣泛，主要包括中華民國時期南京臨時政府、廣州大元帥府、廣州國民政府、武漢國民政府、北洋政府、南京國民黨政府、南京汪精衛偽政府等中央和其直屬機關的檔案，全國性團體、學校、企事業單位的檔案，中國國民黨和其他政黨的檔案，以及知名人物的個人檔案等。此外，我館館藏檔案的形式也十分多樣，主要為公務文書，另外還有私人手稿、著作、日記、筆記、信函、照片、唱片、勛章、印章、股票、鈔票、郵票、任命狀、商標、字畫、家譜、碑帖等。因此，我館所藏民國檔案因其完整性、豐富性以及多樣性，為後人進行史學研究與編史修志提供了寶貴的財富，在近現代史、革命史、黨史、地區史、專門史等編寫工作中起著不可或缺的重要作用。

1980年代初全國各地興起的編修地方志熱潮，使得以編修史志為目的的利用者在長達20年的時間裡成為我館的查檔主流，他們在眾多查檔單位中為數最多，調閱檔案數量也很大。據統計，在1987年至1998年的10多年間，以編史修志與學術研究為目的進行查檔的單位部門約占我館接待總數的76%，利用檔案約占總調卷量的97%。這部分查檔單位所編修的不僅局限於中國近現代史、中華民國史和革命史之類的斷代史，還包括各種專門史，如黨史、工運

史、婦女運動史、教育史、軍事史、經濟史、外交史等各種專史；修志亦從修省志、市志、縣志等地方志，逐步延伸到纂修商業志、銀行（錢莊）志、電力志、水利志、衛生志、紡織志、手工業志、消防志、體育志等各種行業志。

進入21世紀以後，隨著全國範圍內大規模史志編修工作的終結，從事民國史專題學術研究的查檔者逐漸成為我館藏民國檔案利用的主體，在人數上已超過編史修志，且利用者主要是來自全國各省市機關單位、大專院校、研究院所的史學專家及專業研究人員。南京大學、復旦大學、武漢大學、蘇州大學、安徽大學、南京師範大學、揚州大學等知名大學不僅經常派出師生前來查檔，還紛紛與我館簽訂協定，將我館列為歷史專業的教學科研和實習基地。

作為一座聞名世界的歷史文獻的寶庫，我館一直如磁石般地吸引著海外的史學研究機構和專家學者，在中外文化交流中占據著獨特的不可替代的地位。1980年10月15日，澳洲國立大學研究所駱惠敏先生跨進二史館的大門，查閱有關袁世凱的祕書莫理遜的檔案資料，成為我館接待的第一位海外學者。至今，我館已接待海外學者查檔約計一萬人次。海外查檔者來自美國、英國、德國、法國、日本、蘇聯（俄羅斯）、保加利亞、波蘭、澳大利亞、韓國、以色列、荷蘭、印度、越南、朝鮮、加拿大、義大利、新加坡、瑞典、新西蘭、捷克以及中國的臺灣、香港和澳門，共計20多個國家和地區，查檔內容則涉及政治、外交、軍事、經濟、金融、社會內政、文化教育等多個方面。世界最著名的大學，如哈佛大學、加州大學、普林斯頓大學、牛津大學、劍橋大學、倫敦大學、耶魯大學、東京大學、早稻田大學、多倫多大學、墨爾本大學、慕尼黑大學、首爾大學、臺灣大學、香港大學等，以及許多著名的學術研究

機構，如法國國家科學研究院、英國牛津大學中國研究所、臺灣中研院、波蘭科學院、日本國立教育研究所、美國俄亥俄大學東亞研究所、德國漢堡大學亞非研究所等，都曾派遣教授、學者或博士生前來二史館利用過民國檔案。一些享譽各國史學界的權威人士，如美國的柯偉林、易勞逸、法國的畢昂高、英國的漢斯、加拿大的巴雷特等，都曾光顧過我館的閱卷大廳。

　　一些著名的檔案史料收藏機構，如俄羅斯國家檔案局、新加坡國家檔案館、日本帝國資料庫、日本國立史料館、日本沖繩縣公文書館、韓國國史編纂委員會，以及臺灣的「國史館」、香港歷史博物館、澳門歷史檔案館等，都曾派員到我館進行過工作訪問和交流。此外，世界一些著名的新聞媒體，如英國每日電訊社、日本共同社、日本朝日新聞社、日共《赤旗報》、臺灣《中國時報》、美國《環球論壇報》、英國《泰晤士報》、韓國MBC電視臺、日本NHK電視臺、香港鳳凰衛視等，也曾派出記者來到我館進行過查檔和採訪。我館已成為具有世界聲譽的民國史研究的史料中心。

（三）挖掘歷史檔案的潛在價值

　　我館在開展檔案利用工作的過程中，一方面積極為政府各職能部門和學術界服務，另一方面更把服務領域拓展到社會各行各業。多年以來，我館積極開發館藏資源，努力挖掘歷史檔案蘊含的潛在價值，使歷史檔案在現今社會文化經濟生活中發揮出了獨特的功能。

　　下面兩個來自銀行界查檔的故事，既是歷史檔案的現實價值得到充分挖掘的典型事例，又是我館工作人員勤勉而高效勞動的真實寫照。

　　1936年原交通銀行曾向廣東銀行投資股款港幣75000元，股

東戶名當時都是以交行負責人的姓名簽注。新中國成立後，香港交通銀行曾多次向廣東銀行交涉追回投資，但廣東銀行幾次都要求交行出具投資者的原印章以辦理過戶手續，但這些人員中部分已過世，追索發生困難。為此，自1989年至1991年，交行先後四次來到我館查閱原交通銀行檔案。當時，這批檔案的基礎狀況較差，查找存在相當難度。我館的接待工作人員克服困難，想方設法，積極協助查找。經過共同努力，翻閱了大量的原始資料，終於在當年交行董事會會議記錄中發現了有關這筆投資的明文記載。我館的工作人員再接再厲，又仔細查閱了原交行會計檔案，發現每期股息均已收入交通銀行帳戶，證實這批股票確係交行所有。同時，交行方面找到了當事人的家屬，也證實了確屬交通銀行所有（由內地公證部門辦了公證）。以後透過香港交行聘請了香港的大律師進行協商，最終追回了投資，該項股票按當時市場價格約值港幣3500萬元。

1994年10月，中國銀行總行申請在義大利米蘭開設分行。根據義大利法律，中國銀行需向意方出示中國銀行當年的開業證明，否則不予批准。於是，中國銀行派專人火速趕到我館查檔。我館對此十分重視，積極配合，向其提供了「孫中山大總統關於將大清銀行改為中國銀行的諭文」等證明材料。這批詳實可靠的原始憑證化解了中國銀行的燃眉之急，確保了米蘭分行的如期開設。

頗能體現民國檔案的現實價值的利用案例，在我館館藏民國商標註冊和公司註冊的查檔利用上表現得較為典型和突出。這些年來，陸續有一些著名企業為申報國家馳名商標，紛紛來到我館查找國民政府工商部商標局的相關檔案。如上海刀片廠查到了有關「飛鷹」牌商標的註冊檔案，煙臺張裕葡萄酒集團公司查到了當年註冊「解百納」商標的註冊檔，鎮江恆順醬醋廠查到了當年註冊「恆

順」商標的註冊檔，南京化學工業公司查到了註冊「紅三角」牌的商標檔等等。還有一些企業出於品牌行銷的需要，來到我館查閱當年工商註冊的檔案資料，如上海正章洗染公司查找「正章」老字型大小、南京金都飲食公司查找「馬祥興」老字型大小、南京白敬宇製藥有限公司查找白敬宇註冊材料等。此外，還有一些企業為解決因歷史遺留原因而造成的老商標的使用權糾紛，也來到我館查找相關檔案憑證，如上海吳良材眼鏡店與南京吳良材眼鏡店之間、南京同仁堂藥業有限公司與北京同仁堂藥店之間的糾紛等。

（四）發揮歷史檔案的社會教育功能

舉辦檔案展覽是新形勢下國家綜合檔案館一項重要的職責和義務，是向廣大公眾開放公布檔案的有效途徑，是檔案館主動服務於黨和國家中心工作的具體體現，是檔案館開展愛國主義、革命傳統教育，發揮社會教育功能的基本形式之一。《中華人民共和國檔案法實施辦法》第4章第23條規定，各級各類檔案館應當透過各種形式首次向社會公開檔案的全部或者部分原文，或者檔案記載的特定內容，「展覽、公開陳列檔案或者複製件」。國家檔案局在全國檔案事業發展「十五」計劃中，把「建設能滿足社會教育功能的展廳，舉辦各種形式的檔案展覽或陳列」列為檔案館工作的一項重要內容，要求檔案館本著「立足館藏，尊重歷史；體現特色，服務當今」的原則辦展。多年以來，我館遵照《檔案法》的相關規定，認真落實國家檔案局的有關指示，充分發揮利用館藏檔案史料的豐富資源以及在全國領先的檔案模擬複製技術的雙重優勢，積極開展檔案模擬複製與對外合作辦展覽工作，取得了明顯的社會效益。

1982年6月，日本發生了教科書事件。一套對日本侵略史實有多處篡改的中學教科書，通過了日本文部省的審定。書中將日軍

「侵略華北」寫成了「進入華北」，將南京大屠殺的原因歸結為「由於中國軍隊的頑強抵抗」，還對日本侵略朝鮮和東南亞的史實進行了篡改。教科書事件引起了中國政府的高度重視，有關方面對日方進行了嚴正交涉。為了配合這場針鋒相對的外交鬥爭，遵照江蘇省委的指示，我館於1982年8月12日至9月25日，與南京博物院聯合舉辦了《侵華日軍南京大屠殺罪證史料展覽》。除少數實物展品為南博提供外，幾乎所有文字材料和圖片，都是我館提供的原始檔案。展覽共接待國內外觀眾近17萬人次，其中各國外賓、海外僑胞6千多人次。我館展出的檔案檔，都是記載日寇當年侵略中國、殘害南京人民的真實史料，是不容篡改的歷史鐵證，以確鑿的歷史事實徹底揭露了日本軍國主義的罪行，激起了廣大參觀群眾的義憤，同時也使許多日本觀眾受到了震撼。日本大阪府經濟友好訪華團團長在參觀後說：「看了《侵華日軍南京大屠殺罪證史料展覽》，感受很深。過去對侵華暴行只知道一小部分，今天在展覽會上親眼看到大屠殺的照片，……更看清了它們的殘酷。」

1995年6月，由新華社香港分社主辦、我館承辦的《紀念抗戰勝利50周年歷史圖片展》在香港國際會展中心隆重開展。該展覽共展出了370餘張珍貴歷史圖片，均出自我館館藏。展覽迴響熱烈，短短3天展期就吸引了3萬多的香港民眾前來觀展。

1997年7月1日，中國政府恢復對香港行使主權。為迎接這一盛舉，早在1995年下半年，我館即向中央檔案館、國家檔案局提出了依託館藏檔案舉辦喜慶香港回歸祖國檔案圖片展覽的設想，很快就得到了批准，並被列入全國檔案工作「九五」規劃之中。經過一年多時間的緊張籌備，1997年5月30日，由我館與中國第一歷史檔案館、中國革命博物館共同承辦的《洗雪百年國恥、喜慶香港回

歸》大型展覽，在中國革命博物館中央大廳正式開展。李鐵映、彭珮雲、王剛等中央領導參觀了展覽，人民日報、中央電視臺、中央人民廣播電臺等首都各大媒體以多種形式對展覽進行了密集報導。截至8月20日展覽結束，共接待了30萬觀眾，有力配合了首都各界迎接香港回歸的慶祝活動，取得了良好的社會影響，正如國務院港澳事務辦公室副主任王鳳超在觀展後所評價的那樣：「中國革命博物館舉辦有關內容展覽已經多次，而這次展覽的特點就是有了中國第一、第二歷史檔案館選送的檔案珍品，使展覽的歷史性、真實性有了更高品位的體現，這些檔案資料將給觀眾留下深刻印象。」

進入21世紀以後，隨著經濟實力的增強，各省市逐步加大了對文化產業的投入，各地文博場館和旅遊景點的建設方興未艾。各地新建的博物館、檔案館、紀念館為布展和徵集展品，紛紛派員前來我館聯繫，尋求我館的支持與協助。我館在力所能及的範圍內，基本上都滿足了他們的需求。這方面的事例不勝枚舉，主要有：

2000年我們完成了與周莊葉楚傖故居、廣州大元帥府紀念館籌建處、莫干山旅遊局、湖州博物館、深圳檔案館、中國人民抗日戰爭紀念館、廬山旅遊局、九江海關等多個單位的合作專案，為太倉檔案館、海南省檔案館、南潯旅遊部門提供了服務，完成了中國近代史博物館合作專案繁重的後期任務，取得了明顯的社會與經濟效益。2001年為廣州孫中山大元帥府紀念館查找核對檔案檔50餘件，模擬製作檔案檔96件（冊、幅），為廣東省博物館查找製作照片目錄50條，製作檔案模擬複製件12件。2002年向江蘇省政協籌辦的「國民政府五院展」提供了180件展品，向由國家安全部、上海市國家安全局合辦的「國防安全教育展」提供了原件複製展品13件。2003年向浙江奉化溪口風景區、國家博物館、天津大學、

雨花臺烈士陵園管理局等單位提供展覽用檔案複製件計252件（頁、本），照片78幅。2006年為陳嘉庚紀念館製作模擬複製件53頁，為江蘇省臺辦製作模擬複製件40頁，為中國銀行上海市分行製作模擬複製件59頁，為軍事博物館製作模擬複製件68頁，為公安部製作模擬複製件36頁。2007年為公安部宣傳局員警博物館製作模擬複製件78頁（件），為廣州孫中山大元帥府紀念館製作模擬複製件18頁（件），為上海市閔行區檔案館製作模擬複製件25頁（件），為江蘇省公安廳禁毒博物館製作模擬複製件70頁（件），為南京審計學院校史陳列館製作模擬複製件73頁（件）。2009年先後為浙江省紹興市檔案局、江蘇省員警博物館、中國婦女兒童博物館、中國農業博物館、西藏博物館和公安部消防局消防博物館等8個單位（和專案）合計模擬複製各類展品114頁（件），製作實物5件。期間，參與南京湯山蔣介石溫泉別墅陳列布展設計和製作工作，撰寫展覽前言及圖片說明詞，提供精選照片70餘張。2010年，我館為中央檔案館、公安部消防局博物館、都江堰檔案館等單位（專案）模擬複製各類展品127頁（件）；為開展館際交流，先後模擬複製孫中山「博愛」題詞和于右任題詞對聯禮品60餘幅（對）；同時，為加強與兄弟單位交流與合作，發揮我館模擬複製的技術優勢，為青海檔案局等複製明代珍貴史料，包括十米長卷、班禪布告等8件；為軍區檔案館模擬複製了江澤民的親筆題詞。在承展方面，複製南京淪陷時期《程瑞芳日記》一本用於「中國檔案文獻遺產展覽」。與梅園新村紀念館簽訂相關合作協定書，採取共同承辦形式，舉辦「司徒雷登在中國」專題展覽，透過前期查找、精選檔案，編制目錄與電子檔掃描刻制等工作，共計提供照片30餘幅，檔案史料20餘頁。

　　為充分發揮歷史檔案的社會作用和宣傳教育功能，引導公眾更

加關注檔案工作,增進社會對檔案工作的認可,我館自2004年起開始籌辦館藏基本陳列展覽。我們從浩繁的館藏中精心挑選了近100件珍貴檔案檔和100餘幅歷史照片,製作成展品。該展覽自2005年建成以來,已免費接待了社會各界團體、中小學生、大中專院校等參觀來訪者1萬餘人次,人們紛紛表示這樣的展覽形式很特別,內容也很有教育意義。鑑於該展覽取得了良好的社會反響,江蘇省和南京市的有關部門已批准將其列為當地的愛國主義教育基地之一。

(五)普通百姓從檔案開放中受益

近幾年來,隨著社會檔案意識的不斷增強,出於個人查證的目的前來我館查檔的利用者逐年增多。據我館利用部的統計,自2000年1月至2004年6月,這種類型的利用者已占該館接待的全部利用者的11%。凡接觸過檔案館對外利用工作的人都清楚,個人查證往往內容繁瑣、線索不清,因而接待難度較大。

我館利用部的工作人員深知,每一個個人利用者的查檔行為看似微不足道,實則關係到利用者的切身利益、家庭幸福乃至於家族的聲譽。因此,他們本著高度的社會責任心,對每一個利用者都提供熱情周到、耐心細緻的服務,努力滿足利用者的查檔需求。同時,我館為提高查檔工作效率,也十分重視服務手段的更新升級。我館原來存有抗日陣亡將士名錄卡片20餘萬張,係1990年代從館藏案卷中廣泛搜索並手工摘錄而製成的一套卡片式檢索工具。該套卡片在我館的日常接待查檔工作中,使用率一向較高,它曾經為許多個抗日陣亡將士的後人遺屬了卻了多年的心願,為我館利用工作的深入開展立下了汗馬功勞。然而,由於受手工檢索工具的局限,檢索途徑單一、查找速度慢以及漏檢率高是該套卡片難以克服的缺

陷。2003年4月起，因全國SARS疫情造成了我館查檔接待任務驟降。館領導抓住此段空閒期，及時啟動了陣亡將士名錄電子資料庫工程，將原有的名錄卡片全部輸入電腦。該資料庫投入使用後，可以透過陣亡將士的姓名、別名、籍貫、部隊番號、陣亡地點、遺屬等要素迅速準確地進行電腦檢索，徹底根除了紙質卡片手工檢索的原有缺陷，在為廣大查檔者提供個人查證服務中發揮了極大作用。

多年來，我館向許多犧牲於抗日戰場的中國軍人遺屬提供了歷史證明材料，使這些為國捐軀的勇士們的後代享受到了應有的榮譽和待遇；向一些南京大屠殺的倖存者、日軍細菌戰的受害者及其他民間對日索賠者提供了檔案證明；向眾多的普通查檔者提供了有關學歷、工齡、執業資質、親屬關係、個人財產等方面的原始憑證。來自四面八方的普通百姓在享受我館高品質服務的同時，也從歷史檔案的開放中真正獲得了益處。優良的服務贏得了廣大利用者的讚許，他們向我館寄來了一封又一封的感謝信。下面選錄的兩封信函，讓人強烈地感受到他們的由衷感激之情。

第一封感謝信是寄自廣西南寧一名姓陳的普通查檔者。陳女士為尋找生父的下落，曾向二史館求助。但她對其生父的姓名、職官均無確切線索，因而查找難度相當大。我館的工作人員反覆查閱各種目錄和檔案，先後向陳女士提供了三批檔案59件，約100頁。根據我館提供的線索和資訊，陳女士最後在臺灣《中央日報》上刊登了尋父啟事。當她接到親姐姐從臺灣打來的電話，知道了父親的下落後，流下了激動的淚水，並來函表示感謝。她在信中寫道：「你們為了我的骨肉團圓，盡心地替我查找50年前的檔案，付出了辛勤的心血和勞動。你們的愛心，你們對我的雪中送炭，深情厚誼，將永遠銘記在我的心裡。」

另一封感謝信的作者是武漢鐵路分局武昌機務段的宋先生。為查尋在抗戰中陣亡的父親的材料，宋先生已經跑遍了市政府信訪處、宣傳部、民革、民盟、政協、民政局等單位，均無結果。心灰意冷的他抱著試試看的心情偕老伴來到我館查檔，受到了我館工作人員的熱情接待。工作人員很快便查找到了1937年宋父為保衛南京中山陵而陣亡的檔案材料，十分詳盡，並配有一幅遺照。當宋先生看到在檔案遺族一欄中寫著自己的小名「英元」，看到平生從未謀面的生父遺照時，當場與老伴抱頭失聲痛哭。回去以後，他給我館利用部寄來了一封感謝信，信中寫道：「這是我一生中最高興最難忘最幸福的事。我不再是國民黨的殘渣餘孽了，我父親是抗日為國捐軀的烈士，這是我的先人和後輩的一份光榮。我們要感謝第二歷史檔案館接待組全體同仁的熱心幫助、細心接待，我這輩子並告訴孩子們要永遠記住你們這些大好恩人。」

2010年9月，黨中央決定對在鄉的抗日老戰士一年給予一定數額的經濟補助。該項政策實行後，來館查證個人資訊的信函、電話和直接查檔者，數量大增。在個人查證方面，僅2010年一年裡，我館就查找並提供了83位抗日烈士的有關身份證明文件，得到烈士遺屬的誠摯感謝與熱情讚揚。

三、依法制定檔案利用環節上的規章制度，確保歷史檔案開放工作的有序開展

開放歷史檔案，無疑是黨和政府的一項重要的英明決策，意義深遠，成效卓著，同時也極大地推動了檔案事業的迅猛發展。對於各級國家檔案館來說，依法向社會開放檔案、公布檔案是一項法定義務，檔案館應當為完成這項法定義務積極開展工作。當然，在檔案開放利用的過程中，不可避免地會涉及保密與開放、檔案利用權

與隱私權、著作權之間的衝突等問題。我館在30年的檔案開放實踐中，時常也會遇到這些法律問題。我們深刻地認識到：如何恰當地處置好這些矛盾，避免各種侵權行為的出現，避免不必要地捲入法律糾紛，是保證歷史檔案開放工作得以健康有序、持久開展下去的關鍵。我館開展民國檔案開放工作的一個重要目標，就是既要保證民國檔案在一定範圍內得以充分而合理的開放利用，充分地發揮出歷史價值，又要確保在開放的過程中檔案資訊和實體的絕對安全，確保國家利益和公民的合法權益不受侵害。多年以來，我館依照《檔案法》、《保守國家祕密法》以及《著作權法》的有關規定，結合我館實際，制定了一系列的規章制度，積極穩妥地開展開放民國檔案的工作，取得了較好的效果。

下面，簡要介紹一下我館在檔案利用各環節上的一些規章制度及其法律依據。

（一）登記手續

《中華人民共和國檔案法實施辦法》第二十二條明文規定：「中華人民共和國公民和組織，持有介紹信或者工作證、身份證等合法證明，可以利用已開放的檔案。外國人或者外國組織利用中國已開放的檔案，須經中國有關主管部門介紹以及其前往的檔案館的同意。」根據此條，我館規定，查檔者前來我館辦理查檔登記手續時，必須向我館工作人員出具本人所屬單位正規介紹信和個人合法證件（身份證、軍官證、工作證、護照等）。查檔者的身份經審核之後，須如實填寫《查檔登記表》。

（二）調卷查檔

1991年9月27日國家檔案局、國家保密局發布了《各級國家檔案館館藏檔案解密和劃分控制使用範圍的暫行規定》，列舉了20

种不宜對社會開放的檔案。以該暫行規定為判斷標準，本館館藏檔案絕大部分屬開放範圍，只有百分之五左右屬於暫不宜對社會開放的檔案。為最大限度地保障公民的知情權，保障可以利用的檔案能夠最大限度地為公眾所用，我館在實施檔案資訊控制的工作中，嚴格遵循「公開是原則，不公開是例外」的原則，嚴格比照《各級國家檔案館館藏檔案解密和劃分控制使用範圍的暫行規定》，根據我館館藏的實際狀況，近幾年來相繼頒布了《中國第二歷史檔案館館藏檔案開放與控制範圍及其管理的暫行規定》、《中國第二歷史檔案館全宗目錄開放與控制要點》、《本館檔案開放利用及編研出版控制範圍內容的說明》等檔，對需要加以控制開放的檔案資訊的範圍進行了嚴謹的劃分和清晰的界定。針對查檔者的查檔需求，閱卷室工作人員要對照實施細則，認真把關。凡屬控制範圍的檔案，要堅持原則，按章辦事。在確定查檔者的查檔內容屬開放範圍之後，工作人員可根據查檔者的查檔目的和範圍，向其提供相應的開放目錄。

　　為配合我館館藏檔案數位化工程的開展，我館還設立了專職的檔案劃控工作小組，抽調若干名熟悉館藏、具有一定的歷史知識、熟練掌握檔案開放與控制政策的專業人員，擔任檔案劃控審核員。審核員必須嚴格依照國家已頒布實施的有關歷史檔案開放與控制的法令規章和本館制定的相關細則來實施劃控審核，不得擅自變更劃控範圍。

　　在檔案利用環節上，涉及著作權問題的還有寄存檔案的利用問題。按照中國民法的有關規定，就寄存檔案來說，它只是寄存人將該檔案的占有權暫時交給檔案館，其所有權並未發生實際上的轉移，所有權仍屬於寄存者。檔案館作為接受寄存的單位，應當依法

保護寄存者的合法權利，只能代為安全保管，在沒有徵得寄存人同意的情況下，不能自行決定該檔案是否可公布。如果認為有必要公布寄存檔案，應當與寄存者協商，徵得檔案所有者同意，並按照法律、法規的規定辦理。因此，《檔案法》第二十一條規定：「向檔案館移交、捐贈、寄存檔案的單位和個人，對其檔案享有優先利用權，並可對其檔案中不宜向社會開放的部分提出限制利用的意見，檔案館應當維護他們的合法權利。」在《檔案法實施辦法》第二十五條規定：「各級國家檔案館對寄存檔案的公布和利用，應當徵得檔案所有者同意。」我館也藏有一部分的寄存檔案，為保護檔案寄存者的權益，我館對這部分檔案的開放歷來嚴格把關，凡未經檔案寄存者的書面應允，一律不向其他查檔者提供調閱和複製。

（三）複製

針對查檔者申請複印、翻拍、電腦掃描以及原件複製檔案，我館除要求必須填寫《複製檔案檔審核登記表》外，還在《查檔須知》中明文規定：「查檔者在本館摘抄、複製的檔案，僅限於供研究參考或在著述中引用，不得擅自以任何形式全文公布、轉讓或出版。」這一條款實際上包含了兩方面的內容，而且均具有相關的法律依據：

其一是強調了檔案的公布權屬於檔案館，而查檔者無此權力。對檔案資訊公布權的規定分別散見於《檔案法》第二十二條和《政府資訊公開條例》第十六條。《檔案法》第二十二條規定：屬於國家所有的檔案，由國家授權的檔案館或者有關機關公布；未經檔案館或者有關機關同意，任何組織和個人無權公布。《政府資訊公開條例》第十六條明確提出公共檔案館是政府資訊的查閱場所，這實際上是賦予了公共檔案館的政府資訊公開權利。

其二是告知查檔者可以摘抄、複製部分檔案內容。在《著作權法》第二十二條中規定，為學校課堂教學或者科學研究，少量複製已經發表的作品，或者為陳列或者保存版本的需要，複製圖書館、檔案館、紀念館、博物館、美術館等收藏的作品，可以不經著作權人許可，不向其支付報酬，但應當指明作者姓名、作品名稱，並且不得侵犯著作權人依照本法享有的其他權利。目前在我館，向查檔者提供的複製方式是靜電複印、摘抄、電子掃描等。（張開森撰稿）

柒　檔案文獻編纂與研究

中國第二歷史檔案館已走過了60年艱辛而又輝煌的歷程。60年來，伴隨著檔案工作的進步與發展，編研工作也經歷了館創建時期的艱辛起步與改革開放的輝煌發展。今天，中國第二歷史檔案館編研工作以其數量浩大的民國檔案史料出版及其研究，在中國近現代史、民國史以及民國史料學領域占有特殊的地位，在海內外有著重要的影響；在黨和國家的政治生活及祖國統一事業中，也以其獨特的性質，發揮著愈來愈積極的作用。

第一階段：1966年以前的編研工作

1951年2月1日，在中央文化教育委員會的指導下，中國科學院近代史研究所南京史料整理處正式成立，其任務是「將民國時期北洋政府的檔案和國民黨政府遺棄的檔案收集集中起來，加以整理，除提供現在的人民政府各部門調用外，進一步將其中有用的歷史資料整理出來，作為研究中國近代歷史之用」，即承擔民國檔案的收集整理和編纂利用雙重任務。

從1956年開始，南京史料整理處在繼續接收和整理民國歷史檔案的同時，將編輯民國檔案史料的工作列入了議事日程。1956年3月通過的《關於南京史料整理處12年遠景規劃的意見》，即將開展文獻公布工作和編纂出版業務書籍列入了工作計劃之中，計劃從三個方面公布所藏民國歷史文獻：（一）出版定期的文獻叢刊，試辦期間內部發行；（二）出版不定期的專題長編，即關於一個問題的大型的歷史文獻匯集，可公開發行；（三）出版不定期的史料叢書，即許多個較小問題的史料單冊，匯成叢書，可公開發行。

1956年6月，中央政治研究室為了為中共中央編中共黨史提供國民黨及其舊政權方面活動的資料，指示南京史料整理處根據所藏舊政權檔案編輯中國現代政治史檔案資料匯編，並提出了編選的原則和方法。據此，在王可風主任的領導下，南京史料整理處專門成立了現代政治史資料組，下設資料匯編組和大事月表組兩個小組，分別負責《中國現代政治史檔案資料匯編》和《中國現代史大事月表》的編纂。

《中國現代政治史檔案資料匯編》的選編工作從1956年7月開始。為了做好《匯編》工作，王可風等曾制定了詳細的編輯方案，確定其內容包括：「（1）總的政策法令、規章制度等；（2）經濟財政的措施；（3）軍事鬥爭的變化；（4）帝國主義對中國的侵略；（5）中外關係；（6）群眾運動；（7）文化教育；（8）革命力量的發展」。選輯資料的原則是：「（1）揭露舊政權的反動、黑暗、腐敗和帝國主義勾結賣國的資料；（2）揭露反動統治者內部的派系鬥爭和互相攻擊的資料；（3）揭露反動統治者和帝國主義勾結賣國的資料；（4）揭露反動統治者壓榨人民以發展官僚資本的資料；（5）反映人民革命力量的生長與反革命鬥爭的資料。」歷時三年，《中國現代政治史檔案資料匯編》全部編選完畢，並列印成油印本。該《匯編》共分四輯：1919～1927年為第一輯，共選編文件1400篇，計300萬字；1927～1937年為第二輯，共選編檔1500篇，計600萬字；1937～1945年為第三輯，共選編文件3200餘篇，計900多萬字；1949年為第四輯，共選編檔案檔1000餘篇，計400萬字，四輯共收錄檔案檔7000餘篇，計約2100萬字，200冊。

《中國現代史大事月表》也是從1956年7月開始編寫，至

1959年9月完成了報刊資料的編寫約520萬字。其後，編寫組又花費了半年時間，為已編寫的大事月表補充檔案資料200餘萬字，共計800萬字。

在《中國現代政治史料檔案資料匯編》初稿完成後，南京史料整理處又著手編輯一套中國現代史史料叢書，即專題資料叢書，計劃選編100～150個專題。該專題資料叢書從1960年開始選編，至文化大革命前夕，已選編的專題檔案資料計有《辛亥革命史料》、《十月革命影響及中蘇關係史料》、《帝國主義盜竊我國文物史料》、《北洋軍閥直皖兩系混戰史料》、《白朗起義史料》、《五四運動史料》、《帝國主義利用宗教侵華史料》、《濟南慘案史料》、《日寇侵華暴行史料》、《東北抗日義勇軍史料》、《十年內戰時期的民族工業危機史料》、《臺灣「二•二八」運動史料》等40種，還有若干冊有關西藏的專題資料。

上述《匯編》、《大事月表》及各專題史料編輯成油印本後，即送交中央政治研究室、中宣部科學處、國家檔案局審閱，後有幸成為毛澤東主席藏書，並贈送給部分綜合性高等學校歷史系，作為中國現代史教學和研究的內部參考。《中國現代政治史檔案資料匯編》等受到了學術界的熱烈歡迎，也為1950～80年代的學術界提供了第一手最直接的檔案資料，其規模宏大、政治性強、史料價值高，在當時學術界無人可及，發揮了巨大的史證作用與資政功能。同時，也鍛鍊與培養了新中國第一代檔案工作者編輯大型檔案資料的基本技能與工作方法。

為了使這些民國檔案史料發揮更大的作用，使近代歷史研究工作者能夠得到這些資料，南京史料整理處計劃對上述史料陸續修訂正式出版。為此，史料整理處制定了詳細的修訂原則和出版步驟。

修訂出版的政治原則是：「1.揭露反動統治禍國殃民的罪行；2.揭露帝國主義對中國侵略的種種罪行；3.反映革命人民不屈不撓的英勇鬥爭；4.反映重大歷史事件的真實情況；5.反映近代中國社會政治鬥爭和生產鬥爭的發展變化。」根據上述原則對油印本的資料進行增補和刪除，並對涉及當時政治鬥爭、統戰人士、國際外交而需要保密不宜公開的資料，慎重妥善處理，避免造成政治上的損失。出版的步驟和方法則是先出版北洋軍閥政府統治時期的資料，後出版國民黨統治時期的資料；一般史料公開出版，政治上需要保密的資料內部發行；先出版專題史料，後出版資料匯編。這項民國檔案史料出版工程，後因文化大革命運動而陷於停頓。

這一階段的民國檔案編研工作，雖是內部油印本之檔案資料，但奠定了中國第二歷史檔案館編輯檔案史料之工作方針與規劃，鍛鍊了新中國第一代民國檔案史料編輯隊伍，培育了檔案史料編輯者科學的治學方法、正確的政治態度、優良的史學傳統。這種傳統，就是一切以黨和國家的利益為重，注重史料之政治標準；一切以史料研究和學術需要為基礎，注重史料之史證價值。在這種編輯思想指導下，檔案工作者不計名利、默默無聞、踏踏實實的作風得到闡揚，治學嚴謹、檔史結合、注重史證的傳統得到傳承。

第二階段：1978年以後的編研工作

文化大革命結束後，中國第二歷史檔案館的各項工作重新走上正軌，中斷達10年之久的編研工作也開始全面恢復。在歷屆館領導的指導和支持下，在編研部門全體人員共同努力和全館人員的大力協助下，編研工作取得了豐碩的成果。據不完全統計，自1978年起至目前為止，本館共編輯及正式出版檔案資料數億字，影印出版民國檔案圖書資料10餘億字。與第一階段單純的編輯史料工作

不同,中國第二歷史檔案館編研人員開始承擔多項國家社科專案,參與或獨自撰寫出版了多部學術專著,活躍在海內外的各種國際性學術會議、全國性學術會議上,發表了民國史學術論文數百篇,同時還編輯出版《民國檔案》季刊。民國檔案資料編輯工作以館藏檔案資料為基礎,以檔案開放政策為依據,堅持「編研結合,以編為主,以編帶研,以研促編」的工作方針,積極穩妥地開展民國檔案資料的編研工作,呈現出前所未有繁榮局面。

(一)民國檔案資料的編輯出版

1978年開始恢復編研工作後,館領導及編研部門根據館藏歷史檔案的特點和當時史學界的實際需求,決定在文化大革命前選編完成的《中國現代政治史檔案資料匯編》和專題檔案史料的基礎上,編輯出版《中華民國史檔案資料匯編》(1911～1949年)、《中華民國史專題檔案資料叢刊》和《中華民國史檔案資料叢書》。

《中華民國史檔案資料匯編》是「為了適應中國近現代史的科學研究與教學需要,就館藏檔案中具有一定史料價值的資料編輯而成的一套綜合性資料匯編」,是在《中國現代政治史資料匯編》油印本的基礎上進行修訂補充而成。全書共分五輯,經過先後30餘人歷時20餘年的辛勤勞動,全書由江蘇古籍出版社於2000年春全部出齊,共90冊,計5000餘萬字。該書被列為國家「七五」社會科學研究與出版重點規劃專案,2011年該書又因學術界需求,另行編輯了上下兩冊的《中華民國史檔案資料匯編總目索引》,配合重印或加印該套《匯編》售罄各冊一併發行,再次受到學術界的歡迎。

這套《匯編》的主要內容和特點是:

第一輯《辛亥革命》。1911年孫中山領導的辛亥革命，推翻了清王朝的封建統治，結束了中國延續兩千多年的封建帝制，創立中華民國，這是中國歷史上的重要里程碑。但其形成的檔案檔，歷經輾轉，頗多散佚。本輯選輯的檔案資料有：反映武昌起義前的各地人民反抗鬥爭和武裝起義、清政府預備立憲、四川保路運動、武昌起義及各省響應情況的清巡警部、民政部、陸軍部等檔案192件。

第二輯《南京臨時政府》。1912年1月1日，一個嶄新的資產階級民主共和政權——中華民國臨時政府在東方誕生了，因其首都在南京，簡稱為南京臨時政府，選舉孫中山為臨時大總統。南京臨時政府雖然僅存在三個月，卻對後世產生了巨大影響，其形成的檔案檔不多，彌足珍貴。本輯輯錄的檔案檔有：南京臨時政府除舊布新的政令與政治、軍事、財政金融和教育措施的文電共有439件，其中不少是孫中山親筆批示和簽發的檔。

第三輯《北洋政府》。1912年3月，孫中山讓位於袁世凱，在北京建立了由北洋軍閥統治的中華民國中央政權，世稱為北洋政府，也稱為北京民國政府或北京政府。袁世凱之後，由段祺瑞、馮國璋、張作霖等北洋軍閥相繼控制北京政府。北洋軍閥是近代中國一個特殊政治軍事集團，在其統治中國的16年中，代表不同利益的派系軍閥之間發動連年不斷的內戰，中樞屢變，從袁世凱到張作霖，先後變更了13屆總統（包括臨時執政、攝政內閣、大元帥）、46屆內閣。北洋軍閥統治時期的中央政府及各部會形成的檔案檔，後來被國民政府行政院各部會對口接收而大部分延續保存下來，現館藏的北洋政府檔案共有55個全宗，13萬卷。其中有國會、善後會議、總統府軍務處、國務院以及內政、外交、財政、交

通、農商、教育、司法、陸軍部和陸海軍大元帥統率辦事處、督辦邊防（參戰）事務處、步軍統領衙門、京畿衛戍總司令部等檔案。這些檔案中凡具有一定史料價值的檔，均選編入本輯《匯編》各分冊。其中有：北京政府的政治組織制度、內閣更替、黨派活動、袁世凱復辟帝制、白朗起義、二次革命與護國、護法運動等政治歷史事件；北洋軍閥各派系之間的歷次主要戰爭與各地軍閥的混戰；北京政府的外事要案交涉與修訂條約等活動；以及財政、金融、工礦、農商與文化、教育等檔案資料。全書共17冊，1000萬字。

　　第四輯《從廣州軍政府至武漢國民政府》。1917年，孫中山為反對解散國會，提出擁護約法恢復國會的主張後，率駐滬海軍南下，在廣州召開國會非常會議，成立中華民國軍政府（護法軍政府），被舉為大元帥。後因西南軍閥的擠逼，棄職赴滬。1921年，返穗組織中華民國政府，就任非常大總統。翌年，因陳炯明叛變，退居滬上，直到1923年始重返廣州，重建大元帥府，設立大本營。1924年，在廣州召開中國國民黨第一次全國代表大會，實現了第一次國共合作。從此，廣州成為南方革命運動的中心，形成了與北京北洋軍閥政權相對立的南方革命政權。1925年，廣州國民政府成立。翌年，進行北伐。北伐軍攻克武漢後，國民政府遷都武漢，史稱武漢國民政府。從1917年至1927年南方革命政權形成的檔案，現有一部分存於臺灣，館藏檔案僅有陸海軍大元帥大本營檔案138卷，廣州和武漢國民政府檔案475卷。這些檔案檔，均選編入本輯《匯編》。其中有：軍政府、大本營、國民政府等組織概況及其各種政策措施；國民黨改組與第一次國共合作；孫中山領導的第一、二次北伐與平定商團叛亂及孫中山北上、逝世；國民政府的東征討陳及李宗仁的統一廣西；北伐戰爭的勝利進軍與蔣介石發動「四一二」反共政變等資料。全書共2冊，130多萬字。

第五輯《南京國民政府》。1927年，蔣介石發動「四一二」反共政變後，在南京建立國民政府，從此開始了十年內戰，也稱十年國家建設與政權建設時期。1937年，日本帝國主義製造盧溝橋事變，發動了全面侵華戰爭，國民政府遷都重慶，國共兩黨第二次合作，進行了八年抗戰。1945年8月，抗日戰爭勝利後，蔣介石又發動反共內戰，直到南京國民政府覆亡。在南京國民政府統治的22年中，各機關團體的檔案資料，數量浩大而又龐雜，其中除一部分被運往臺灣外，大部分在大陸。館藏檔案資料共分為八大部分，內有：（一）黨務系統檔案，如國民黨中央執行委員會祕書處、中央組織部、中央宣傳部、中央民眾訓練部、中央社會部（後改隸行政院）、中央黨史史料編纂委員會等；（二）國民政府與行政、立法、司法、考試、監察五院及其直屬機構檔案；（三）軍事系統檔案，如軍事委員會、軍委會委員長侍從室、軍令部、政治部、戰時新聞檢查局、國防部史政局戰史編纂委員會等；（四）內政及民族事務機構檔案，如內政部、蒙藏委員會等；（五）外交與僑務系統檔案，如外交部、僑務委員會等；（六）財政金融系統檔案，如財政部、關務署、稅務署、緝私署（處）、鹽務總局、中央銀行、中國銀行、交通銀行、中國農民銀行、中央信託局、郵政儲金匯業局、中央合作金庫等機構；（七）工交農商系統檔案，如工商部、實業部、經濟部、農林部、資源委員會、商標局以及交通部、鐵道部、公路總局、民用航空局、郵政總局、電信總局等機構；（八）教育系統檔案，如教育部、國立中央大學、中華平民教育促進會等機關、學校、團體等。此外，還有汪偽國民政府等偽政權檔案。

上述各種檔案，均按歷史時期分類編入本輯第一、二、三編各分冊。全書共70冊，4000餘萬字。

第一編，《南京國民政府的建立與十年內戰》（1927.4～1937.7）。其主要內容有：南京國民政府的中央與地方政制；國民會議的召開與《訓政時期約法》的公布；國民黨歷次重要會議及其內部派系矛盾鬥爭和新軍閥混戰；國民黨對革命根據地的五次軍事「圍剿」和對紅軍長征的追堵；國民政府財政經濟概況與財政、幣制改革及國家金融壟斷組織和國營工業體系的建立；國民政府的對外政策與日本國主義發動九一八事變和一•二八事變；中國人民抗日救亡運動的興起與福建事變、西安事變等重大政治歷史事件的資料。

第二編，《第二次國共合作與八年抗戰》（1937.7～1945.8）。其主要內容有：國民政府的戰時體制與國民參政會的召開，國民黨歷次重要會議與其他黨派的活動，國民黨的防共、限共與製造反共摩擦事件；國民政府的對日作戰方針、計劃、部署與正面戰場各大戰役及敵後戰場作戰概況；戰時國民政府的對外政策及其與美、英、蘇等國的關係；戰時國民政府的財政經濟政策與國家金融壟斷資本的擴張，工廠西遷與後方工業的發展，物資統制與商業貿易，「戰區經濟」與對敵「經濟作戰」和走私，農村經濟與交通運輸事業；戰時國民黨的文化教育方針政策與查禁進步書刊、統制新聞事業和扼制抗日文化團體，以及戰時教育實施概況與學術文化團體的活動；侵華日軍暴行及其失敗等檔案資料。此外，還附錄有汪偽國民政府等偽政權的檔案資料。

第三編，《蔣介石發動全面內戰與南京國民政府的覆滅》（1945.8～1949.9）。其主要內容有：國民政府「復員」南京及其企圖重建專制統治的方針政策與措施，國民黨六屆歷次中央全會及其內戰決策，民主黨派及中國青年黨、中國民主社會黨等黨派社

團的組織活動，臺灣光復與臺灣省情，國民黨召開「制憲國大」與「行憲國大」及其專制獨裁統治的加強；戰後國民黨軍隊的戰區受降、搶占勝利果實與蔣介石發動全面內戰；國民政府的對外關係及中國對日抗戰損失與賠償問題；戰後國民政府推行反共總體戰的財政經濟措施與挽救財政經濟危機的方案辦法，國家金融壟斷資本的進一步擴張與金融幣制的總崩潰，國營工業的擴張與民營工業的破產，殘破的農村經濟與商業貿易危機，交通運輸業的「復員」措施與實施概況；戰後國民黨的文化、教育政策與學術、文化、教育社團的組織活動；戰後工農學生和愛國民主人士的愛國民主鬥爭與國民黨的防制、迫害和鎮壓等檔案資料。

　　一部綜合性資料匯編，其品質高低優劣，主要表現在資料的選材和分類編排等方面能否科學、系統地反映歷史的真實面貌。《中華民國史檔案資料匯編》以《中國現代政治史檔案資料匯編》為編輯選材基礎，又高於《中國現代政治史檔案資料匯編》編輯思想方式，注意適應改革開放以來思想解放及當前學術研究的迫切需要，從以下三個方面體現出較大的變化。

　　（一）在選材方面。本《匯編》既題為《中華民國史檔案資料匯編》，書名定體，便首先依據中華民國史的發展脈絡，制訂了編輯大綱（如《中華民國史檔案資料匯編第五輯選材方案》），作為選材的線索和編輯分工的依據。同時，鑑於館藏民國歷史檔案面廣量大，且真正具有史料價值的檔案檔並不是「遍地黃金」。為了防止蜻蜓點水式的掠選材料或隨手抓一把式的取材，又提出了「廣採」、「善擇」的選材要求，希望在廣蒐集、細分析的基礎上，做到：1.棄粗取精，選擇典型性材料；2.棄偽存真，選取反映歷史真實的材料；3.由此及彼，注意歷史聯繫，選取全面、完整的材料；

4.由表及裡，注意揭示事物本質，發掘選取內幕材料。基於上述原則要求，本《匯編》在重大歷史事件和重大歷史問題的選材上，一般尚不失於片面。例如：第五輯第二編軍事分冊的抗日戰爭正面戰場與敵後戰場的作戰概況，即注意選取重大戰役的材料。在選取國民黨軍隊於八一三淞滬抗戰、南京保衛戰、太原會戰、徐州會戰、武漢會戰、長沙會戰、中原會戰、桂柳會戰、滇緬會戰等20多個重大戰役的檔案檔的同時，並重點選取了中國共產黨領導的八路軍、新四軍在晉、冀、魯、豫等地和大江南北抗擊日本侵略軍、進行百團大戰的作戰報告及有關文電。這些檔案檔，既反映了國民黨軍隊在正面戰場的作戰及其失利退卻轉移的情況，又揭示了共產黨領導的八路軍、新四軍挺進敵後，開闢敵後戰場，進行敵後抗日游擊戰爭的光輝業績，從而駁斥了當時所謂共產黨軍隊「游而不擊」的讕言。這些檔案檔，充分說明了正面戰場與敵後戰場互相依存的關係，正是中國共產黨領導的八路軍、新四軍挺進敵後，開闢了敵後戰場，建立了抗日根據地，有力地支持和配合正面戰場，支撐著中國持久抗戰的大局直到抗日戰爭的勝利。

（二）在分類編排方面。這是資料匯編的一項系統化工程。由於本《匯編》檔案檔既具有一般文獻分類的共性，又具有自身史料文獻分類的特徵，其分類不僅要注意遵守形式邏輯的劃分原則，而且要注意遵守科學分類的原則。恩格斯在《自然辯證法》中指出：「科學的分類就是這些運動形態本身依據其內部固有的順序進程的分類排列」。所以一部史料匯編的檔分類排列，必須依據歷史事件發生發展的順序進程及事件的互相聯繫與邏輯關係進行，使經過分類排列的一定數量的檔形成一個體系嚴整、脈絡清晰、層次分明、名實相符的有機整體。為了達到這種要求，我們對《匯編》檔的分類編排曾經提出過三種方案：第一種，根據館藏檔案全宗的特點，

按組織機構（如國民政府、行政院等），結合時間順序分類編排；第二種，按檔案名稱（如呈文、函件、電報等），結合時間順序分類編排；第三種，按問題結合年代（時間）順序分類編排。前二種分類編排方法，都有可行性，工作也比較單一方便，對於專題性資料匯編比較客觀適用，但對於時間跨度大、面廣量大的巨帙綜合性資料匯編來說，將不可避免地出現不同性質的檔前後交叉雜亂的現象，不便於讀者檢索利用。所以，我們採用了第三種方案，決定參照《中國現代政治史資料匯編》的編排體例，依不同歷史時期的政權按問題結合時間順序分類編排。並以原先擬定的全書編輯大綱（選材方案），在工作實踐中修訂完善後作為本《匯編》的分類編排方案。這樣，在《匯編》完稿後，總目上便展現了從《辛亥革命》到《南京國民政府》的一條中華民國史主線。而《南京國民政府》又按歷史時期分為《南京國民政府的建立與十年內戰》、《第二次國共合作與八年抗戰》、《蔣介石發動全面內戰與南京國民政府的覆滅》三編，每編又各按政治、軍事、外交、財政、經濟、文化、教育等分為若干冊。於是，又勾勒出南京國民政府興亡的歷史輪廓，從而體現了《匯編》資料的系統性。再如《匯編》第五輯第二編的政治、軍事資料分類問題。在抗日戰爭期間，國民黨軍隊一再奉命發起對共產黨領導的八路軍、新四軍的襲擊，形成了一批機密作戰日記、戰鬥詳報及有關文電。這類檔案檔，如從單純的軍事角度看，似可將其作為「反共軍事」編入軍事類，但考慮到抗日戰爭時期的軍事是國共兩黨合作武裝抗擊日本侵者的戰爭，而國民黨軍隊奉命襲擊八路軍、新四軍則是屬於「內爭」，因而將國民黨軍隊襲擊八路軍、新四軍的作戰日記、詳報、文電等作為「國民黨製造反共摩擦事件」編入政治類，與國民黨的「防共、限共法令與措施」有機地結合起來。這樣，便將國共合作對付外寇與國共「內

爭」的資料區別開來，區分了兩類不同性質的矛盾，並反映了國民黨在其片面抗戰路線指導下消極抗戰積極反共的歷史真實面貌。於是，又體現了《匯編》資料的科學性。

（三）在檔案檔匯編形式方面。本《匯編》為保持歷史檔案檔的原來面貌，採用原件匯編的形式，唯將其豎行改為橫排。其所輯錄的檔案檔，除對錯漏的文字加以必要校勘注明外，均按原文照錄，並加以標點；而對一些往來承辦的檔，在「等因奉此」前複述的文字內容過多重複者，則加以刪略。這樣，既避免了官樣文書的重複內容，又保持了原來文書的格式，以示《匯編》資料的可靠性和可信性。

上述三個方面，其實即是《匯編》的特色。當然也有不足之處，例如館藏民國檔案的局限性影響《匯編》資料的完整性，各分冊輯錄的資料繁簡不一也影響了《匯編》體例的整齊，但這套《匯編》史料的學術價值，應是瑕不掩瑜。

《中華民國史專題檔案資料叢刊》是為了彌補《匯編》因體例限制而無法將反映某一重大歷史事件的檔案史料都選編進去，而以專輯的形式出版的專題檔案史料系列叢書，計劃出100種。該叢刊從1978年開始編輯，至目前已經出版有《五四愛國運動檔案資料》、《善後會議》、《五卅運動和省港罷工》、《中國無政府主義和中國社會黨》、《北洋軍閥統治時期的兵變》、《北洋政府統治時期的民變》、《護國運動》、《直皖戰爭》、《張謇農商總長任職經濟資料選編》、《西安事變檔案資料選編》、《臺灣光復和光復後五年省情》、《臺灣「二二八」事件檔案》、《抗日戰爭正面戰場》、《民國外債檔案史料》、《五二〇運動資料》、《五四運動在江蘇》、《國民黨軍追堵紅軍長征檔案史料選編》、《白色

恐怖下的新華日報》、《北洋陸軍史料》、《民國時期的陸軍大學》、《中國銀行行史資料匯編》、《中國近代兵器工業檔案史料》、《中華民國商業檔案資料匯編》、《中國會計史料選編》、《中華民國金融法規選編》、《國民參政會紀實》、《中德外交密檔（1927～1947年）》、《中國國民黨第一、二次全國代表大會會議史料》、《民國時期文書工作和檔案工作資料選編》、《國民黨政府政治制度檔案史料選編》、《中國考試史文獻集成》（民國卷）、《抗戰時期西北開發檔案史料選編》、《中國婦女運動史料》（民國政府卷）等等，分別由江蘇人民出版社、人民出版社、江蘇古籍出版社（鳳凰出版社）、中國檔案出版社等正式出版。

《中華民國史檔案資料叢書》主要是將館藏檔案資料中獨立成帙的日記、史稿、報告書、調查統計等編輯成書，供研究者利用。原計劃出版百種，現已陸續出版了《馮玉祥日記》、《周佛海日記》、《抗戰時期國民黨軍機密作戰日記》、《北伐陣中日記》、《蔣介石年譜初稿》、《晏陽初全集》、《吳佩孚檔案資料選編》、《茅以升書信選》等。

上述《匯編》、《叢刊》、《叢書》雖編輯體例、內容不太相同，但又互相補充，共同構成了中華民國史檔案資料的基本內容。

在編輯《中華民國史檔案資料匯編》的過程中，鑑於館藏民國時期黨派社團的資料十分豐富，而學術界對此部分資料的需要又十分迫切，因此又增加了一套《民國黨派社團檔案史料叢稿》的編輯計劃，由中國檔案出版社出版。已先後出版了《中國民主社會黨》、《中國青年黨》、《國民黨統治時期的小黨派》、《民國幫會要錄》等。

1980年代以來，隨著全國範圍修史編志熱潮的興起，本館利

用館藏優勢，充分抓住契機，與有關學術機構和修志部門聯合編輯出版館藏檔案資料。主要有：與中國藏學研究中心合作編輯出版了《西藏地方是中國不可分割的一部分》、《元以來西藏地方與中央政府關係檔案資料選編》（7冊）、《十三世達賴圓寂致祭和十四世達賴轉世坐床檔案匯編》、《九世班禪圓寂致祭和十世班禪坐床檔案選編》、《九世班禪內地活動及返藏受阻檔案選編》、《黃慕松、吳忠信、趙守鈺、戴傳賢奉使辦理藏事報告書》、《康藏糾紛檔案選編》、《民國治藏行政法規》、《亞東關檔案選編》、《中國第二歷史檔案館所存西藏和藏事檔案目錄》（上、下冊）、《民國時期西藏及藏區經濟開發建設檔案選編》等；與財政部財政經濟研究所合作編輯出版了《民國外債檔案史料》（共12冊）、《國民政府財政金融稅收檔案史料》等；與中央檔案館、吉林省社會科學院合編了《日本帝國主義侵華罪行檔案資料選編》，已出版有《九一八事變》、《南京大屠殺》、《日汪的清鄉》、《華北事變》、《東北經濟掠奪》、《華北歷次大慘案》等；參與南京大學中華民國史研究中心《南京大屠殺史料集》72冊共計4000萬字的編輯工作，本館參編其中有《南京保衛戰》、《歷史圖像》、《日軍罪行調查委員會調查統計》、《南京審判》等30餘冊。

在編輯館藏檔案資料的過程中，本館還根據學術界的需要，從1980年代以來，以影印的形式編輯出版了《臨時政府公報》、《臨時公報》、《南京政府公報》、《立法院公報》、《國民政府外交部公報》、《國民政府行政院公報》、《國民政府暨總統府公報》、《中央日報》、《中央週刊》、《汪偽公報》、《汪偽政府行政院會議錄》、《中國國民黨中央執行委員會常務委員會會議錄》、《汪偽中央政治委員會暨最高國防會議會議錄》、《經濟部公報》、《中華民國法規集成》、《中華民國史史料長編稿》、

《舊中國海關史料》、《南京保衛戰陣亡將士檔案》、《中央通訊社參考消息》等等。這些影印出版物大多列入了《中華民國史專題檔案資料叢刊》和《中華民國史檔案資料叢書》中。

（二）檔案圖片資料的編輯出版

1990年代中期開始，隨著世紀末的來臨，人們的懷舊情愫日益強烈，同時，隨著生活節奏的加快和科學技術的進步，對大多數非專業研究人員來說，洋洋數十萬言的純文字著作根本無暇翻閱，人們迫切希望能在最快最短的時間內，以更直觀的形式，獲取知識的營養，於是各種以老照片為體裁的出版物應運而生並很快贏得了讀者的青睞。本館典藏的10餘萬幅有關民國歷史的照片和圖片資料，自然引起了學術界、出版界的注意。

本館編研人員順應社會需求，先後編輯出版了《中國近代珍藏圖片庫》（分為《袁世凱與北洋軍閥》、《孫中山與國民革命》、《蔣介石與國民政府》、《汪精衛與國民政府》共7冊，由香港商務印書館1994年出版）、《南京大屠殺圖證》（與中央檔案館、吉林省社會科學院合編）、《老照片》、《中華民國郵政圖集》、《侵華日軍南京大屠殺圖集》等圖片集。規模宏大，第一次以歷史圖片形式多方位、全面系統地展示中華民國38年歷史變遷的大型圖片集《中華民國歷史圖片檔案》（10冊），經本館近30位專業人員歷時三餘年的辛勤編輯，業已於2002年由團結出版社出版，該《圖片檔案》共收錄反映民國時期政治、軍事、文化教育、經濟、中外關係、社會等內容的歷史照片和圖片資料30000幅，這是本館首次以大量館藏歷史圖片形式解說民國史的大型圖片集。

從《中國近代珍藏圖片庫》到《中華民國歷史圖片檔案》的編輯出版，再到《中國舊海關與近代社會圖史》（10冊、2006年中

國海關出版社出版），近20年來，歷史照片利用率越來越高，利用量也越來越大。此外，二史館還向江蘇美術出版社策劃並出版的《老城市》系列提供了2000餘幅歷史照片和圖片，還利用館藏郵票郵品特色，編輯《中國第二歷史檔案館館藏郵票郵品精選》，分上下冊，由中國檔案出版社出版。現在，本館透過編輯出版的各類畫冊、圖集，不僅僅是滿足了學術研究、出版市場的需求，適應讀者現代快節奏生活需求，還為影視拍攝、展覽陳列、課堂教學提供歷史照片與圖片資料，從多種層面滿足社會日益增長的文化生活需求。

（三）大型影印檔案史料出版工程

近幾年來，隨著社會對檔案館館藏檔案史料利用需求增多，隨著國家建設飛速發展及人們日益增長的文化生活需求，隨著中國第二歷史檔案館館藏民國檔案在國家政治生活發揮的作用的提升，特別是近幾年館藏檔案大規模數位化，以及學術界開放開發檔案呼聲的高漲，本館編輯檔案工作也轉向大型影印檔案史料出版工程。這既是編輯工作的專題化、精品化、大型化，也是對館藏民國檔案的最好保護與積極利用。

《館藏民國臺灣檔案匯編》是一個標誌。2009年編輯出版的該套影印匯編，共計300冊、150000頁，由中共中央臺灣工作辦公室、國務院臺灣事務辦公室負責，中共中央政治局常委、全國政協主席賈慶林為總顧問，九州出版社出版的國家重點出版工程。臺灣問題關係國家的核心利益，關注點高，關心人多，而本館館藏有大量民國時期臺灣檔案，例如臺灣國民黨名譽主席連戰祖父連雅堂，向民國北京政府申請恢復中國國籍的檔案就是非常典型。把這些館藏檔案編輯影印成書，將會是有重大意義的事。這套檔案史料

影印出版工程的編輯出版，已經在海峽兩岸產生了重要影響。

《北洋政府檔案》196冊，由中國檔案出版社2011年1月影印出版。這又是一套大型影印史料出版工程。這是一次遍選館藏北洋政府檔案的大型專案，被列入全國檔案編研重點專案，剛剛出版就以其編輯品質高、史料價值大，被中國近現代史史料學會評為一等獎。而這套《北洋政府檔案》編輯出版，既滿足了學術界需求，也有效地保護了年代已經久遠的北洋政府檔案。

《南京臨時政府遺存珍檔》也是2011年出版的一項重大影印工程。這批新發現的南京臨時政府檔案也屬偶然，是編選北洋政府檔案時，在其外交部檔案中發現的。我們估計是唐紹儀政府在南京與孫中山交接政府工作時，一併帶回了北京。該書收錄了新近發現的南京臨時政府遺存珍檔700餘件，3200頁，彩色影印，16開精裝，共8冊。分為三大部分：一是由孫中山親自簽發的臨時大總統令批，10件，這是有關孫中山史料新的重大發現；二是大總統府電報房電報收文底稿，時間跨度從1911年12月14日至1912年4月7日。編號從第1號至554號。這批電報底稿幾乎涵蓋了南京臨時政府處理的所有大事，是我們瞭解南京臨時政府革命活動的第一手珍貴資料；三是外交部檔案，這部分檔案彌補了本館原先典藏的南京臨時政府檔案中獨缺之外交部檔案，其中有關荷屬印尼華僑遭受迫害之外交交涉、收回海關及租界事權與稅收等事項的交涉、有關鴉片販運與美英德俄等國之交涉，以及外交部處理外交事務等項文電，均是反映南京臨時政府外交鬥爭重要檔案。該書被列入國家2011年紀念辛亥革命100周年「十二五」社會科學研究與出版重點規劃專案，也是紀念辛亥革命與南京臨時政府100周年的重大學術貢獻。

目前，本館正在編輯的大型影印檔案史料工程還有《中國第二歷史檔案館所存西藏和藏事檔案匯編》（第一批10冊已經出版）、《中國第二歷史檔案館館藏民國時期新疆檔案匯編》、《民國時期西南邊疆雲南、廣西檔案匯編》，這一系列在編及已經列入編輯工作規劃的大型影印出版編輯工程，將會是今後本館編輯工作重中之重，是檔案史料編研工作的大方向。

（四）參與民國史研究

在編輯檔案史料的同時，本館人員還充分利用館藏檔案豐富這一得天獨厚的有利條件，積極參與歷史特別是民國史研究，承擔了多項國家社科基金項目，參與或獨自撰寫了多部史學論著，發表史學論文數百篇，形成了在國內外具有一定影響的民國史研究群體，為促進民國史研究的繁榮發揮了積極作用。

其一，承擔了多項國家社科基金專案。據統計，從1991年起，由本館研究人員申報立項的《中國抗戰損失》、《日軍戰犯暴行研究》、《留學生與近代中國社會》、《盛世才在新疆》、《民國時期的中德關係》、《民國時期西藏及藏區經濟研究》等專案（由外單位專家領銜、本館研究人員參加的專案不包括在內），經國家哲學社會科學規劃辦公室組織的專家評審，先後被確認為國家社科專案，並獲社科基金資助，這些專案大多數已按時完成，並通過了國家哲學社會科學規劃辦公室組織的專家驗收，有的正按計劃進行中。此外，還有一些專案如《民國檔案與西部開發》被列為國家檔案局資助專案，《汪偽統治區奴化教育研究》被中國社會科學院中日歷史研究中心列為資助項目。

其二，參與或獨自編撰出版了一批民國史學術專著和工具書。早在1980年代初期，本館研究人員即與南京大學、江蘇省社會科

學院等單位專家教授合作，撰寫了大陸地區第一部民國通史著作《中華民國史綱》和第一部全面反映南京大屠殺真相的《侵華日軍南京大屠殺史稿》。合作編寫的民國史著作還有《百年滄桑——中國國民史》、《民國社會經濟史》、《蔣介石全傳》、《段祺瑞與皖系軍閥》、《愛國將領馮玉祥》、《南京大屠殺》、《張學良年譜》、《中華民國實錄》、《中外教育交流史》等。由本館研究人員獨自編著的民國史學術專著則有：《國民黨政府政治制度史》、《慘勝——抗戰正面戰場大寫意》、《民國黨派社團出版史叢》、《青紅幫祕史》、《友乎？敵乎？——德國與中國抗戰》、《抗戰江河掘口祕史》、《中外軍事法庭審判日本戰犯》、《盛世才在新疆》等等。近幾年來，擔綱的本館中青年研究人員不斷深化研究工作，不斷撰寫出具有一定影響的學術專著。《中國戰區受降紀實》、《臺灣光復紀實》，被評為全國紀念抗戰勝利60周年100本重點出版圖書。《國民黨特務活動史》，由九州出版社出版後，被譽為大陸第一部嚴謹的國民黨特務史的研究專著。《日本侵華教育全史》（第三卷），是中國社會科學院中日歷史研究中心資助項目之結項課題，獲得學術界多位專家好評。近幾年本館研究人員個人或集體撰寫的專著達到30餘本，不能不說本館中青年研究人員整體研究實力已經達到了較高水準。經過多年的專業人才培養、業務隊伍建設，本館專業從事民間檔案與民間史研究的業務骨幹已形成強大力量，其中有多人獲得江蘇省「333新世紀人才工程培養對象」、江蘇省有突出貢獻的中青年專家、國務院政府特殊津貼等學術專業榮譽稱號。此外，本館編研人員還利用館藏第一手資料編寫了《民國職官年表》、《中國國民黨大事典》、《中國抗日戰爭大辭典》、《國民黨政府政治制度史詞典》、《國民革命軍沿革實錄》、《近代中國華洋機構譯名大全》、《中國近代海關大

事記》、《中國近代海關高級職員年表》等，參與編寫了《中華民國史大辭典》、《民國人物大辭典》、《民國人物別名錄》等民國史工具書。

其三，舉辦、協辦或參加國際國內有關學術研討會，撰寫發表學術論文。1984年，本館與南京大學等在南京舉辦了首屆中華民國史學術研討會。1987年，本館主辦並具體承辦了「民國檔案與民國史國際學術研討會」，邀請海內外百餘名著名專家學者匯聚南京，進行民國檔案與民國史的學術交流。其後，又協辦了第三次中華民國史國際學術研討會。自1980年代中期以來，本館還有數位專家學者應邀赴美、日等國和港臺地區參加有關民國史的國際學術研討會，並在大會上宣讀論文。此外，在國內召開的歷次國際國內有關近代史或民國史研究的重要學術研討會，本館一般均派學者與會。1978年以來，二史館編研人員還先後撰寫並發表了數百篇有關民國史的學術論文，這些論文除發表於各種國際國內學術研討會論文集和館刊《民國檔案》外，大多發表在《近代史研究》、《抗日戰爭史研究》、《史學集刊》、《歷史檔案》、《中共黨史研究》、《南京大學學報》、《民國研究》、《史學月刊》、《歷史教學》、《江海學刊》、《海關研究》、《學海》、《江蘇社會科學》、《南京社會科學研究》等在國內外具有一定知名度的學術刊物上，並有數十篇文章被《中國社會科學文摘》、《新華文摘》轉摘，並由中國人民大學主辦的複印資料《中國現代史》全文轉載。

其四，擔任有關大學、學術社團的社會學術兼職。1950年代，本館創始人王可風研究員即在南京大學歷史系擔任兼職教授並給學生授課。老一輩研究人員在大學擔任兼職教授之傳統延至現在。本館現有多名研究人員被南京大學、浙江大學、南京師範大學

等大學及有關研究機構、學術團體聘為學術顧問、兼職研究人員或研究生導師，參與有關課題研究工作、研究生培養工作。本館研究人員還被中國檔案學會、中國近現代史史料學會、中國抗日戰爭史學會、江蘇省歷史學會等省級以上社會學術團體選為副會長、常務理事等職。這表明，本館研究人員及其學術水準得到了社會學術界之認可。同時，透過這些與社會學術界之交往，獲得了學術資訊，提高了研究人員自身素養，並極大地促進了民國檔案史料編研工作。

本館的各項編研成果，也獲得了社會特別是學術界的好評。《中華民國史檔案資料匯編》獲中國檔案學會檔案編研成果一等獎。據有關方面統計及有關專家研究，本館的各項編研史料著作，其出版數量、刊載數量、學術論著的引用率及影響因數，均在相關高等院校、科研機構、文博圖檔等專業單位中名列前茅，且穩居前三名。本館還有多項編研成果獲得了國家、江蘇省和南京市政府的各項獎勵，如《元以來西藏地方與中央政府關係檔案資料選編》獲首屆全國哲學社會科學成果三等獎，《南京大屠殺圖證》被中宣部和國家新聞出版總署列為「紀念抗日戰爭暨世界反法西斯戰爭勝利50周年」重點圖書之一，《侵華日軍南京大屠殺圖集》獲江蘇省第三屆精神文明建設「五個一工程」獎，《民國社會經濟史》和《國民黨政府政治制度史》分獲江蘇省哲學社會科學三等獎和二等獎。

總結：編研工作特點及經驗

綜觀本館60年的編研工作，總結起來，還是那一句話，走的是一條艱辛而輝煌的道路。第一階段，艱苦創業，探索經驗。一套《中國現代政治史檔案資料匯編》，培養了第一批編研人員隊伍，

留住了優良的學術傳統，為政治與研究工作服務。而作為毛澤東主席藏書又使本館編研人員對自己的工作充滿了自豪感。第二階段，發揚傳統，嚴謹治學。利用自身之優勢，檔史結合，以編促研，以國家歷史檔案館為平台，再創民國檔案編研輝煌之路。

　　本館編研工作歸結起來，具有以下幾個特點：

　　第一，以館藏檔案史料為主，根據社會需求，編輯出版檔案史料，為政治和學術研究服務，滿足不同層次讀者的需要。

　　本館領導和編研人員深知，作為國家歷史檔案館，不同於一般歷史研究機構，其編研工作應立足於館藏檔案，充分利用館藏檔案的優勢，根據黨和國家及學術研究的需要，適時選編檔案史料，並開展學術研究。因此除部分合編資料集外，本館所編資料集的內容均為館藏第一手檔案資料。

　　同時，在檔案史料的選編上，也堅持為黨和國家大局及學術研究服務的原則。例如，《中國現代政治史檔案資料匯編》即是為了給中央編中共黨史提供反面資料的，而《中華民國史檔案資料匯編》則是「為了適應中國近現代史的科學研究與教學需要」，同時也是為了回應國家檔案局「工作基礎較好的檔案館，要著手進行檔案史料的編研工作，研究檔案內容，匯編檔案史料，參加編史修志，為歷史研究服務」的號召。

　　第二，堅持「編研結合，以編為主，以編帶研，以研促編」的工作方針，將編研工作有機地結合起來。

　　作為國家歷史檔案館，不同於一般的綜合性或專業性檔案館，要做好檔案工作，就必須熟悉檔案的內容，開展歷史的研究。南京史料整理處第一任主任王可風就是一位歷史學家，在領導徵集、整

理檔案及編纂出版檔案史料等工作之餘，還充分利用檔案史料，撰寫學術論文。其後，本館歷任領導都保持和發揚了這一優良傳統。在參與歷史研究過程中，廣大編研人員加深了對館藏檔案價值的認識，提高了業務水準和學術研究能力，並進一步促進了檔案資料編纂水準的提高。

第三，積極與社會各界合作，將獨自編纂與合作編纂緊密結合起來，以適應社會不同需求。

1980年代以來，隨著全國範圍修史編志熱潮的興起，本館利用館藏優勢，充分抓住契機，在編纂《中華民國史檔案資料匯編》等同時，與有關學術機構和修志部門聯合編輯出版了一批館藏檔案資料。主要有：與中國藏學研究中心合作編輯出版了大批民國西藏檔案史料；與國家財政部財政經濟研究所合作編輯出版了多卷本的民國財政經濟檔案史料；與中央檔案館、吉林省社會科學院合編了《日本帝國主義侵華罪行檔案資料選編》；與海峽兩岸出版交流中心合作編輯出版了《臺灣光復檔案》、《館藏民國臺灣檔案匯編》；與南京大學中華民國史研究中心合作編纂出版了《南京大屠殺史料集》等等。

第四，把社會效益和經濟效益結合起來，在考慮經濟效益的同時，始終將社會效益放在首位。

歷史檔案資料的讀者面相對較小，編研人員花費數年之力編纂完成後，往往不但不能取得經濟效益，出版還得補貼，這也在一定程度上挫傷了檔案館和編研人員編輯出版檔案史料的積極性。但編纂檔案史料是保存和傳承中華民族文化遺產的一個重要方面，也是國家歷史檔案館義不容辭的社會責任，因此在考慮經濟效益的同時，始終將社會效益放在第一位。現階段的民國檔案編研工作發展

趨勢，就是適應大規模檔案數位化工作方式，看準社會之需求，做好專題大型影印編輯工程。

　　作為國家歷史檔案館，我們以往之編研工作，是檔史結合的成績，也應該認識到檔史結合之間的辯證關係。國家歷史檔案館的所謂編研工作，有兩種含義：編，當為整理、編纂之意，即本著歷史檔案館的屬性，根據館藏檔案的實際情況和社會需要，按照一定的選題，有目的有計劃地編輯出版檔案史料，提供利用，是屬於基礎工作範疇。研，顧名思義，當為研磨、探討、窮究之意，也就是說，利用一定的檔案資料，對某一事物的研究辨析，以求得對其本質屬性和客觀規律的瞭解認識。具體地說，研，可以是指對某一檔案檔的考證、辨偽等；也可以是指對某一歷史事件或歷史問題的研究，探索其發生的原因、經過、結果和影響，這就是通常所說的歷史研究範疇。簡要地說，編，即是整理、編輯出版檔案史料；研，即是利用檔案資料，研究歷史。歷史檔案館的編研工作，可以說是檔史結合運用的過程。這個過程通常分為兩個步驟：第一步，是檔史的一般性結合，即依靠並運用歷史知識，進行歷史檔案的收集、整理、編目、撰寫全宗介紹以及檔案史料的編輯出版。這一步，既是檔案館的基礎工作，也是歷史研究的基礎工作（即史學研究第一步）；第二步，是檔史的高層次結合，即利用檔案史料，進行歷史研究，撰寫有關史學論著。由於編研人員在完成第一步的工作過程中積累了智力成果，如熟悉了史料，對某一歷史問題或歷史事件的發生、發展逐步形成了自己的基本見解（基本論點）和某種框架設想。於是在這種智力成果的基礎上進一步加工撰寫有關史學專著或論文，自然是水到渠成、順理成章的事。這就是本館編研工作之經驗，也是本館編研工作之特點。（曹必宏、郭必強撰稿）

捌　期刊工作

　　楊樹達說：「溫故不知新者，其人必庸；不溫故欲知新者，其人必妄。」學術期刊的成長，恰如學人學業之精進，不斷地回顧、展望與總結，有助於拒絕平庸，遠離虛妄。《民國檔案》辦刊近三十年間，不同時段、不同範圍、不同場合下以「溫故知新」為目的的回顧、研討已有若干次。一些重要的總結性回顧亦曾公開刊發，向上級機關、主管單位領導彙報，向學界同仁及廣大讀者、愛好者請益。2011年適逢主辦單位中國第二歷史檔案館建館六十周年，期刊工作亦恰好走過三十年，在這個值得紀念的年份總結《民國檔案》的辦刊歷程，不僅是要向主辦單位中國第二歷史檔案館六十周年館慶獻禮，同時也是要對前輩同仁的艱辛探索表示敬意。需要說明的是，本文的主旨是回顧期刊編輯部的工作，並不是要對《民國檔案》創刊以來所發表的史料、論文作全面評估。

　　一、緣起

　　早在1950年代，中國第二歷史檔案館的創始人王可風即已有創辦一個期刊、定期公布檔案史料、服務社會各界的設想，但因建館伊始，百廢待興，且格於人員、經費、體制機制諸因素，加之「文革」等政治運動接踵而至，他的設想一直未能實現。黨的十一屆三中全會以後，隨著黨和國家工作重點的轉移，以經濟建設為中心的社會主義現代化建設蓬勃發展，社會各方面，尤其是學術界要求開放歷史檔案的呼聲越來越高。1979年6月，在全國人大五屆二次會議上，一些學術界的代表提出議案，呼籲儘快開放歷史檔案。次年3月，經中共中央、國務院批准，國家檔案局提出《關於開放歷史檔案的幾點意見》，對歷史檔案的開放作出了原則性規定。為

落實檔精神，中央辦公廳向中央報送《關於積極開展檔案利用工作的請示報告》。5月19日，中共中央書記處在中南海懷仁堂召開會議，討論中央辦公廳的報告，就歷史檔案的逐步開放問題作出了決定。

為落實中共中央關於開放歷史檔案的決定，更好地服務社會各界，滿足社會各界對檔案的需求，經國家檔案局同意，中國第一歷史檔案館、中國第二歷史檔案館於1981年初共同創辦了《歷史檔案》。在雜誌的創刊號上，新中國檔案事業的拓荒者、時任中共中央辦公廳副主任的曾三發表了《祝歷史檔案創刊》一文，就創刊的目的和刊物走向作了說明。「……社會主義現代化建設的各個方面特別是學術研究、史學研究，迫切要求大量地系統地利用歷史檔案，為了適應客觀上需要，中央已經批准國家檔案局提出的關於開放歷史檔案的方針，即將一九四九年全國（除臺灣尚未解放）解放以前的歷史檔案（民國檔案、日偽檔案、清朝檔案、明朝檔案等），除極少部分限制在一定業務範圍內使用外，向國內史學部門和有關科研部門開放。這是檔案部門由偏重保管檔案向收集、保管、整理和利用檔案全面發展，並以開展利用為目的的業務方針的一個大轉變。這個方針的提出，是檔案戰線上撥亂反正、解放思想的一個重要成果，是繁榮祖國科學文化事業的一項重要措施。我們歷史檔案工作者的任務，就是要為貫徹執行這個方針而努力。」「創辦這樣一個刊物，對於貫徹執行開放歷史檔案的方針，促進歷史檔案的管理工作，為學術研究和史學研究服務，是十分必要的。」「《歷史檔案》雜誌，要認真地貫徹執行中央批准的關於開放歷史檔案的方針，有計劃地公布歷史檔案，同時，還要發表一些有學術價值的歷史研究論文，刊登一些介紹歷史檔案的文章，以及做好歷史檔案的管理工作和利用工作的經驗，以促進歷史檔案工作

更好地為社會主義現代化建設服務，為學術研究服務、為史學研究服務。」曾老的諄諄教誨，為中國第二歷史檔案館的期刊工作指明了方向。

刊物編輯部由中國第一歷史檔案館、中國第二歷史檔案館共同組建。稿件的組、編、發、校，係在分工協作（二史館負責民國部分、一史館負責明清部分）、相互監督、共同負責的原則下進行。刊物主體欄目為檔案史料和史學論文，此外尚有讀檔隨筆、考證辨析、檔案館介紹、工作報導等。很顯然，刊物的格調格局顯示了鮮明的時代特色。以「檔案館介紹」為例，其基本內容無非是檔案館簡要歷史、館藏特點、基本服務等，拿今天的「後見之明」來衡量，任何一個編輯也不會對此類文章青眼獨開了。但在當時的環境下，很多讀者甚至包括學界的領軍人物，對這類文章都十分歡迎，因為社會各界對檔案館均較隔膜，迫切希望對檔案館有一個基本的瞭解，而檔案館自身也願意向社會展示自己。從這個角度來說，中國第二歷史檔案館的期刊工作從起步階段即有服務社會、服務時代的特點。我們今天檢視那些已經泛黃的「過刊」和前輩編輯們親手加工、已編號歸檔的老稿件，能夠非常清晰地體會到三十年間學術語境的變遷脈絡，正彷彿人們從飛沙、麥浪、水波裡能夠看到風的姿態。

1985年初，經廣泛醞釀，中國第二歷史檔案館和中國第一歷史檔案館決定各自辦一個刊物，一史館繼續辦《歷史檔案》，二史館則另辦一個《民國檔案》。兩個刊物的分工是，前者側重明清檔案，後者側重民國檔案。

創辦《民國檔案》是一個非常慎重的決定。首先，檔案界貫徹執行開放歷史檔案的方針以後，社會各界對檔案的需求得到極大的

釋放，民國檔案因時段較近，更是備受關注，作為全國集中典藏民國檔案的基地，二史館對此有很深的體會。可以說，創辦《民國檔案》仍是貫徹執行開放歷史檔案方針的需要。其次，1980年代初期，民國史研究作為一門新興的學科，已有從「險學」步入「顯學」的跡象，大學、黨校、部隊、各級社科院、黨史辦、方志辦均有大批人士涉足這一領域，研究隊伍之龐大，在人文社科界蔚為奇觀。學科的勃興，迫切要求檔案界有計劃地公布檔案史料，正本清源，還原民國史的本來面目。與此同時，一些學界同仁也熱切盼望有一個陣地，交流學術心得。再次，中國第二歷史檔案館透過與一史館合辦《歷史檔案》，積累了一定的辦刊經驗，對於獨立主辦一個雜誌，已很有信心。

　　1985年7月，《民國檔案》創刊號正式與讀者見面。創刊號有一篇簡短的「發刊詞」，闡明辦刊宗旨和努力方向。「海內外民國史的研究現正方興未艾。本刊的宗旨正是為民國史研究提供檔案史料，以發表民國檔案史料為主，兼為民國史研究論文提供發表園地，並且聯繫海內外學者，溝通學術交流，繁榮民國史研究。」「本刊將在檔案界和史學界之間起橋梁作用，溝通和促進檔案工作者和史學工作者的緊密結合，共同開發檔案資訊資源，探索研究檔案史料，交流學術成果。」曾三也發來賀詞：「民國檔案是從辛亥革命到中華人民共和國的建立這一時期的歷史檔案，是研究中國革命史非常重要的珍貴史料。我們應當重視它，做好收集保管與整理研究工作。我希望全國的歷史工作者和檔案工作者團結起來，共同做好這一工作。」如果把《民國檔案》的發刊詞與曾三為《歷史檔案》撰寫的賀詞相比較，不難看出，雖然時間僅僅過去五年，但歷史檔案館的工作環境已發生明顯變化。在《歷史檔案》創刊時，歷史檔案是向「向國內史學部門和有關科研部門開放」，而到了《民

國檔案》創刊，則已強調「海內外」，開放的步伐已有比較大的變化。此外，《民國檔案》對於檔案界與史學界的合作也更加關注，反覆強調雜誌以發揮「橋梁作用」為己任，而《歷史檔案》則更多地強調「為歷史研究服務」。這個微妙的變化今天已很少為人提及，但它恰恰反映了歷史檔案工作者在改革開放初期對自身使命的思索與理解。

二、編校工作回顧

1985年8月，《民國檔案》編輯部正式成立。編輯部由主編、副主編、三名編輯、兩名編務組成。為了辦好這個期刊，編輯部採取了兩條措施。一是規範來稿處理、編校流程，用制度規避人為因素對期刊產生負面影響；二是主動出擊，邀請名家助陣，提高期刊的知名度。關於第一點，當時編輯部曾制定《<民國檔案>稿件登記、分發、歸檔規定》、《<民國檔案>編校工作流程》等，這些制度後來雖在不同時段根據新聞出版部門的要求有所調整，但其基本精神其實在創刊時即已奠定。關於稿件的登記、分發、歸檔等，這裡想強調一點，這項工作看起來瑣碎，但對《民國檔案》這樣的檔案史料期刊來說卻不可小視，因為《民國檔案》半數以上的稿件為檔案史料。依照相關規定（創刊時《中華人民共和國檔案法》尚未頒布），檔案史料的公布權為檔案館，《民國檔案》刊發檔案史料，係授權公布。質言之，《民國檔案》刊發任何一件檔案史料，即使是片言隻語，也要履行組織程式。為確保期刊在公布檔案方面不出任何問題，所有因履行程式而產生文本，都必須妥善保存，以備日後查考。

學術界對《民國檔案》非常關注。很多著名學者不僅紛紛來電來函詢問刊物籌備情況，為刊物定位、發展方向甚至是欄目設置獻

計獻策，還將自己的最新研究成果投放期刊發表（當然，這與編輯部主動出擊、虛心請益有關）。創刊後前兩期，《民國檔案》發表了高平叔《蔡元培與張元濟》、胡繩武《民初會黨問題》、廖蓋隆《從抗日戰爭勝利談到爭取第三次國共合作》、楊天石《孫中山和中國國民黨改組》、李新《中華民國史序》、來新夏《北洋軍閥史研究札記三題》、王淇《第二次國共合作的歷史回顧———為紀念抗日戰爭勝利四十周年而作》等，名家畢聚，提升了期刊在學界的影響。

　　名家助陣對新生期刊擴大影響雖有一定作用，但期刊能否在學界長久立足，歸根結底，還是要看它能否踐行學術使命。今天，很多人在論及期刊的生命力時，往往會不約而同地喊出「內容為王」的口號，《民國檔案》並沒有在任何一個場合喊這樣的口號，但其近三十年的辦刊實踐卻一直將其奉為圭臬。《民國檔案》的核心內容為檔案史料，史料稿的刊布以學術價值為唯一標準。只要能為學術研究提供某種啟示或能切實解決某個學術問題，無論是一件公文、一份私函、一組統計表，或是一件碑帖、一張照片，均可刊登，並不設置體裁、篇幅限制。試舉幾例。華北事變後，日本「華北駐屯軍」為謀求獨占華北的經濟利益，試圖壓迫冀察行政當局簽訂「華北經濟開放協定」（即「中日經濟提攜八項原則」）。傳統觀點認為，該協定已由宋哲元與田代皖八郎於1936年10月正式簽字，如梁寒冰、魏宏運主編之《中國現代史大事記》（黑龍江人民出版社1984年6月版）1936年10月1日條載：「宋哲元與日本華北侵略軍司令田代訂立『華北經濟開放協定』」。而《民國檔案》1986年第4期刊載之《國民政府行政院有關「華北經濟開發」致實業部函三件》內「宋哲元感電」則稱：「南京。行政院院長蔣鈞鑒：密。中日經濟提攜日方提出已久，迄未與議。職上月在津與田

代司令面談關於經濟開發互換意見,在平等互惠、共榮共存原則上,曾有彼此諒解,為將來宜辦之事項,並無如外傳協定等事......」使這一傳統觀點得以糾正。又如,1990年代初,《陳潔如回憶錄》在臺北出版後,曾引起較大反響,但對於該《回憶錄》的史料價值到底如何評估,學界眾說不一,許多人持保留態度。《民國檔案》在1993年公布了《陳潔如旅美期間致朱逸民函件摘錄(1927年~1931)》,並發表專稿《<陳潔如回憶錄>質疑》,對《回憶錄》敘事失實之處予以澄清。再如,侵華日軍南京大屠殺作為民國史的一個重要課題,其研究的深度與學術影響,與檔案資料開放的程度關係甚大。中國第二歷史檔案館在推進該課題研究方面所付出的努力一向為學界稱譽,《民國檔案》在公布相關檔案資料、引導學者關注這一課題方面應該說也有一定貢獻。其中《滿鐵檔案中有關南京大屠殺的一組史料》(1994年第2、3期)刊發後,不僅受到學界的重視,在學界之外也引起強烈反響,《人民日報》、新華社、《解放日報》、《文匯報》、《新華日報》、《南京日報》、《揚子晚報》及美國《僑報》、德國《新聞週刊》等海內外媒體均作了報導。

截至2011年5月,《民國檔案》已出刊104期,所刊發的檔案史料早已超過千萬字,限於篇幅,這裡當然不會、也沒有必要對所有已刊發的史料逐一介紹或全面評估。清代著名學者阮元說:「學術盛衰,當於百年後論升降焉」,《民國檔案》是否履行了自身的學術使命,百餘期期刊早已呈現在讀者面前,作品本身自會說話,毋庸編者自說自畫。

除了公布檔案史料外,《民國檔案》的另一個重要使命是為學界同仁發表學術心得提供園地。創刊至今,刊物發表的論文亦已逾

千萬字。關於論文的編校工作,這裡謹簡要說明以下幾點:

第一,關於堅持學術本位。黎澍先生曾經指出:「社會科學領域中的學術問題,有些就是政治問題。」(參見陳鐵健《再回顧:中國現代史研究》,載《史學月刊》1998年第6期)民國時期距今不遠,敏感問題較多,一些學術課題往往與現實問題交織在一起,正因為如此,前輩學者李新曾戲稱民國史為「險學」。如何處理學術研究與政治導向的關係?《民國檔案》雖沒有發表專稿討論這個問題,但編輯部的態度是鮮明的,即,《民國檔案》是學術期刊,並非專業的政治理論刊物,必須堅持學術本位。質言之,學術期刊的「導向」,就在於引導學界貫徹實事求是,用科學的態度對待學術問題,杜絕爭寵趨時。以1986年第4期發表的丁日初、沈祖煒《抗日戰爭時期的國家資本》為例。該文運用了大量的檔案史料,分析抗戰時期國民政府國家資本,認為在抗戰的情況下,國民政府擴展國家資本,透過它來統治經濟,使抗戰時期它有利於發展大後方的生產和充實抗戰實力,是應當加以肯定的。文章的最後對「官僚資本」這一「已為群眾所接受」的概念進行了辨析,提出在經濟史研究中不能用「官僚資本」來代替國家資本,以免「造成經濟史研究中的混亂和群眾認識上的偏差」。編輯部收到這篇文章後,曾分送學界同仁審閱,大家都覺得它是一篇高品質的學術論文,但也有人提醒編輯部文章是否涉及一個「導向」問題。眾所周知,官僚資本主義與帝國主義、封建主義並稱「三座大山」,是婦孺皆知的「革命對象」,說官僚資本概念不清是否涉及政治導向?編輯部經過反覆討論,本著堅持學術本位的原則,仍然刊發了該文。事實證明,這篇文章的觀點後來已被學界廣泛接受。

第二,關於弘揚良好學風。良好學風是學術研究的生命線,任

何一家學術期刊，都會聲稱自己以維護良好學風為己任，但是否真正做到了這一點，話語權應該交給作者和讀者，編者毋庸多言，這裡謹交代一下編輯部的幾點做法。一是堅持集體審稿和外審。仲長統說：「天下學士有三奸焉：實不知，詳不言，一也；竊他人之記以成己說，二也；受無名者移知者，三也。」編輯受自身學識、人際關係、工作環境諸因素影響制約，審稿過程中的眼拙現象，很難避免。如何解決這個問題？除了要求編輯努力提高自身素質、如《中庸》所言「有弗學，學之弗能弗措也，有弗問，問之弗知弗措也」外，還要有制度約束。這個制度就是集體審稿和外審。《民國檔案》自創刊後，一直堅持集體審稿，老主編施宣岑、陳鳴鐘曾拿《易·乾·文言》「君子學以聚之，問以辨之」來說明編輯部集體討論稿件的重要性。關於外審，創刊之初，因編輯部人手有限，加之三十年前稿件傳遞不如現在這樣快捷，只有重要稿件才邀請相關領域的專家審閱。1995年以後，絕大多數稿件均送請外審。事實證明，集體審稿和外審制度對於提升期刊的學術品質有非常大的作用。二是杜絕人情稿、關係稿，堅拒版面費。關係稿、人情稿對學術期刊所造成的困擾，曾業英先生曾在《〈近代史研究〉三十年之路與未來走向》（《近代史研究》2009年第5期）中列舉一些鮮活的事例，厭惡之情溢於字裡行間。學術期刊不能脫離學術環境，受時風薰染，當然會有一些關係稿、人情稿試圖向《民國檔案》滲透。值得欣慰和珍視的是，在杜絕人情稿、關係稿方面，主辦單位中國第二歷史檔案館的歷任領導都給予了強有力的支持，創刊至今，從未發生所謂「領導稿」（事實上，困擾期刊的人情稿很多都是「領導稿」）現象。至於版面費，自創刊以來，即有一些作者或以個人名義，或以集體名義，用種種方式誘惑、騷擾。不過，最近幾年，來電來函或本人親至編輯部談用金錢換版面者已基本絕跡，

因很多人已從不同管道瞭解到這是《民國檔案》的「紅線」。三是公平對待每一位學者，既重視名家前輩，又注意提攜青年才俊。創刊之初，為提升刊物的知名度，曾有誠邀名家助陣之舉，但也同樣重視刊發青年學者的研究成果。學術梯隊的新陳代謝是自然規律，青年學者的成長，離不開自身的努力，亦離不開學術期刊、出版界的扶持。一位現在已經很有成就的學者曾在很多場合提及，他投身學界、選擇民國史研究為終身職業，與《民國檔案》發表其大學本科階段的習作很有關係，雖然事隔二十餘年，但當初收到《民國檔案》的用稿通知和清樣時的激動心情仍不時浮現，歷歷在目。據初步統計，向《民國檔案》自發投稿的作者，1995年以前，約占總收稿量的三成，總發稿量中，青年學者約占二成。到了2000年，總發稿量中，青年學者已占四成。近幾年中，更是高達五成，部分年份甚至突破六成。正因為如此，許多大學、研究機構均將《民國檔案》視為青年人的良師益友，鼓勵踴躍投稿，而《民國檔案》也樂於充當人梯，並將此視為刊物對學科建設的貢獻之一。

  第三，關於期刊欄目設置、版式、裝幀等。王若虛在《滹南遺老集》卷三七《文辨》中說：「或問：『文章有體乎？』曰：『無。』又問：『無體乎？』曰：『有。』『然則果如何？』曰：『定體則無，大體則有』。」多年以來，《民國檔案》對於作者投稿，從不設置體裁限制，但堅持必須符合學術規範。不拘體裁，正是昭示「定體則無」；堅持學術規範，則屬「大體則有」。為了編排方便，期刊必須設置欄目，容納不同體裁、類別的文章。創刊至今，已開設的欄目計有：「民國機構」、「民國人物誌」、「年表年譜」、「民國史大事記」、「史料摘編導讀」、「史料辨析史事備考」、「讀檔隨筆」、「讀史札記」、「館藏介紹」、「書評」、「研究綜述」、「館務工作研究」等。其中，「年表年譜」

和「民國史大事記」只開辦了兩年,「民國機構」、「民國人物志」亦在1995年以後取消。這四個欄目從開設到棄用,一方面反映了民國史學科從起步到走向成熟的發展軌跡,另一方面也體現了《民國檔案》關注學界動態、致力推動學術研究的努力。關於這一點,刊物曾在中國第二歷史檔案館建館五十周年館慶時向社會各界坦陳:「《民國檔案》創刊的時候,民國史這一學科剛剛擺脫『險學』的處境,許多基本的史實,尚亟待澄清,有鑑於此,編輯同仁在欄目設置上煞費苦心,除論文、史料辨析、讀檔隨筆等基本欄目外,尚闢有民國人物、民國機構、大事記、名人年表、年譜等。我們的想法是:《民國檔案》不僅是同行們交流心得的園地,還應該起到案頭工具的作用。」隨著民國史研究逐步走向深入,1990年代中後期,出版界對出版民國史工具書給予很大的熱情,《民國檔案》已沒有必要刊發此類文章,騰出版面刊發其他文章已順理成章。總而言之,期刊欄目設計,並非一成不變,應該根據社會需要適時調整。

至於版式、裝幀與四面設計等,它們似乎一直遭到學術期刊的蔑視或忽視。由於編制所限,《民國檔案》創刊至今一直沒有配備專職美編,但這並不表明編輯部輕視此類工作。因為做好此類工作,不僅可增加期刊的外在美感,更是期刊尊重作者、尊重讀者的體現。值得欣慰的是,編輯部的努力得到了社會的認可。2008年度,《民國檔案》在江蘇省新聞出版局組織的期刊封面設計評比中榮獲一等獎。

三、但開風氣與碩果僅存

中國檔案界主辦的期刊,依辦刊宗旨不同,大體上可以分為三類。一類屬工作指導性期刊,如《中國檔案》、《檔案與建設》、

《檔案工作》、《蘭臺世界》、《上海檔案》、《浙江檔案》、《山東檔案》等；一類屬檔案學理論期刊，如《檔案學研究》、《檔案學通訊》；一類為檔案史料類期刊。從服務對象或受眾群體來看，工作指導性期刊和檔案學理論期刊直接為檔案界服務，檔案史料期刊的服務對象則不僅有檔案界，同時還有以歷史學界為主體的學術界與廣大的愛好者。此外，從辦刊歷史來看，工作指導性期刊、檔案學理論期刊在改革開放前早已存在，檔案史料類期刊則是中國實施改革開放國策、貫徹開放歷史檔案方針的產物（如本文第一部分所述）。總之，在中國第一歷史檔案館、中國第二歷史檔案館介入期刊工作以前，中國並沒有一家以公布檔案史料為己任的期刊。也正是因為這個緣故，在很多次檔案期刊年會或研討會上，一些兄弟期刊總會用「開風氣之先」來讚譽《民國檔案》的創辦。

1980年代中期到90年代末，中國檔案界有一個編研工作的空前發展期，不僅各檔案館增加編研人員編制、爭取編研經費、上馬編研專案蔚然成風，國家檔案局也印發《中央、省（自治區、直轄市）和計劃單列市國家綜合檔案館考評內容與評分試行細則》，將編研工作列為檔案館考核評級的重要指標。在這種環境下，全國檔案史料期刊迅速由《民國檔案》、《歷史檔案》兩家發展到近十餘家（這一時期創刊的檔案史料期刊有：《檔案與史學》、《檔案與史料研究》、《江蘇檔案史料》、《北京檔案史料》、《山東檔案史料》、《雲南檔案史料》、《貴州檔案》及中央檔案館與中央文獻研究室合辦的《黨的文獻》等）。這一時期，《民國檔案》的欄目設置、編輯風格甚至是對史料、論文的處理方式，對同類期刊有明顯的示範作用。試舉一例。關於檔案史料中「等因奉此」、「等情奉此」、「各等因奉此」及電文中韻目代日與機關、長官相連時究應如何句讀，經常會有兄弟期刊來電來函詢問，有人甚至以《民

國檔案》已刊發的檔案史料為研究對象,就此問題發表專文。

　　1990年代末,檔案界以檔案館應否從事歷史研究為議題,展開了熱烈討論。這次討論波及人員之眾、發表文章之多為新中國檔案事業史、檔案學說史所僅見,且對日後檔案館工作產生了深遠影響(參見《檔案學研究》1992年第2期)。進入新世紀的前幾年,縮短編研戰線、加強檔案基礎工作成為檔案館業務工作的主題,加之檔案館事業經費普遍不足,檔案史料期刊遭遇空前生存壓力。到2003年年底,檔案史料期刊停辦殆盡,只有「但開風氣」的《民國檔案》和《歷史檔案》仍一本初衷,繼續服務學界。尤有進者,《民國檔案》的版面還有所擴大,由創刊時的標準十六開、136個頁面、四封單色印刷提升至大十六開、144個頁面、四封彩色印刷。期刊作者、讀者如有默誦「彼黍離離」者,當能深切體會中國第二歷史檔案館在服務社會、促進檔案界與學術界合作方面所付出的努力。

四、不虞之譽與未達之知

　　以上對《民國檔案》編輯部的工作進行了回顧。簡要地說,編刊是一種奉獻,默默無聞,為人作嫁,甘作人梯。當然,有耕耘就會有收穫,經過多年積累,不虞之譽每每亦會不期而至:自有所謂「全國中文核心期刊」的說法以來,《民國檔案》即被列入其中;在被大學、科研機構普遍認可的南大學術期刊評價體系(CSSCI)裡,《民國檔案》是上榜期刊;前數年學者們孜孜以求的人大複印資料轉載率和近年備受關注的中國學術期刊網(CNKI)影響因數,《民國檔案》在同類期刊中排位居前;《民國檔案》刊發的檔案史料,很多已被列入「中國檔案珍貴遺產」,這意味著期刊已在中國傳統文化的傳承中留下印跡;2005年第2期刊發的檔案史料

《館藏連雅堂先生復籍更名檔案一組》，檔案原件模擬件被中國共產黨總書記胡錦濤作為特殊禮物，在國民黨代表團訪問大陸時親手贈送連戰，這表明期刊的影響已溢出學術圈外……

　　未達之知是不虞之譽的伴生物。中國第二歷史檔案館的期刊工作已有三十年，《民國檔案》已超過百期，其中的成敗得失，讀者自有公評，編者無自謙的必要，更無辯解的餘地。這裡謹將期刊工作不遠的將來可能要面臨的困惑提出來，向所有關心《民國檔案》的領導、作者請教。其一，從期刊生存的外部環境來看，「期刊轉企」似已是箭在弦上，為期不遠。放眼世界，學術期刊因市場狹小，依靠自身收入維持，還沒有先例，在私募學術出版基金還沒有形成氣候的中國，維繫學術期刊發展的經濟基礎究在何方？此未達之知一也。其二，從期刊生存的內部環境來看，2005年以來，檔案事業管理體制發生深刻變化，全國各級各類檔案館均實施參照公務員管理，從體制機制來說，「參公單位」並無主辦期刊的職責，學術期刊於此應如何應對？此未達之知又一也。當然，任何一項工作，總是在困惑與奮起中前行，《民國檔案》有主辦單位強有力的支援，作者、讀者的關愛，同仁的努力，相信她一定會越辦越好。（戚如高撰稿）

玖　保護技術

　　檔案保護技術工作是確保檔案長期安全保管的重要基礎工作，是實現檔案事業可持續發展的必要基礎和條件。六十年來，本館堅持以檔案安全保管為中心，針對各階段檔案安全保管存在的問題，及時制定有關檔案安全保管制度，積極採取各種檔案保護措施，全面開展了各項檔案保護技術工作，為民國檔案的長期安全保管提供了重要技術支撐。南京史料整理處成立之初，檔案安全保管問題突出，針對當時的情況，史料整理處及時開展了防火、防盜、防特、防蟲、溫溼度調節、檔案修復和庫房維修等保護檔案安全的工作。到1957年，史料整理處開始新建第一棟檔案庫房，檔案安全保管環境得到明顯改善。本館成立以後，保護技術工作在原來的基礎上有了進一步的豐富和發展，溫溼度控制、微縮複製、檔案修復、蟲霉防治、檔案複製和庫房建設等工作成為檔案保護技術工作的主要內容。本文根據檔案保護技術工作的性質和特點，將本館六十年的檔案保護技術工作歸納為庫房建設、庫房環境控制、檔案修復、檔案複製和科研五個方面的內容進行回顧和總結。

一、庫房建設

　　本館檔案庫房建設包括庫房維修和新建檔案庫房兩個方面的內容。南京史料整理處成立之初，檔案庫房條件比較差。一是房屋的品質差，房屋老舊。檔案庫房都是接收過來的老舊平房，電線老化，漏雨滲水的情況比較普遍，檔案安全事故頻發；二是房屋數量少，存放檔案的地方嚴重不足，大量的檔案堆放在一起，沒有上架，有的堆了好幾層，檔案安全存在很大的隱患。怎麼解決檔案的安全保管問題，成了史料整理處當務之急的工作。當時，國家百廢

待興，經濟薄弱，沒有條件馬上建設新的庫房。在這種情況下，史料整理處一方面及時制定有關檔案安全保管的制度，採取一系列加強檔案安全保管的措施，加強檔案安全保管工作；另一方面，立即把庫房維修作為工作重點，從改善檔案保管條件入手，解決檔案安全保管問題。1957年，本館開始新建第一座檔案庫房（現5號庫），此後，又分別在1978年和1985年動工建設3棟新的檔案庫（現2、3號庫和4號庫）。六十年來，本館共新建檔案庫房4棟，總建築面積16000多平方公尺。

（一）庫房維修工作

國史館的檔案原來都保存在淮海路31號，該處占地11.68畝（228尺×264尺），除1棟3層樓房外，其他都是活動房和平房。據資料記載，淮海路31號房原有中式、西式房共28幢97間，美式活動房子四幢，原係國史館史料處，這些房舍本來品質就很差，在國民黨時期又沒有修理。因此，南京史料整理處接收時，房屋已經出現房頂破漏、牆壁傾裂、地板折損、電線殘毀等各種破損情況，住人都有危險，何況還存放了27萬多卷檔案；中山東路309號是原國民黨開國文獻館舊址，占地19.81畝（283尺×420尺），裡面的主要建築是一棟1936年夏建成的3層東方式宮殿樓。南京解放後，檔案組在這裡辦公，接收的檔案也都存放在這棟樓內。除一樓留下二三間作為辦公、宿舍之用外，所有樓上下的房間、走廊和走道，到處堆滿箱篋和麻袋，檔案數量約80萬宗。雖然中山東路的房屋條件比淮海路相對要好，但宮殿樓當時也已經建成15年之久，有些地方開始出現滲漏現象，需要進行維修。

針對檔案安全保管存在的嚴重問題，史料整理處成立以後，立即著手進行庫房維修工作。1951年5月，史料整理處與王義記營造

廠簽訂協定，對淮海路的28處房屋進行修繕，工程總價3300萬元，工期20個晴天；1953年5月17日，與李貴記、姜福興營造廠簽訂房屋修繕協議，對淮海路31號本瓦平房共33間進行修繕，工程總價5641509元，工期20個晴天；1954年4月8日，與南京市建築工程公司第三施工所簽訂合同，對淮海路31號及中山東路309號的房屋屋面進行修理，工程總價17933409元，工期15天；1955年，史料整理處在工作總結中提到，「本年較大的一項工作是完成中山東路庫房的修建工作，使兩年以來漏雨走水的現象可以避免」。從以上資料看，史料整理處成立之初，幾乎每年都進行庫房維修工作，透過維修庫房，改善了檔案的保管條件，加強了檔案的安全保管。

1986年4月，為了改善庫房保管條件，本館對現5號庫進行改擴建。具體內容包括：提高庫房防火等級，增設防火安全設施。屋頂結構改為非燃燒體結構，拆除原有木門窗，改為防火門窗，增設消防排煙設施和火警自動報警設施；提高庫房隔熱能力，增設空調去溼設備。屋面及外牆體均須加設隔熱層，室內要增設空調去溼的機械設備；更換琉璃瓦屋面。1987年4月底，5號庫改擴建工程結束。5號庫經過改造以後，庫房的保管條件得到明顯改善和提高。

（二）新庫建設工作

1.5號庫建設

1956年，史料整理處開始申請建設新的檔案庫，但因地皮問題沒有解決，新庫建設當年沒有啟動。1957年9月，幾經反覆，現5號庫建設工程終於啟動。新庫位於宮殿樓正後方約60米，2棟聯排4層混合結構建築，總建築面積4078平方公尺。到1958年6月底，5號庫建設工程全部竣工，1959年初，5號庫房投入使用。

（1）建設經過：1957年3月，中國科學院南京辦事處上報1957年基本建設工程項目計劃，史料整理處檔案庫專案是其中之一，建築面積2000平方公尺，單價75元，總價15萬元；1957年12月17日，中國科學院批覆南京辦事處1958年基本建設工程項目計劃，該專案計劃中包含史料整理處檔案庫專案，庫房結構為混合結構，建築面積2000平方公尺，單價70元，投資額14萬元；1957年9月24日，5號庫第一棟庫房開工建設，1958年1月25日竣工，建築面積2040.17平方公尺，總造價124000元；1957年12月30日，中科院駐寧辦事處與南京市建築工程公司簽訂合同，建設第二棟檔案庫房，土建面積2038平方公尺，工程總價99723.87元，1958年1月6日開工，6月30日全部竣工。東、西檔案庫實際總造價188405.85元（其中東庫87261.43元，西庫100621.11元，下水道523.31元。）。

（2）設計要求：1957年7月24日，史料整理處對5號庫建設提出了初步的設計要求：庫內溫度夏季為20～25℃，冬季15～20℃，儘量採用絕緣措施；庫內不裝置冷熱機械設備；庫內溼度65％。

（3）庫房使用情況：1959年初，全處人員一起突擊搬運檔案7天，將堆放在宮殿樓的大批檔案搬進5號庫房，並對每間庫房、每個檔案架、每架的兩面和每格都進行了系統的編號，共計完成40間庫房、594個檔案架的編號工作（一樓因堆放尚待整理的檔案，未進行架號的編制）。此後，5號檔案庫一直使用至今，已有53年的歷史。目前，5號庫保存檔案數量約70萬卷。

2.2、3號庫建設

為了解決庫房緊張的問題，1975年8月，本館向省計委申請建

設新庫房，1976年6月省計委批覆同意，1978年3月，現2、3號庫動工建設，1980年底，2、3號庫竣工交付使用。2、3號庫房位於宮殿樓前方（南面）左右兩側，為2棟3層東方式仿古建築，總建築面積4306平方公尺，東、西兩棟樓分別通過廊橋和宮殿樓東、西兩側的平台相連，融為一體。

（1）建設經過：1975年8月，本館向江蘇省革委會申請建設新的檔案庫房，1976年6月，江蘇省計委批覆同意，增建檔案庫房一座，建築面積4400平方公尺，總投資46萬元。1978年3月，2、3號庫動工建設，建築面積4306平方公尺。1980年底，該項工程竣工，2、3號庫交付使用。

（2）設計要求：2、3號庫總的建設要求是做到六防，即防火、防竊、防潮、防塵、防光輻射、防高溫。具體要求是：①為了提高隔熱防潮效果，庫房採用環廊設計。②鐵門鋼窗，外窗有鐵柵，外窗兩層，一層毛玻璃，一層紗窗。③為了防潮又便於通風，門窗要密閉，庫內每間房開四隻落地獨扇窗。④地面全部水磨石，庫內牆壁用油漆或石膏粉刷。⑤庫房地基要升高，最下一層地面須有防水措施。⑥樓頂有隔熱層。⑦房間面積：可放木檔案架（275×51×240公分）19排，約75平方公尺。⑧地面負荷量400公斤／平方公尺，房間地面負荷量為30000公斤。⑨庫內照明都用磨砂燈泡。⑩為防火，在樓頂上裝有水塔1座，數量10～15噸，每層樓都要裝有消防水樁三隻。

（3）庫房使用情況：庫房1層安裝密集架，2～3層安裝金屬固定架，從1982年開始，檔案搬入2、3號庫房，搬入檔案數量約30萬卷。1991年，4號庫投入使用後，2、3號庫房的檔案全部搬入4號庫。從1982年成為檔案庫到1991年檔案陸續搬出，2、3號

庫作為檔案庫房使用十餘年。目前，2、3號庫為辦公和數位化工作場所。

3.4號庫建設

現4號庫建設工程於1985年底動工，1990年11月工程竣工。4號庫位於宮殿樓和5號庫之間，5層框架結構，通過廊橋和宮殿樓與5號庫相連，總建築面積7698平方公尺。

（1）建設經過：1984年5月，國家計委批覆同意本館擴建檔案資料庫，批准擴建面積7800平方公尺，總投資500萬。1985年底，4號庫動工建設。因為5號庫的改建工程也同期進行，有些改造專案需要和4號庫配套進行。因此，4號庫的建設週期較長，直到1990年底，4號庫工程才竣工並通過驗收，歷時近5年。

（2）設計要求：①根據南京市規劃局批准的建築紅線，4號庫東西長50米，南北寬30米，框架結構，五層。採用平屋頂，綠色琉璃瓦小沿口。②庫房裝具採用密集檔案架。③館內安裝火災自動報警裝置，新庫及電子電腦房安裝「1211」管道式自動滅火裝置。④檔案庫房採用全空調。

（3）庫房使用情況：1990年底，4號庫竣工，1991年，庫房投入使用，1～2層為技術辦公用房，3～5層為庫房，庫房全部安裝金屬密集架。從1991年起，2、3號庫的檔案開始陸續搬入4號庫。4號庫的保管條件較好，不僅維護結構的隔熱保溫性能有了較大的提高，而且安裝了中央空調系統，同時，在5號庫也安裝了中央空調系統。

經過40年的努力，本館庫房從原來破舊的平房發展為全中央空調的檔案庫房，檔案安全保管條件有了徹底的改觀。目前，4號

庫已投入使用20年，保管檔案約150萬卷。

二、庫房環境控制工作

庫房環境控制工作主要包括溫溼度控制、檔案蟲霉防治和檔案消防安全三項工作。

（一）溫溼度控制工作

適宜的溫溼度是保證檔案長期安全保管的重要條件，六十年來，庫房的溫溼度控制工作一直是本館檔案保護工作的主要內容。史料整理處成立之初，就注意到了庫房的溫溼度問題，保管員經常檢查庫房的情況，注意通風，防止檔案潮腐。在調節庫房溫溼度同時，大家還注意對檔案安全保管方面的問題進行及時的分析和總結，不斷提高保管工作水準。1955年檔案保管組上半年工作總結提到，「對庫房空氣流通要注意天氣，夏天西南風和秋季東南風時空氣壓力較大，容易還潮，門窗不能常開，或者不開，如春冬兩季要注意西北風，收掃力太強，灰塵又多，如果不注意，對檔案也有損失。」1958年1月，檔案保管組在五年來（1953～1957）的工作總結中提到，「我組在檔案的安全保管方面，做到沒有任何事故的發生，這是由於我組重視檔案而把它看做是國家的寶貴財富，同時，並適當的調劑庫房的溫溼度，及定期散放殺蟲藥劑。」

5號庫投入使用後，檔案保管狀況有了較大改善，但同時也出現了一個意想不到情況，春夏之交庫房一層很潮溼，地面會積水，相對溼度90%以上，頂樓最高溫度達到34℃。2、3號庫投入使用後，也出現了高溫潮溼的問題。為了解決庫房的溫溼度問題，本館成立技術保管組，專門負責庫房溫溼度控制工作。（1）發動職工開展防溼防潮工作。在溼度最高的一、二層樓，利用電扇通風，用數十個缸子放大量的生石灰和乾木屑吸潮；在庫內外增設測量溫溼

度的設備，每日進行登記，調節庫內外的溫溼度。（2）開展相關研究工作，解決庫房溫溼度問題。1960年，兩個有關庫房溫溼度控制的專案在中科院江蘇分院立項：改裝現有通風洞（減少或避免潮氣侵入庫內）；設計安裝新檔案庫的通風設備（解決新檔案庫的潮溼問題）；1961年，請有關部門協助，作了防止地下水滲透的實驗；1964年，請設計院的同仁到現場，研究解決問題的辦法。（3）採取一系列密閉措施，提高庫房隔熱防潮能力。在庫房增設二道門，製作門簾、窗簾，在庫房門、窗上安裝膠皮墊，在庫房前後通風洞上安裝木質活門，加強庫房密閉性能；將樓頂的通風孔包紮塑膠薄膜、安裝防雨頂蓋，避免雨水直接從樓面及通風孔進入庫房；在庫房樓頂鋪設玻璃棉，在庫房窗戶上安裝泡沫塑料板，防止高溫輻射。（4）利用去溼設備控制庫房溫溼度。1979年，添置4台吸潮器，利用去溼設備控制庫房溫溼度。透過參觀學習，技術組的人員試製成功一台去溼器自動控制儀，在1樓5庫試用，相對溼度大於63%，吸潮器就自動開機吸潮，小於60%，機器就自動關閉，遇有故障和需要倒水時，機器也會自動關閉並發出報警聲。去溼器經過試用，效果良好，為控制好庫房溫溼度提供了重要的技術手段。

  1991年，4號庫竣工，這是本館第一棟中央空調庫房，2、3號庫的檔案也隨即搬入4號庫，5號庫也同時安裝了中央空調。這樣，到1990年代初，本館檔案全部保存在有中央空調的庫房。庫房有了中央空調以後，高溫潮溼的現象得到明顯緩解，溫溼度控制工作的重點有所調整。平時注意觀察庫房溫溼度情況，在特殊天氣（雨天等）和特殊時期（高溫、梅雨期），及時到庫房檢查檔案安全情況，查看庫房有無滲漏情況，檢查空調設備運行情況，對庫房溫溼度控制效果進行分析，對出現的問題，及時採取措施加以解

決。2003年，溫溼度自動控制系統投入使用後，我們透過電腦可以隨時掌握庫房的溫溼度和空調設備的運行情況，能夠及時發現問題，並迅速處置。目前，本館溫溼度控制系統存在的主要問題是溫度控制效果欠佳。在高溫季節，4、5號庫頂樓的溫度較高，主要原因是空調系統執行時間較長，設備老化，風機內的盤管結垢，造成空調系統製冷效果下降，盤管冷量散發差的情況，影響了庫房降溫的效果。下一步準備更換庫房中央空調系統，把庫房溫溼度控制在國家規定的範圍內，為檔案提供一個適宜的保管環境。

（二）檔案蟲霉防治工作

1.早期的蟲霉防治工作

史料整理處成立時，存放檔案的庫房基本上都是破舊的平房，漏雨滲水的情況比較普遍，庫房環境很難控制；接收來的檔案有被蟲蛀蝕過的，也有已經霉爛的，這些檔案本身就帶有蟲卵和黴菌孢子，當條件適宜時，害蟲和黴菌就開始生長、繁殖。因此，當時史料整理處檔案生蟲長霉的情況比較多，檔案蟲霉防治工作成了檔案安全保管的一項經常性工作。①注意庫房通風，降溫降溼，保持空氣流通、清新，破壞蟲霉的生長環境。②對潮霉的檔案進行曝曬，去潮除霉（當然，從保護技術的角度看，這樣做是不科學的）。③在卷內、檔案架上放置樟腦粉防蟲，噴灑滴滴涕殺蟲，定期散放殺蟲藥劑，控制蟲害發生。④定期對檔案進行安全檢查，防止檔案生蟲長霉。

2.庫房蟲霉防治工作

新庫房建成以後，檔案蟲霉防治工作進入新階段，主要工作包括檔案及裝具的防霉、去霉處理，檔案庫房投放防蟲藥、誘蟲板，檔案消毒和殺蟲工作。

（1）檔案及裝具的防霉、去霉

由於歷史的原因，從史料整理處時期到上世紀末，本館檔案及裝具曾經多次出現長霉的情況。5號庫投入使用後，底層出現了潮溼現象，庫房溼度較大，有少量的檔案受潮長霉。當時的做法是用毛刷將檔案上的黴菌刷掉，然後將檔案晾乾。此項工作一直延續至秋季，才告結束；1984年，技術組對5號庫二、三樓400只檔案架上的霉斑進行處理；1987年，組織職工、臨時工，對5號庫受潮長霉的檔案進行刷霉、除塵，從1月下旬持續到6月中旬，共處理檔案727965卷；1990年，2、3號庫新的檔案卷盒生霉，用了10多天的時間進行清刷和噴塗藥水處理；1992年，對4號庫投入使用的新庫房（2000平方公尺）、新檔案架（16660米）和新的檔案卷盒（18155只）進行消毒、防霉處理。對1000多盤出現水漬、黏連和霉斑的微縮膠片進行水洗處理；1996年秋天，對9000多個檔案盒進行除霉處理；1998年，對1萬多個有霉斑的檔案盒進行除霉處理；2010年，本館開展檔案封存工作，對2個庫房共3萬多卷檔案進行了消毒、除塵處理。

（2）投放防蟲藥和誘蟲板

5號庫建成以後，雖然檔案的保管條件得到了改善，但庫房的溫溼度條件仍然不理想，容易滋生蟲霉。因此，我們一直在庫房投放防蟲藥和黏蟲板，以驅避和殺滅害蟲。具體情況是：1965年在5號庫房投放了樟腦丸350公斤；1980年，技術組的人員自己動手，製作了80多張防蟲紙用於檔案防蟲；1996年，在4、5號庫房投放香茅草；2002年，在庫房投放DA91防蟲藥，在檔案利用場所投放8個電子驅蟲儀；2003年，在庫房投放黏蟲板56張；2006年，投放DA99防蟲藥5萬袋，黏蟲板50張；2007年，利用五一假期，採

用「太陽」牌防霉驅蟲劑，加大用藥量，對庫房進行密閉薰蒸處理，並投放防蟲藥4萬袋。在庫房投放黏蟲板50餘張、昆蟲誘捕器6個。採用陝西師範大學歷史文化遺產保護研究中心研製的防霉劑對圖書進行防霉、除霉處理；2008年在全館檔案、圖書庫房投放防蟲藥，繼續開展圖書防霉、除霉工作；2009年繼續在庫房投放黏鼠板；2010年在庫房投放樟腦精塊，投放誘蟲板40張；2011年，投放「樂春天」牌防霉驅蟲藥6萬多袋，誘蟲板16張。

（3）檔案消毒、殺蟲工作

1964年，5號庫四樓1庫檔案架上發現害蟲，當時殺滅害蟲的方法是用注射器向檔案架上的蟲孔內注入2、3滴二二三乳劑，隔兩三天再進行補射，殺蟲效果很好。在接收來的檔案中也發現蟲害，用「敵敵畏」將之殺滅。將5號庫二樓5庫200尺檔案從庫房中搬到東小亭，進行隔離殺蟲；1980年，5號庫發現皮蠹和粉蠹，用注射藥物的辦法進行處理；1983年，將接收的70麻袋（200尺）檔案送到糧庫進行薰蒸殺蟲處理；1986年，將本館積存多年未整理的2188麻袋檔案送到糧庫進行消毒殺蟲（磷化鋁薰蒸）；進入21世紀，一些新的檔案消毒殺蟲方法在本館應用。2002年開始利用冷凍殺蟲技術，對2萬多卷財政檔案進行消毒殺蟲處理。從2009年開始，利用電子消毒技術，對入庫的檔案進行消毒處理。

3.白蟻防治工作

1995年，館區發生大面積白蟻出飛，嚴重威脅檔案的安全。國家檔案局專門發來加急傳真電報，對白蟻防治工作提出指導意見。根據館局的意見，本館立即組織力量，採取多種辦法，迅速殺滅了白蟻。此後，白蟻防治工作一直是保護技術組的一項重要工作，十餘年堅持不懈，有效控制了白蟻的滋生和危害，保證了檔案

和財產的安全。在工作中，我們堅持以防為主，防治結合的思想，一方面積極採取預防措施，防止白蟻危害檔案，另一方面及時殺滅出飛的白蟻，防止白蟻的滋生和蔓延。具體的工作包括：對庫房、辦公樓以及樹木、樹椿、草地等場所進行認真檢查，瞭解白蟻的活動範圍和滋生的重點區域；在庫房紗窗上噴塗長效殺蟲藥，防止白蟻進入庫房；在館區埋設誘椿，以洋蔥、白糖為引誘劑，集中誘殺白蟻。歷年來，共埋設誘椿630多根，誘殺了大量白蟻；使用砷酸鈉水溶液，滅蟻靈等專用藥物，殺滅環境和建築物中的白蟻；使用「潔利33」等噴霧劑，及時殺滅出飛的白蟻。

（三）檔案消防安全工作

史料整理處成立時，庫房破舊，耐火等級低，電線老化，火災隱患大。面對這種情況，史料整理處一開始就把檔案防火工作作為一項重要工作來抓，從組織、設備和管理制度三個方面保證檔案免受火災危害。在全處成立了治安保衛小組，負責檔案安全保衛工作；在全處和庫房周圍布置滅火機、滅火彈、太平桶、沙箱等設備；在管理制度上，定期檢查消防器材，及時更換到期的藥液。嚴禁工作人員在整理檔案時吸煙，組織人力值班守夜，確保檔案安全。平時工作中，注意對電燈電線的管理，不讓它們靠近檔案。嚴格執行值星值夜制度，換班時雙方必須在全處巡邏一次，以明確責任。

隨著新庫建設的進行，本館消防設施和器材不斷改善，防火能力有了明顯提高。1976年，在2、3號庫的設計中，對消防設施提出了具體的要求：在樓頂安裝水塔1座，數量10～15噸，每層樓安裝消防水椿三隻；1978年，為了加強防火安全工作，本館成立了義務消防隊，並對庫房和檔案進行了安全檢查；1986年，5號庫改

造開始，其中一項主要內容是提高庫房防火等級，增設防火安全設施，確保檔案安全保管。庫房原來是木結構屋頂，木門窗，屬於三級耐火結構。改造後，屋頂結構改為非燃燒體結構，拆除原有門窗，改為防火門窗，增設消防排煙設施和火警自動報警設施。這是本館首次在庫房安裝火災報警探頭，實現火災自動報警，保證在最短的時間內發現火情，為及時撲滅火災贏得寶貴時間；4號庫消防設計更加進步，消防系統防火、滅火能力進一步提升。4號庫消防系統建立以後，本館庫房具備了火災自動報警和自動撲滅的功能，能夠在最短的時間內撲滅火災，把火災造成的損失控制在最低限度；5號庫原來的防火措施是在走廊放置手提式滅火器，1987年庫房改造完成後，5號庫增加了自動報警功能。1998年，又在每間庫房安裝4個懸掛式滅火器，實現報警與滅火結合，提高了庫房的防火、滅火能力；2006年7月，本館成立消防系統升級改造工程小組，對4號庫1211管道消防系統進行升級改造，2007年系統改造完成，4號庫消防系統改為七氟丙烷管道滅火系統；2008年，為了監控庫房火警情況，在所有庫房安裝了紅外監控探頭。從此，本館庫房全部實現火災自動報警、監控和自動滅火的功能。

三、檔案修復工作

檔案修復工作是針對檔案實體開展的搶救性保護工作。本館檔案數量龐大，年代較久，檔案破損情況比較嚴重，需要修復的檔案數量較大。據初步估計，破損嚴重的檔案占館藏量0.5%～1%，約1萬卷；一般破損的約占館藏量10%～15%，約15萬～20萬卷。六十年來，經過幾代修復人員的努力，本館已完成470多萬張破損檔案的搶救修復工作。

（一）破損檔案修復情況

從現有的資料看，最早有修復工作記錄是在1955年。1955年4月，檔案保管組在工作總結中提到，「裱糊與裝訂職員錄21冊」。此後，在1956年、1972年和1980年先後招進了幾名職工從事修裱工作。此外，為了加快修裱工作進度，本館還聘用臨時工和勞務派遣人員從事檔案修復工作。1987年10月，為了配合檔案微縮工作，加快修裱進度，本館向部隊租用房屋，擴大修裱場所，成立檔案修復社，聘用30～40名臨時工從事修裱工作，修裱速度大幅度提高，滿足了微縮工作的需要。1989年底，4號庫投入使用，檔案修復社遷回，歷時2年，完成檔案修復201萬張。回遷以後，修復組繼續聘用部分臨時工從事修裱工作，一直到1997年，前後近10年；2009年，為了配合館藏檔案數位化工作，本館以勞務派遣的形式，聘用4名莫愁職業技術學校古籍修復專業的大專畢業生從事修復工作（有1人合約到期離職）；2010年，又聘用5名該校畢業生；2011年，再聘用2名，加上2名外聘退休人員。目前，修復組外聘人員為12人。

　　為了更清楚地瞭解本館歷年來檔案修復的情況，根據目前查閱到的資料，我們進行了匯總和統計，具體情況見下表：

歷年檔案修裱情況統計表

年代	修裱檔案名稱	數量（張）	備註
1955	職員錄	21冊	1995年下半年，檔案調閱量大幅增加，在檔案保管組內成立修復室
1957		28313	該數字為1955-57年完成修裱數量
1958	霉爛檔案	24836	1951-1958年九年檔案修裱總量為84431張
1959		6030	
1960		1738	
1961	霉碎檔案	14422	
1962	霉損檔案	15884	
1963		20836	
1964	行政院等	35617	
1965	三	11218	
1971		21113	
1972		22276	
1973		44759	
1978	財政部	10961	
1979	北洋等全宗	15372	
1980	北洋檔案等	15469	截止到1980年共修裱檔案320126張
1981	北洋、臨時政府	14120	
1982	英文檔案	9101	
1983	英文檔案	10608	
1984		12447	
1985	南京臨時政府	9662	
1986		12171	
1987		65120	
1988		1049661	

1989	北洋及七八七全宗	911888	
1990		244630	到1990年底，共完成檔案修復2659534張
1991		187684	
1992		160311	
1993		234613	
1994		287453	
1995		186684	
1996		192904	
1997	二（4）、五九三、五三九、四三九、三	151395	
1998		31556	這幾年本館開展2188零散檔案整理，和外單位搞合作項目（如：郵電、中國銀行、人民銀行等），抽調部門人員參加檔案編頁、掃描等工作；部門開展時對外縮微合作項目（平安保險公司和南京軍區檔案館縮微項目）。因此，檔案修復數量有所減少
1999		840	
2000		106	
2001		21200	
2002		8145	
2003	財政	53366	
2004		37080	
2005		62070	
2006		72358	
2007	財政、中研院	81947	
2008		58601	
2009		77915	
2010		148250	到2010年底，共完成檔案修復 4714012張。

（二）修裱技術的進步與發展

本館檔案修裱工作經歷了較長的發展階段，修裱技術也在不斷地改進和發展，例如，乾燥方法的改進、修裱過程中的品質控制、新技術的運用以及對一些修復方法的實踐和探索等。

　　1980年代以前，修裱後檔案的乾燥辦法是將檔案夾在報紙中（先將報紙裝訂成冊，一般30張報紙一冊），然後將報紙放置在炕上進行烘乾。這種方法雖然解決了批量檔案的乾燥問題，但有點費事，遇到陰雨天，檔案不容易乾，需要將檔案從原來的報紙夾中換到另外乾的報紙夾中繼續乾燥；1987年，拆掉了火炕乾燥台，採用大牆和活動板（紙繃）進行乾燥。這是中國傳統的修裱乾燥技術，乾燥速度快，乾燥後的檔案也比較平整，但這種方法只能解決少量檔案的乾燥，如果修復量大的話，就需要有足夠大的場地。檔案修復社成立以後，檔案修裱數量大增，為了解決裱後檔案的乾燥問題，透過學習中央館的經驗，利用木質活動乾燥架和密閉加去溼的方式進行乾燥。這種方法解決了大批量檔案的乾燥問題，不足之處在於檔案乾燥後的平整度欠佳，檔案乾燥下架後，需要進行壓平，增加工作量；2009年，為了配合館藏檔案數位化工作，加快修裱進度，我們擴大了修裱場地，將兩面牆用五夾板做成乾燥牆，解決了大量檔案的乾燥問題，滿足了實際工作的需要。

　　修裱過程中的品質控制，既反映了修復人員的技術水準，也是一件和檔案實體安全密切相關的大事。因此，修裱人員必須切實注意修裱過程中的品質控制，避免對檔案造成新的破壞，把檔案的安全放在第一位。例如，檔案中的染料墨水字跡遇到水就會擴散，在修裱時要想辦法防止字跡擴散。早期的辦法是使用乾糨糊，但裱糊的品質很差，後來採用在字跡上塗油辦法，解決了這個問題；1980年，為了提高修裱品質，修復組在吸取外單位經驗的基礎

上，對去除檔案霉斑進行了一些試驗，採用高錳酸鉀和草酸配合的辦法除掉檔案霉斑，取得了較好的效果；1983年，為了開展雙面字跡檔案加固工作，本館從文物系統引進絲網加固設備，對館藏雙面字跡檔案進行加固；2002年，為了提高修裱速度，本館引進第一臺修裱機，首次開展機器修裱工作。機器修裱集上漿、乾燥、壓平於一體，大大提高了修裱速度，存在的問題是前期處理的工作量較大，需要事先將褶皺的檔案展平，然後才能上機器進行修裱。目前，本館檔案修裱以機器修裱為主，對特別破損的檔案採用手工修裱。

另外，對待檔案磚的問題，修復人員也進行了有益的嘗試。開始的時候用開水燙、隔水蒸的辦法，後來試驗用抽負壓、冷凍等方法來解決，取得了較好的效果。透過工作中的不斷摸索、實踐和總結，修復人員既提高了修復技術水準，也保護了檔案的安全。

（三）絲網加固工作

絲網加固技術是保護嚴重脆化雙面字跡檔案的一種有效手段，1980年代初由文物系統首先研製成功。1983年，本館及時引進了該項技術，籌建絲網機室，開展檔案絲網加固工作。據不完全統計，到目前為止，共完成絲網加固檔案一千多張，有效保護了脆化的雙面字跡檔案。

1983年10月20日，《人民日報》對本館對待珍貴文物《天津學生聯合會報》不負責任的態度進行了批評。但當時雙面字跡檔案的加固在檔案部門還沒有開展，透過和南京博物院的交流和合作，我們瞭解到1982年他們剛研製出絲網加固設備，於是，本館迅速引進該套設備，在11月初，將8張《天津學生聯合彙報》進行加固。此後，本館建立絲網機室，自己動手編織絲網，認真開展絲網

加固工作。從1983年開始，該項工作一直開展至今，一批嚴重脆化的檔案得到了保護。

四、檔案複製工作

檔案複製工作是保護和利用檔案的一種有效手段。本館六十年來，先後開展檔案照相複製、手工模擬複製、靜電複印、微縮複製和檔案數位化等檔案複製工作。現將具體情況總結如下（微縮和數位化的內容見其他章節）：

（一）照相複製工作

1954年，為了對大量重要檔案進行照相保存或供給其他單位應用，史料整理處在史料整理組內設立照相室，開始照相複製工作。1956年下半年，為了適應工作需要，擴大了照相室。此後，照相複製工作一直持續到2003年，整整50年從未間斷，完成了大批檔案的照相複製任務，為民國檔案價值的全面體現發揮了重要作用。2003年以後至今，檔案照相複製的任務基本沒有了，照相技術也由原來的底片感光技術發展成數碼攝影技術，這一階段照相複製工作的主要任務是對有關專案（如「臺灣檔案史料匯編」、「西藏檔案史料匯編」等）中選用的檔案進行數位化翻拍，以滿足印刷出版的要求。到目前為止，本館共印放檔案複製照片95000多張，數位化翻拍檔案122000多張。照相複製工作為檔案利用提供了更加便捷的途徑。

（二）手工模擬複製

手工模擬複製技術是利用手工對檔案原件進行臨摹複製的一種技術，從事手工模擬複製的人員需要具備一定的書法和繪畫基礎，手工模擬複製工作是開展檔案陳列、展覽等檔案利用工作的重要手

段。1981年，本館著手開展手工模擬複製工作，至今已有30年，基本沒有中斷，製作手工模擬複製件4300多張。手工模擬複製工作在檔案利用和對外交流合作中發揮了重要作用。

（三）靜電複印

靜電複印利用靜電影印機對檔案進行複製的一種技術，是一種主要的檔案複製方法。1979年，本館添置了第一臺影印機，開始檔案複印工作，至今已複製檔案200多萬張。靜電複印工作在檔案利用工作中發揮了積極作用。

（四）閱讀複印

閱讀複印是指利用閱讀影印機對檔案微縮膠片進行複製的一種方法，它既能起到保護檔案原件的作用，又能滿足利用者複製檔案的需求。1980～90年代，閱讀複印是一種主要的檔案複製手段。1985年，本館引進第一台閱讀影印機，下半年開始進行閱讀複印工作，至今這項工作仍在進行中。目前，在檔案原件封存，檔案數位化備份正在進行之中的情況下，閱讀複印技術仍然是保護檔案原件的一種主要手段。

為了更加詳細地瞭解本館開展檔案複製工作的情況，現將本館完成各項複製工作的數量列表統計如下。需要說明的是，下表中的數字只是一個初步的統計數字，不是很精確。因為：1.有些工作曾經歸屬不同的部門，工作記錄不完整。2.部門總結中的數字和本館總結中的數字有時不一致，如果出現這種情況，以本館總結中的數字為准。3.有的資料是兩項內容合在一起統計的，沒有分開，無法進行準確的單項統計。

歷年複製檔案情況統計表

年代	印放照片（張）	手工仿真複製	靜電複印（張）	閱讀複印（張）
1963年	2003			
1964年	820			
1965年	1168			
1971年	4500			
1972年	10400			
1973年	2151			
1977年	506			
1978年	298			
1979年	1327		2210	
1980年	733		1649	
1981年	500	14張	45331	
1982年	809	7件２０張	89592	
1983年	2575	5件12張	98635	
1984年	4567	12件20張	164331	

1985年	2342	4件8張	280000	400
1986年	4418	6件8張	210000	
1987年	3325	3件7張	79136	
1988年	1255	12件20張	255955	
1989年	1484	6件9張	108813	
1990年	930	16張	105968	5875
1991年	2476		62489	6800
1992年	1476		69215	4398
1993年	1244	60張		17389
1994年	2162	180張	70398	8000
1995年	10368	16張	66625	2266
1996年	12033	145張	10888	4165
1997年	11214		44738	2945
1998年	668	40張	51000	4375
1999年	1149	250張	10000	
2000年	1200	950張	133224	2012
2001年	291	162張	183406	1650
2002年	1675	303張	46120	
2003年	3147	330張	39800	2741
2004年		290張	47120	這幾年靜電複印和閱讀複印的數量是合在一起統計的
2005年		326張	54630	
2006年	90000	371張	146205	
2007年	8764	330張	168800	
2008年	10000	120張	145000	
2009年	12000	163張	25575	
2010年	2000	187張	65300	
总计	217978	4367張	2882153	63016

五、科研工作

在做好檔案保護工作的同時，本館還進行了一些保護技術方面的科研工作。保護工作者充分發揮主觀能動性，透過對工作中出現的一些問題進行思考、試驗和研究，提高了檔案保護工作水準和解決實際問題的能力，為做好民國檔案的保護工作打下了基礎。

（一）1980年代以前的技術革新

保護技術方面的科研工作在史料整理處時期就開始了。為了做好保護工作，根據當時的實際情況，保護人員自力更生，從零開始，認真開展技術革新，取得了較好的效果。例如，1958年，照相的人員為了更好地完成照相複製工作，自己動手製作稜鏡和閃光燈，為了節約膠片，利用放大紙直接成像。這些技術革新都取得了很好的效果；針對5號庫和其他工作中的問題，史料整理處積極開展了相關研究工作。1960年，中科院江蘇分院確立的重要科學技術研究專案中，史料整理處就有5個：1.改裝現有通風洞（減少或避免潮氣侵入庫內）；2.設計安裝新檔案庫的通風設備（解決新檔案庫的潮溼問題）；3.改進現有的吸塵器（解決庫房地板上的塵土），設計改裝吸塵器配合整理工作；4.設立簡易消毒室（對大批檔案進行消毒）；5.設立除塵室（對大批檔案進行除塵）。1~4項第一季度完成，第5項第四季度完成。1960年上半年，為了提高修裱速度，本館嘗試進行技術革新，考慮研製一台裱糊機，利用機器代替手工進行修裱。最初研究用機器噴水，後來又想出機器噴漿、下紙、揭紙、烘乾等，想把裱糊工作的全部過程連成一條線，研製一台實用的裱糊機，遺憾的是這個項目沒有深入下去。雖然這個項目沒有成功，但透過試驗摸索和總結，大家積累了經驗，為今後的研究工作打下了基礎；1979年，為了控制5號庫的溼度，技術組的

人員在學習同行的基礎上，試製了一台除溼機自動控制儀，並逐漸在5號庫和2、3號庫進行應用，解決了人工去溼存在的問題，較好地控制了庫房的溼度。

（二）八十年代後的科研情況

進入1980年代以後，隨著檔案事業的發展，檔案保護研究工作進入新階段，除了館內開展一些研究項目外，還積極和有關單位合作，開展保護項目的研究。1983年，本館與南京博物院、江蘇省檔案館和南京市化工研究所合作開展紙張去酸項目的研究（小試），1984年底，專案通過鑑定，1985年，獲文化部科技成果三等獎。在小試完成後，四家單位繼續進行擴大應用試驗（中試），1992年，中試通過鑑定並獲得國家文物局科技成果一等獎；1986年，與五十五所合作，開展紅外字跡恢復試驗。透過試驗發現，紅外恢復技術對檔案中的炭化字跡和褪色的鉛筆字跡恢復效果較好，對褪色、擴散的複寫字跡和圓珠筆字跡恢復效果不理想；1990年，為了研究PM防霉劑對檔案黴菌的防治效果，技術部和第二軍醫大學有關部門合作，開展PM防霉劑應用試驗。為了開展對嚴重脆化檔案的保護研究，技術部與南京圖書館合作，開展「幾丁用於紙張加固」的課題研究；1996年，為了解決破損照片、唱片的加固問題，技術部和江蘇省化工研究所有關部門合作，開展Parylene加固技術對破損檔案加固效果的應用試驗。

除了開展以上合作項目外，本館還完成了局館立項資助的科技專案。1991年，本館二項課題獲得館局立項，一是「靜電複印對檔案文獻的影響」，二是「館藏檔案完好狀況的調查與分析」。1993年，「靜電複印對檔案文獻的影響」課題完成並通過鑑定。1994年，「館藏檔案完好狀況的調查與分析」課題完成。目前正

在進行的專案有「早期唱片檔案數位化搶救研究」、「絲網加固修復雙面檔案圖書資訊操作規範」課題。

　　此外，我們還注意對實際工作中的一些問題進行試驗、總結和研究，以提升保護工作水準。例如，1995年，本館出現白蟻大面積出飛的情況，為了控制白蟻危害，保護組一直把白蟻防治工作作為一項主要任務來做，透過多年的工作，有效控制了白蟻的發生和危害，在檔案館白蟻防治技術方面也積累了一些經驗，在此基礎上，2002年4月5日，在南京市科技局科技成果處主持下，本館開展的「檔案館白蟻防治技術研究」課題通過專家組的鑑定。當年，課題組以「一種便於滅殺白蟻的引誘劑」為名稱，申請國家發明專利，2005年8月17日，獲國家智慧財產權局頒發的發明專利證書，專利號：ZL02137981.5；國際專利主分類號：A01N65/00。

　　縱觀60年的發展，本館檔案保護技術工作經歷了從無到有、不斷豐富和發展的不平凡歷程，為民國檔案的長期安全保管提供了重要技術保障。從發展歷程看，本館保護技術工作經歷了安全保管、技術保管和保護技術三個發展階段。史料整理處成立之初，檔案保護工作以安全保管工作為主，主要是防火、防盜、防蟲、溫溼度調節和檔案修復等工作，雖然工作內容比較多，投入的精力也比較大，但整個工作還是處於起步階段，檔案保護工作的技術含量和水準都不高。因為大家都是從頭學起，沒有經驗可以參考，需要自己在實踐中摸索，不斷積累經驗。1959年初，5號庫投入使用後，庫房出現了高溫潮溼問題，史料整理處成立了技術保管組，專門負責庫房溫溼度控制工作。檔案安全保管工作開始向技術保管方面發展，原來只是透過簡單的開窗通風來調節庫房溫溼度，現在開始以溫溼度監測、密閉和去溼三者結合的技術來控制庫房溫溼度，檔案

安全保管工作的技術含量在增加。隨著時間的推移和工作的不斷深入，溫溼度控制的技術和水準也在不斷的改進和提高，檔案庫房環境明顯改善，檔案安全有了基本保證。進入1980年代，中國開始實行改革開放政策，社會經濟進入大發展階段，歷史檔案的開放政策進一步促進了本館檔案事業的發展，檔案保護工作的內容得到進一步豐富和發展，微縮複製技術作為檔案保護工作的一項新內容在本館發展建立起來，成為檔案保護技術的一項重要內容。此外，檔案修復技術、蟲霉防治技術、庫房建築技術、溫溼度控制技術等內容也都有了很大的發展和進步，檔案技術保管工作的內涵進一步豐富，技術保管工作發展成檔案保護技術工作。（邵金耀撰稿）

拾　檔案管理現代化

　　檔案管理現代化主要是指用現代科學管理的理論、思想和方法，以及現代科學技術和設備管理檔案，以提高工作效率，最大限度地延長檔案壽命，發揮檔案的作用。

　　本館的現代化管理建設時期自1980年代初起，到2011年已走過30餘年的發展歷程，檔案管理的現代化建設從微縮複製、電子檢索、檔案全文數位化及光碟存儲發展到館資訊化系統工程的全面建設，如今已形成了檔案業務管理系統、辦公自動化系統、檔案數位化管理系統及館外部門戶網站資訊發布平台等組成的全館檔案管理現代化體系，尤其在檔案全文數位化及檔案資訊利用網路化方面，在中國檔案界均居領先地位。

一、微縮複製技術的運用

　　微縮複製技術是利用攝影的方法，將原件（如檔案、書刊、報紙、工程圖紙、單據等）縮小拍攝在感光膠片上，經沖洗、拷貝加工成各種微縮品。使用時，借助放大還原設備閱讀或複製。微縮複製技術在檔案界有著廣泛的運用，它具有儲存空間小、精密度高、速度快、記錄準確、便於檔案長期保存和利用的特點，適用於各種原文的全文存儲，它保護搶救了檔案原件，延長了檔案的壽命。同時，由於微縮拍攝忠實於原件面貌，因此在《中華人民共和國檔案法實施辦法》第二十一條，《民事訴訟法》第六十一條都明確地規定了微縮品的法律效力。

　　本館早在1980年代初期就開始研究利用微縮技術保護和利用檔案。80年代中期，根據國家檔案局關於《發展我國檔案微縮事

業》的指示和全國檔案館微縮工作會議精神，本館開始有計劃、按步驟地將館藏檔案進行微縮複製，製作了大批民國檔案微縮品。

從1985年起，本館經過近20餘年的不懈努力，微縮複製工作到2000年已經進入到了一個比較成熟的階段，取得了較豐富的實踐經驗。館裡配備了十餘台不同規格的微縮攝影機、沖洗機和拷貝機等設備，建立了以16mm卷式銀鹽片為主，35mm卷式銀鹽片和封套（平）片為輔的微縮品攝製管理系統。1980至90年代，每年可拍攝檔案資料在160萬畫幅以上，最多時一年曾拍攝近800盤約200萬畫幅，並有一項科研成果獲國家檔案局科技進步獎。

2000年至2004年，本館利用合作項目，重點運用微縮技術的優勢，採用35mm膠片，對館藏民國時期香港、澳門地區檔案史料進行了微縮複製，2002年完成香港地區檔案史料專題選編50688畫幅，84盤膠卷製作。2003年攝製完成澳門地區檔案史料專題選編18237畫幅，30盤膠卷製作。2003年攝製海關專題檔案，完成220832畫幅、363盤膠卷製作。迄今，本館檔案微縮複製總畫幅數已在一千多萬畫幅以上。見列表統計：

中國第二歷史檔案館微縮品目錄一覽（至2008年底）

序號	名稱	案卷數	規格	碟數	張數
1	南京臨時政府檔案	全宗	16mm	5	9654
2	陸海軍大元帥大本營檔案	全宗	16mm	4	7619
3	廣州和武漢國民政府檔案	全宗	16mm	17	37086
4	國民政府行政院	全宗	16mm	1043	2817974
5	國中央大學	全宗	16mm	405	1004210
6	國民政府（總統府）	全宗	16mm	849	2297001
7	國民政府（總統府）		35mm	6	3900
8	國防部史政局和戰史編纂委員會	全宗	16mm	746	2029866
9	國防部史政局和戰史編纂委員會		35mm	31	20155
10	外交部駐雲南特派員公署	全宗	16mm	208	511267
11	交通部鐵路總機廠	全宗	16mm	8	21604
12	交通部鐵路總機廠		35mm	1	638
13	北洋政府公報	專題	16mm	51	142513
14	立法院公報	專題	16mm	9	20596
15	立法院公報（汪偽）	專題	16mm	1	3514
16	山西省情當案史料選編	專題	16mm	96	171579
17	山西省情當案史料選編		35mm	5	3250

18	山西省情軍事檔案選編	剪輯	16mm	1	109
19	新加坡(馬來西亞)地區華僑活動與社情檔案史料選編	專題	16mm	18	43748
20	山西省情軍事檔案選編	專題	35mm	16	115400
21	南京國民政府統計檔案資料選編	專題	16mm	4	8783
22	北洋軍閥統治時期的兵變等專題卷	專題	16mm	3	8103
23	國民黨大事典、中國第二歷史檔案館指南、張賽史料	專題	16mm	1	1764
24	寧夏地區檔案史料選編	專題	16mm	29	72677
25	北京地區檔案史料選編	專題	16mm	12	30499
26	宗譜	專題	16mm	9	23883
27	四聯總處理事會會議錄	專題	16mm	13	33610
28	抗日戰爭正面戰場-南昌會戰	專題	16mm	4	13485
29	抗日戰爭正面戰場-隨棗會戰	專題	16mm	4	7944
30	抗日戰爭正面戰場-第一次長沙會戰	專題	16mm	4	10846
31	抗日戰爭正面戰場-桂南會戰	專題	16mm	12	32518
32	抗日戰爭正面戰場-棗宜會戰	專題	16mm	13	34879
33	抗日戰爭正面戰場-豫南會戰	專題	16mm	2	14215
34	抗日戰爭正面戰場-上高會戰	專題	16mm	4	29131
35	抗日戰爭正面戰場-第二次長沙會戰	專題	16mm	7	18823
36	抗日戰爭正面戰場-晉南(中條山)會戰	專題	16mm	2	5382
37	抗日戰爭正面戰場-第三次長沙會戰	專題	16mm	6	16321
38	抗日戰爭正面戰場-常德會戰	專題	16mm	4	10748
39	抗日戰爭正面戰場-豫中(中原)會戰	專題	16mm	4	10327
40	抗日戰爭正面戰場-常衡會戰	專題	16mm	6	16232
41	抗日戰爭正面戰場-桂柳會戰	專題	16mm	4	10488
42	抗日戰爭正面戰場-滇緬會戰	專題	16mm	18	48583
43	香港地區檔案史料選編	專題	35mm	84	50688
44	澳門地區檔案史料選編	專題	35mm	30	18237
45	海關檔案史料選編	專題	35mm	363	220832
46	山西地區檔案史料選編	專題	16mm	92	126341

這些檔案微縮品自1980年代起，已經逐步替代檔案原件對外提供利用；同時，部分微縮品已向海內外發行，滿足了中外學者及

社會各方面研究參考的需求。

2006年以後，本館開始對微縮膠片的類比影像進行數位影像轉換，至今已完成約400萬畫幅，這些電子資料已可透過網路傳輸至利用接待部門，代替原件提供查閱服務。

二、電腦與光碟技術在檔案管理中的應用

本館從1980年代中期開始將電子電腦技術應用到檔案的管理之中，經過近20年的不懈努力，到2000年，已初步建成一套可供查詢的民國檔案案卷級目錄資料，初步建成部門內的局域網，辦公、行政財務部門也逐步配置電腦開始對館人事組織系統及財務引入電腦管理，在保管、整理工作中嘗試運用電腦對檔案目錄進行管理。

隨著資訊化社會的到來，文獻資訊的存儲形式發生了巨大的變化，光碟已成為資訊存儲的主要載體。檔案部門已開始使用光碟作為檔案資訊的存儲介質，光碟由於具有海量存儲等特點，問世後也已成為檔案界關注的一項新技術。微縮、電腦、光碟三項技術設備在1980、90年代至2000年期間已成為檔案管理現代化的主要技術手段。

光碟是用鐳射和光學系統讀寫的光存儲資訊載體。光碟有存儲容量大、資料存取方便、歸檔壽命長、單位資訊存儲價格低和易於保存等優點，可以用作歸檔載體。

本館採用光碟技術用於民國檔案的管理始於1990年代末。1998年原郵電部文史中心與本館合作開展的民國時期郵電檔案整理工程，經過認真調研和前期準備，結合該專案的合作需求，於當年建成一定規模的電腦掃描資料流水作業工作室和光碟資料燒錄系

統，與中國人民解放軍理工大學聯合開發出實用的檔案資料快速掃描軟體。經過2年多的努力，完成錄入館藏郵電檔案的全文資訊超過380萬頁，刻製了一批便於保存和檢索的資料光碟。自1997年至2004年，先後完成與中國銀行（82.2萬頁）、中國人民銀行（83.9萬頁）、中華人民共和國煙草專賣局（52萬頁）、黃河水利管委會（21.3萬頁）等諸多單位的民國檔案光碟製作與整理的專案。至2004年，本館檔案光碟製作並儲存的總畫幅數達760餘萬畫幅。

三、檔案資訊化建設概況及成就

　　檔案資訊化建設是指運用資訊技術提高檔案工作現代化水準，重新思考檔案管理的新情況、新原則與新理論，確立網路環境中檔案管理與檔案服務的基本框架與基本方法，實現檔案資訊的社會化服務。

　　檔案作為國家的基礎性資訊資源得到了黨和國家的高度重視，檔案資訊化建設已納入國家資訊化建設之中。中共中央總書記、國家主席胡錦濤指出：「科學技術越來越成為推動經濟發展的階段性因素，尤其要著力抓好資訊化這個關鍵環節，把推進國民經濟和社會資訊化放在優先位置，努力實現資訊產業的跨越式發展。」國務院總理、國家資訊化領導小組組長溫家寶指出：「大力推進資訊化，是黨中央順應時代進步潮流和世界發展趨勢做出的重大決策，是中國實現工業化、現代化的必然選擇，是促進生產力跨越式發展、增強綜合國力和國際競爭力的關鍵環節，是覆蓋現代化建設全域的戰略舉措。」王剛明確指出：「檔案資訊資源的保護與開發利用，是國家電子政務建設的重要內容和基礎性工作」。

　　中央檔案館、國家檔案局領導多次強調：檔案資訊資源是國家

的一項基礎性資訊資源，要用長遠發展的眼光看待檔案資訊資源開發利用工作。

本館於2006年年底被中央檔案館、國家檔案局確定為全國檔案系統檔案資訊化工作十五個試點單位之一，並在2007年9月於福州召開的全國檔案資訊資源開發利用試點工作總結會議上交流了試點工作經驗。

（一）2000年以來本館檔案資訊化建設進展概況

在全國大力推進檔案資訊化建設大背景下，本館亦加快了資訊化建設的步伐，重新思考民國檔案管理的新情況，充分認識到檔案資訊化建設的重要性和緊迫性，對檔案資訊化建設工作進行了部署，取得了一定的實效。

2000年至2004年主要為前期準備時期。包括向上級申請立項、申報一期建設工程經費預算、部署安排本館相關啟動事宜並對系統建設功能的需求進行分析調研。

從2004年年中起，本館以科學發展觀為指導，認真思考和深入研究本館資訊化建設所涵蓋的內容，結合本館館藏檔案的特性，制定了本館檔案資訊化建設的總體目標，即指在國家檔案管理部門的規劃和組織下，在檔案管理的活動中全面應用現代資訊技術，對檔案資源進行數位化管理和提供利用。

建設目標主要包括以下五個大的方向：

一是以本館的外網和各部門內網包括辦公自動化建設為重點，加強基礎設施建設；

二是以檔案檢索查詢、提供利用為重點，加強檔案管理現代化應用系統的建設；

三是以館藏檔案的數位化加工為基礎，加強檔案資訊資源的建設；

四是按照民國檔案的保管整理的要求，研究和制定數位檔案的安全管理標準，以數位檔案存儲設施建設為重點，加強數位檔案的安全管理；

五是以檔案專業人才、電腦專業人才、複合型人才為重點，加強檔案資訊資源管理專門人才隊伍建設。

2004年年中，在館領導的全力支援和推動下，本館的檔案管理資訊化開始正式建設。以下分四個方面介紹：

1.檔案現代化資訊管理系統建設規劃及總體目標

根據本館特點，設計具有檔案管理（包括整理編目、利用查詢、庫房管理、保護技術、檔案編輯、出版等）、檔案數位化、辦公自動化、多媒體館介、網上資訊發布、全文資訊檢索等公用服務所需的資料交換功能的軟體系統。系統的建設，圍繞辦公自動化（OA管理系統）和檔案業務管理現代化兩大目標進行。

系統體系結構

服務器群 — 數據庫

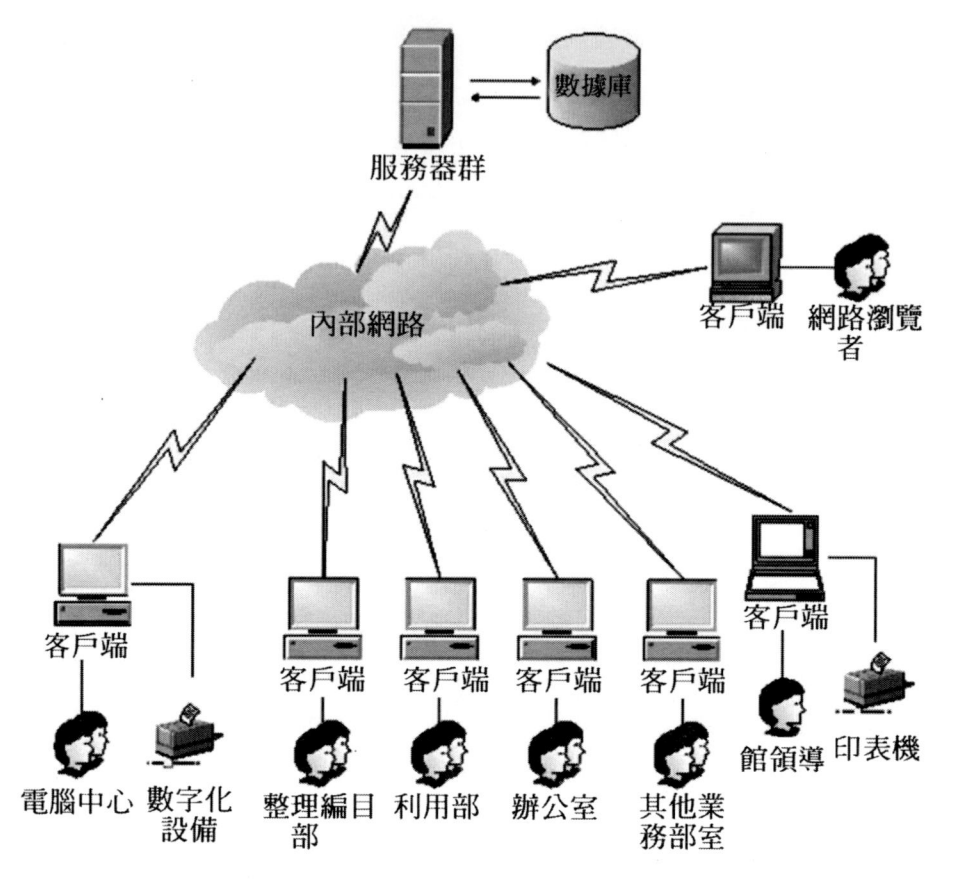

內部網路

客戶端　網路瀏覽者

客戶端　電腦中心　數字化設備

客戶端　整理編目部

客戶端　利用部

客戶端　辦公室

客戶端　其他業務部室

客戶端　館領導　印表機

2.執行資訊系統四大功能

（1）辦公自動化（Office Automation System，OAS）

（2）業務管理現代化（operational control Modernizatio）

（3）檔案數位化（archive digitization）

（4）互聯網資訊發布平台（Internet information publish platform）

總業務資料流程圖

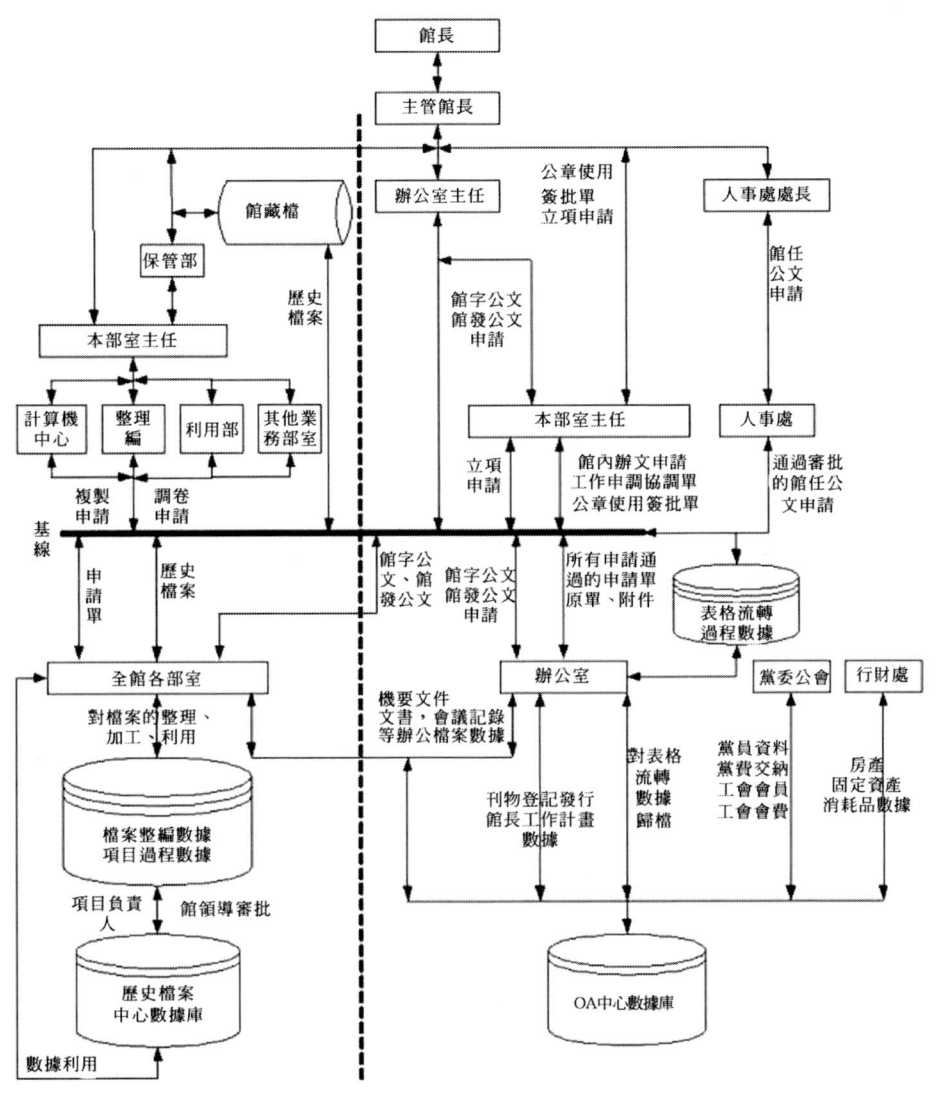

3.執行資訊系統建設進程

2003年12月，本館與北京清華紫光股份有限公司簽訂了「中國第二歷史檔案館綜合執行資訊系統」委託開發合作協定。

2004年3月，經館領導批准，《中國第二歷史檔案館資訊管理

系統應用軟體需求說明書》正式定稿。其設計思路與功能模組的確定，是在充分徵求各相關部門的意見後，經多次修訂形成的。同時，本館又與北京清華紫光股份有限公司先後簽訂了「機房改造網路布線」、「中國第二歷史檔案館外部門戶網站開發」等協議。同年5月，資訊中心機房改造正式竣工，並通過驗收。

從2004年4月份起，本館檔案資訊管理系統建設的軟體發展與硬體設定方案正式上報館局行財司，進入政府採購程式。7月，完成了機房與辦公場所的搬遷，並將館外部網站建設作為當年的重點工作目標先期展開。8月，館藏民國圖書錄入管理系統軟體發展成功投入試運行。9月，正式成立了館現代化資訊管理系統建設工作小組。小組部分成員在赴廣東省、廣州市及深圳特區等省市級檔案館進行調研、學習後，形成了本館現代化資訊管理系統集成方案，並向館領導及館局行財司提交了系統建設方案的實施意見。

2004年10月，本館現代化資訊管理系統建設工作小組對館外部門戶網站運行軟體進行驗收。11月11日，本館外部門戶網站正式建成開通，並於2009年7月進行過一次全面改版更新，更新了網站的版面，增加了網站的功能。本館外部網站自開通以來，其運行狀況及社會效益良好，點擊率已逾150萬。在全國各大檔案網站中位居前列。

2004年12月，館局正式批准本館現代化資訊管理系統的軟體發展繼續與北京清華紫光公司合作。同時，將本館系統硬體設備集成的採購方案上報中共中央直屬機關政府採購中心審批。2005年1月，中直政府採購中心組織專家組對本館現代化資訊管理系統硬體設備集成方案進行論證、答辯，該方案順利獲得通過。

2005年5月底，本館現代化資訊管理系統的網路布線工作正式

展開。至9月，共完成5個樓宇交換機、313個資訊接入點的安裝和布放，還預留了東、西部館區今後建設所需的光纖，並同步完成內部網站控制機房、資料交換機房、主機房的設備安裝。主機房的主要設備選型為：主交換機採用CISCO-4510R；伺服器採用DELL-PE2850、DELL-PV775N；存儲採用DELL-EMCCX300。中心資料庫系統平台在全國檔案系統中屬於一流水準，全館網路結構分為外部網站和內部網站。外部網站對外連接互聯網，適時發布經館領導審批通過後的各類檔案資訊。內部網站由辦公、業務網交互形成內部網路，網路結構為BS結構，充分考慮到本館館藏檔案的屬性，透過設置存取權限，可以確保各類資訊資料、檔、圖像的傳輸存儲安全，同時充分保證各部門職能獨立運行。

2005年10月，本館完成檔案掃描應用軟體升級和設備更新，館內、外數位化加工能力得到提升。同時完成中心機房消防、配電設備的安裝。主機房中心交換機存放裝置開始加電調試，網路平台基本建成。系統應用軟體（辦公、業務管理軟體）也於當年完成開發，進入應用階段。

4.檔案資訊管理系統制度建設

資訊化管理系統建設不僅僅是停留在硬體設施的建設上，也不是一朝一夕的形象工程，而應該是充分發揮系統工程的先進功能，最大限度地發揮機器設備的潛能。制定必要的規章制度、標準，是系統正常運行的保障。

為配合資訊化建設，本館參照國家檔案局、中央檔案館及國家有關管理制度，制定頒布了多項資訊化建設的規定，以確保系統的正常進行。如：《中國第二歷史檔案館外部網站與國際互聯網聯網保密管理規定》；《中國第二歷史檔案館電腦中心網站郵箱保密管

理規定》；《中國第二歷史檔案館電腦中心機房管理規定》；《中國第二歷史檔案館檔案數位化工作室管理規定》；《中國第二歷史檔案館電腦資料交換機房管理規定》；《中國第二歷史檔案館檔案掃描資料場所管理規定》等等。

（二）本館檔案資訊化建設的經驗與特點

1.強化宏觀管理與組織落實

民國檔案作為國家的基礎性資訊資源得到了黨和國家的高度重視，本館領導歷來十分重視檔案資訊化建設。在「十五」期間，在經費不足的情況下，採取對外合作形式，籌集借助外來經費的投入，在檔案整理和數位化建設方面取得了突破性進展。在「十一五」期間每年申請專項經費，持之以恆地加強資訊化基礎設施的建設，推動檔案管理現代化的進程。在「十二五」期間，本館將以檔案數位化為中心，全面加強檔案資訊化建設，以資訊化為標誌的檔案資訊資源開發利用工作，在本館已積累了一些比較成熟的經驗並形成了自身的特點。

2.重視館藏檔案資訊資源數位化建設

檔案資訊化建設包括方方面面的內容，其中最基礎、最迫切的是檔案的數位化處理工作。本館浩如煙海的檔案資料，要經過數位化處理變成電腦能識別和處理的代碼序列，這無疑是一項艱巨的工程，是制約著檔案資訊化建設的「瓶頸」問題。本館自1990年代末至今，始終不渝地重視館藏檔案資訊資源數位化建設，並已取得較大進展。目前已經數位化的檔案資料總量，在國家級檔案館及省部級檔案館中名列前茅。

3.制定相關標準與規範

數位化檔案資訊透過網路系統向社會公眾提供高效快捷的檔案資訊服務，必須要採用一套完整的安全措施，保證網路系統安全性，防止駭客的攻擊和病毒的入侵，使資料和應用系統不被破壞，系統時刻保持正常運轉，資訊傳輸的過程中重要資訊不洩漏或被修改。一套完整的安全措施包含的內容很多，需要在管理上制定嚴格的管理制度。

為了對本館現代化管理系統進行科學的管理，根據館領導要求，參考國家檔案局、中央檔案館及國家有關管理制度、國際相關技術標準，結合本館的實際，擬訂了一系列資訊化建設方面的規章制度及標準。

此外，與系統建設同步，本館相繼制定了多項制度以確保系統的正常進行，提高系統管理人員的技術水準，在技術上，設計切實可行的網路安全性原則，如採用嚴格的身份認證和許可權管理，配置防火牆產品，配備入侵偵測系統和資訊傳輸加密產品，安裝防病毒系統，安裝備份災難恢復系統。在檔案數位化加工的技術標準方面，參照國際標準，結合本館具體情況，摸索制定了一整套資料加工、封裝、遷移、儲存備份及保存的技術標準與參數。從而確保了館藏數位檔案的品質與安全。

四、檔案數位化建設及網路資訊安全建設不斷取得進展

從2009年起，本館根據中央檔案館、國家檔案局的要求，全面加快了館藏民國檔案數位化工程建設速度，重點開始啟動館藏民國檔案全宗檔案整理、全宗及專題（合作開發項目）全文數位化、各類資料庫建設。經過幾年的努力，資訊化建設已經取得新的進展。

本館館藏檔案數位化從對外專案合作到館藏檔案有計劃全面數

位化、從自行組織人員到檔案數位化加工全面外包、從利用外部投入到按計劃申請國家財政投入、從自定技術參數到制定符合國際標準的技術參數、從小規模小範圍數位化掃描到大規模數位化局域網環境平台及數位化資料管理平台建成，本館檔案數位化加工從摸索階段發展到成熟規模化階段，本館檔案數位化工作全面展開，走在了中國檔案界同行的前列，其經驗已在諸多檔案館局推廣參照，產生了一定的影響。從1998年開始檔案數位化至今，本館已完成2100餘萬頁的檔案數位化製作。

（一）結合對外合作專案，利用外部投入，自行組織人員進行館藏檔案數位化加工

自2005年起，本館檔案數位化加工由資訊中心負責管理，採用外聘臨時工作人員進行掃描加工，完成了多個對外合作專案。（1）與國家財政部合作，對館藏國民政府財政部檔案進行整理，並分別進行微縮複製和數位化掃描加工，共完成156萬畫幅；（2）與海南省檔案館合作，完成館藏有關海南地區檔案史料選編的數位化加工，共計7.5萬畫幅；（3）與新加坡國家檔案館合作，完成館藏有關新馬地區檔案史料選編的數位化加工，共計4.8萬畫幅；（4）與廣州市檔案館合作，完成館藏有關廣州地區檔案史料選編的數位化加工，共計30萬畫幅。在這次合作中，本館首次採用JPG格式全彩掃描，並將掃描解析度由原來的150dpi提高到300dpi，使本館檔案數位化資料品質得到了提升。

（二）利用對外合作，合理制定館藏檔案數位化規範，全面提高資料品質

2007年，本館與臺灣中研院近代史研究所合作，對館藏中研院檔案進行數位化加工。根據檔案的具體情況，本館將掃描設備從

A4提升到A3零邊距，數位化參數由300dpi彩色jpg提升到300dpi彩色tif，資料備份從光碟擴展至硬碟、膠片，從而使館藏檔案資料品質得到全面提高，滿足了出版、複製等特殊需求。實現不同載體的異質備份，大大提高了檔案資料的安全性。本次合作將館藏中研院全宗檔案全部數位化，形成該全宗數位檔案50.4萬頁。透過這次合作的成功嘗試，本館在檔案數位化方面積累了豐富的經驗。

（三）申請專項經費，採用外包形式全面開展館藏檔案數位化工作

2009年，本館利用國家財政專項經費，採用外包形式開展館藏檔案數位化工作。一期工程本館透過自行採購的方式，在對多家公司進行調研、考察、評審後，選定了上海強然公司為本館進行檔案數位化加工，共完成館藏教育部檔案數位化249萬頁。2010年下半年，館藏檔案數位化二期500萬頁檔案數位化工程啟動，由國家檔案局委託中央直屬機關採購中心在全國範圍內公開招標，上海中信資訊發展股份有限公司中標。該公司11月進場，到2011年4月份已完成館藏教育部檔案數位化共190萬頁、外交部檔案48萬頁的數位化加工任務，現正在進行館藏社會部檔案的數位化工作。本館檔案數位化加工採用勞務外包、本館專業人員負責全程安全管理和業務指導、品質把關的模式，確保了檔案安全和檔案數位化加工品質，大幅度加快了本館檔案數位化的速度。這一做法也得到了上級領導及業界同行的充分肯定。

（四）為確保檔案資訊安全，適應資訊化發展需要，新建24小時供電新機房

規避風險，必須把檔案資訊安全體系建設放在十分突出的位置，資訊安全是指資訊網路的硬體、軟體及其系統中的資料受到保

護，不受偶然的或者惡意的原因而遭到破壞、更改、洩露，系統連續可靠正常地運行，資訊服務不中斷。

隨著本館檔案數位化工作的大規模展開，每年將產生海量的電子資料，為確保檔案資訊安全，實現電子資料的線上安全備份，便於本館已建成的辦公自動化和檔案業務管理系統的正常運行，根據館領導要求，資訊中心經過認真調研，2010年初提出了本館24小時供電新中心機房建設方案，並於6月邀請檔案界資訊化建設方面的相關知名專家，進行可行性論證，專家們經過實地考量，充分肯定了館領導要求的可行性，論證了新機房的科學性、先進性，形成了專家論證意見。10月份經過公開招標後，確定了新機房的建設單位，啟動了24小時新機房的建設。目前新機房裝修、配電、消防及通風溫控系統已基本完工，系統設備也已進入政府採購程式，年內可建成並運行。新機房按照可持續發展要求，具超前眼光，參照國際標準，新機房設計了專門的風險管理程式，並與原機房形成兩個互為保障的Windows / Linux運行平台並分別做鏡像處理。兩個平台可實行同步運行，存儲量可適時增加，資料可相互備份。新機房建成後，本館下一步要做的就是計劃開展異地備份。

新機房的建成，既實現了本館館藏檔案電子資料的線上安全備份，也使本館資訊化建設走上一個新的臺階。

五、結語

綜上所述，本館的檔案資訊化建設已取得令人矚目的進展，檔案管理水準邁上了新臺階。檔案資訊化建設可以對檔案資料的保管、利用的各個工作環節以及辦公自動化工作提供方便、準確、快捷、可靠的技術服務和手段，把檔案工作人員從繁重的手工勞動、重複勞動中解放出來，使檔案的保管更加安全可靠，利用更加科學

合理,查詢更加迅速準確,加快檔案資訊的處理和流通,提高檔案資訊的利用率,提高檔案管理工作的品質、效率和工作水準。

　　但是無庸諱言,我們仍然存在許多需要改進的地方,檔案工作現代化,需要樹立先進的管理理念,學習科學的管理理論,繼而採用與之相適應的組織機構、組織形式、管理方法和手段,以達到預期目的。至目前為止,我們還沒有發揮資訊管理系統、辦公自動化的全部功能,對資訊系統建設的認識還存在不足。

　　面對中國檔案事業和兄弟館局建設與發展的新形勢、新挑戰,必須樹立依靠科技進步和科技管理的概念,全面加強檔案資訊化建設。檔案資訊化建設是一項耗資巨大、結構複雜的系統工程,必須明確目標,抓住機遇,加強協調,統一建設,重視培養一支高素質的檔案管理人員隊伍,確保檔案資源的安全和保密,實現本館檔案資訊化,推動檔案工作的改革與創新。下一步,我們應更新思想觀念,適應社會的發展,加大檔案現代化管理的投入,提高檔案工作者的總體素質,加快檔案管理現代化進程。

　　資訊化是新世紀檔案事業發展的重要方向,檔案資訊是經濟發展的重要保證,制約檔案現代化管理的因素有很多,如資金、人才等,但起主要決定因素的是人們的現代化意識水準。在以知識和資訊為主要特徵的知識經濟時代,檔案資訊存儲和處理的數位化、收集與傳遞的網路化已勢在必行,本館民國檔案中蘊藏的豐富資訊將在新世紀發展的各個領域,包括祖國統一大業中發揮重要的作用,因此,我們必須加快本館檔案現代化管理建設的進程。(王躍年撰稿)

拾壹　全國民國檔案資料目錄的採集與管理

　　全國民國檔案資料目錄中心（以下簡稱目錄中心）從籌建至今，已歷時近二十個春秋。在全國歷史檔案資料目錄中心領導小組及中國第二歷史檔案館的正確領導下，迄今，目錄中心已在全國範圍內完成了民國檔案全宗級目錄資料和基本完成案卷級目錄資料的採集任務，編輯出版了《全國民國檔案通覽》，建立起一個涵蓋全國各級檔案館所典藏的千萬條民國檔案目錄資訊的全國民國檔案國家總目管理系統。在「邊建設、邊服務」思想的指導下開展了民國檔案資訊服務，初步實現了民國檔案資訊資源分享的目標。回顧過往，目錄中心所走過的每一段歷程都離不開全國各級檔案部門領導的關心與支持，所取得的每一點滴成績都凝聚了目錄中心全體同仁和全國各檔案部門同行的心血和汗水。「十二五」期間，目錄中心將進一步豐富和完善全國民國檔案目錄資訊檢索體系，做好民國檔案資訊資源的共建向共用方面的轉型，真正實現民國檔案資訊資源全社會共用。

一、目錄中心的建立

（一）緣起

　　1980年代初期，中國檔案管理工作正處於從以往的封閉型、半封閉型的管理體制向開放型方面交替轉化的過程。長期以來，舊的檔案管理體制已經阻礙並制約了檔案資訊的廣泛交流和系統開發。一方面，中國的歷史文獻、檔案資料極為豐富，而另一方面因為二次文獻檢索工具的不完備，許多重要的歷史檔案資料長期得不

到宣傳報導和利用,這種現狀與社科情報使用者對檔案文獻資料全面性、系統性的需求是相違背的。據有關部門對中國近現代史研究人員的資料來源進行的分析,單就史學研究工作情況來看,圖書是主要情報來源,約占88.5%,報刊約占8.5%,而檔案和其他資料還不到3%。從這一資料我們也不難看出,中國的檔案資訊對社會的開發利用與社會各界期望相距甚遠。由於中國的檔案工作管理體制是將國家全部檔案分級分地進行保管,客觀上造成民國檔案分別由全國各地一千多個檔案館收藏,各檔案館之間以往互不交流、資訊管道不通暢,而社會各界的利用者更是無從瞭解民國檔案的相關內容和情況。這就給民國檔案的開放利用帶來了極大的困難和不便。為此,檔案界曾展開過一場討論,議題為如何進一步開發檔案資訊資源,將蘊藏在檔案實體內豐富的資訊資源充分揭示出來,為利用者提供系統、準確、全面的檔案資訊,改善、提高各級檔案館的服務水準,滿足社會各方面對民國檔案資訊日益增長的利用需求。透過討論,當時檔案界的有識之士認為解決制約檔案資訊開發利用的方法「就是要把檔案工作納入國家資訊化的軌道,推行檔案工作標準化,採用電子電腦等現代化技術,建立各級各類檔案檢索和交流報導系統。大大提高檔案工作服務水準,使檔案工作成為中國現代化資訊系統的一個組成部分」。進而提出,要實現這一願望的最佳途徑就是建立一個涵蓋全國各級檔案館檔案二次文獻資訊的全國檔案情報檢索系統。至此,建立一個全國性的歷史檔案資料目錄中心的設想也就浮出水面,並呼之欲出。

1983年,在國家檔案局制定的「檔案事業發展八年規劃」中正式提出:「到1990年建立起全國和省級歷史檔案資料目錄中心」,並在當年制定的「檔案事業七五計劃」中再次明確提出以中央檔案館、中國第一歷史檔案館、中國第二歷史檔案館為主分別籌

建革命歷史、明清和民國檔案資料目錄中心的任務，1991年為了加強對三個全國歷史檔案資料目錄中心的組織領導工作，在國家檔案局成立了全國明清民國革命歷史檔案資料目錄中心領導小組，是年10月在南京召開了首次領導小組協調會。會議要求「儘快建立中央與地方檔案資料目錄中心，逐步完善全國檔案系統的檔案資料檢索體系」。

　　1992年，在加拿大蒙特婁召開的主題為「資訊時代的檔案事業」的第十二屆國際檔案大會上提出「資訊時代給現代社會帶來了諸多變化，也向檔案事業提出了重大挑戰。社會正想方設法管理日益膨脹的資訊，這些資訊是各行業取得成功的依靠，而檔案事業面臨的任務是在這一體系中找到自身的位置，確保本事業始終與現代化社會息息相關」。國際檔案界的同行提出的這個問題，具有重要的現實指導意義，如何面對「重大挑戰」，使檔案事業適應並服務於中國現代化建設，是關係到中國檔案事業發展的重大課題。

　　國內日益增長的檔案利用需求和國際檔案大會提出的檔案事業發展的願景，兩者因緣和合，催生了全國明清、民國和革命歷史檔案資料目錄中心的建立。經過兩年多的籌備，1992年4月全國民國檔案資料目錄中心正式成立，初為科組級機構。設在中國第二歷史檔案館，受國家檔案局全國歷史檔案資料目錄中心領導小組及中國第二歷史檔案館雙重領導，擔負著全國民國檔案資訊資源採集、管理及開發利用工作，並負有對全國各省市檔案館民國檔案目錄工作進行業務指導的職能。1997年，為適應業務工作發展的需要，升格為處級機構，成為中國第二歷史檔案館的一個獨立的業務部門。

　　（二）意義

　　目錄中心的建成標誌著中國檔案目錄資訊管理由分散管理向網

路化管理轉變，意味著中國檔案目錄工作進入了一個嶄新的階段，它的建立具有廣泛的現實意義和深遠的歷史意義。

　　1.從中國檔案事業發展的長期戰略高度和全國檔案館網的布局來看，目錄中心的建立是國家檔案館網建設的一個重要補充。回溯中國檔案事業的發展，1950年代至60年代，經過統一規劃，從中央到地方普遍建立了綜合性檔案館，改革開放後又新建了一批專門檔案館和部門檔案館，檔案館網布局進一步趨於合理。但館際之間有計劃、有系統地進行資訊交流與合作開發檔案資訊資源的工作還十分薄弱。還沒有建立起一個有效的、能夠溝通館際資訊聯繫實現資源分享的機制。因此，從建立檔案資料目錄中心做起，逐步健全館際之間的資訊交流與開發機制，無疑是今後完善中國檔案館網建設的一個重要方面。從檔案事業宏觀管理的角度來看，目錄中心建設是國家檔案館網業務建設的一個重要組成部分，其目的就是在全國範圍內建成一套完善的民國檔案目錄資訊資料管理系統，用現代化技術手段進行管理，使之真正成為具有權威性的民國檔案資訊資源總庫，實現民國檔案資訊資源的共用以及館際間的協作交流和互通情報的目的。

　　2.目錄中心的建立從本質上打破了民國檔案資訊按地區、按級次、按全宗的分類管理、檢索的現狀。從歷史的角度看，中國的檔案工作管理體制是將國家全部檔案分級分地進行保管，並且在對檔案進行整理與保管的方法上是按照全宗原則實施。實踐證明，這種管理體制和工作方法在維護檔案實體的安全與完整，維護黨和國家的歷史真實面貌方面一直起著積極的作用，這種體制和方法遵循了檔案的自然形成特點和規律，是切實可行的。但是隨著民國檔案不斷向社會開放，這種管理檔案實體的方式已遠遠不能滿足社會對民

國檔案資訊的需求，不能適應對民國檔案資訊管理和資訊服務的要求，妨礙了對民國檔案資訊的全面開發和利用。目錄中心的建立正是順應對歷史檔案資訊的開發和利用的需要，將反映同一職能活動的歷史檔案資訊從不同的全宗、不同的檔案館集中起來，從根本上打破地域、級次和全宗的界限，真正達到檔案內容反映同一職能活動的檔案二次文獻資訊在目錄中心趨於完整。

3.目錄中心的建立與工作的開展也將進一步促進各級檔案館規範化、標準化、現代化程度的提高，促進各級檔案館自身檢索體系的逐步完善，使各級檔案館的檢索系統逐步參與到民國檔案目錄中心這個大系統中去，使各級檔案館的檢索系統成為這個資訊網路的一個有機組成部分。目錄中心透過採集民國檔案資訊資源並建成資料庫，實現對全國民國檔案資訊資源的集中統一管理。同樣，各級檔案館也可以從目錄中心汲取與自身館藏相關的民國檔案目錄資訊，透過館際間的交流，彌補自身館藏檔案資訊不完整的缺憾。

4.目錄中心的建立可以提高民國檔案資訊資源的開發利用水準，提高全民檔案意識，確立檔案系統在國家情報系統中的地位。

經過近二十年的建設，目前已在全國形成了以目錄中心為核心的，包括相繼建立的省級以及縣（市）級目錄中心的三級民國檔案目錄中心網路體系，目錄中心透過這個體系已完成了全國民國檔案全宗級和基本完成案卷級目錄資料的採集工作，並透過大家不懈的努力，已初步實現了民國檔案資訊資源分享的目的。

（三）目錄中心與檔案館的關係

在目錄中心建設過程中，檔案館是目錄中心資訊資料的本源，各檔案館積極參與是目錄中心目錄體系建成的必要條件。目錄中心只有得到各檔案館的積極支援和大力協助才能逐步完善並有效地開

展各項業務。目錄中心一個最重要的功用就是在全國範圍內將民國檔案資訊匯聚起來，用現代化的管理方法和先進的技術設備對民國檔案資訊有序化地整理，形成檔案資訊中心資料庫，進而構建起全國民國檔案目錄體系，以民國檔案的二次文獻資訊為媒介，實現對一次文獻資訊資源的全面開發和系統利用，充分發揮其整體效益。因為目錄中心不是對檔案實體進行占有，而是著重於對承載於實體上的資訊加以採集與集中管理，並且在相當長的時期內還只是對檔案二次文獻資訊加以管理。這就決定了目錄中心對管理著檔案實體的檔案館存在著一定的依賴關係。亦即目錄中心的目錄體系建設的品質與今後工作開展的水準直接取決於各檔案館對這項工作的重視程度以及基礎工作開展的情況。

　　目錄中心採集的檔案資訊資源在很大程度上是建立在自願、互利和相互信任的基礎上的，各檔案館向目錄中心報送的只是自身館藏的檔案資訊，只能反映某一層面或某一地域的檔案資訊，而從目錄中心回饋回來的卻是全國民國檔案目錄資訊的總和，各檔案館可以從目錄中心瞭解並掌握全國民國檔案的分布情況，透過二次、三次文獻資訊的交流，以檔案影本、微縮膠片和數位化圖像等的形式，實現檔案一次文獻資訊在各檔案館之間的互相交換，以達到豐富館藏、提高檔案館利用工作水準的目的。為了提高檔案館參與全國民國檔案資訊資源建設的積極性，成立伊始，目錄中心就承諾參加報目的檔案館有共用全國民國檔案資源的優先權。同樣，目錄中心的建立也促進了各檔案館自身檔案管理現代化的進程與步伐，為了保證國家總目資料庫的檔案目錄資料相互相容，目錄中心要求各檔案館報送的目錄必須按照統一的格式和標引語言進行著錄標引，這在一定程度上也促進了各檔案館規範化、標準化工作的落實與提高，從而改變以往各檔案館在編目工作中各自為政的做法，加速各

檔案館自身檢索體系的不斷完善。從這個意義上說，檔案館向目錄中心報目的工作，也是檔案館自身業務建設的一個重要組成部分。

二、全國民國檔案目錄檢索體系建設

全國民國檔案目錄檢索體系是全國檔案資料目錄中心建設的基礎工程。其規模與品質對目錄中心的社會服務效益將產生直接的影響。目錄體系建設應本著謹慎、穩妥、從實際出發的原則，結合各個時期檔案館對民國檔案資訊的不斷開發的契機，逐步由簡單到完備，由淺入深，循序漸進地進行。

目錄中心建立之初，就對全國各級檔案館的民國檔案基礎狀況及管理水準做過一次摸底調查，調查的結果是各級檔案館保存的民國檔案的基礎狀況參差不齊，且整體狀況不盡如人意。究其原因，一是民國檔案的數量非常龐大，總量上遠遠超過了明清和革命歷史檔案，客觀上給管理工作帶來了一定的難度。二是民國檔案的管理手段、方法和技術相對來講也較為薄弱。其首先表現在民國檔案的基礎狀況落後，存在著全宗混亂、全宗內缺乏科學的分類、組卷不合理，以及檔案的題名和檔案的實際內容不相符的現象。三是由於以往檔案館將大部分注意力放在對檔案實體進行管理和保護，在工作方法上更多地注重對檔案的實體進行有序化的整理，但在揭示檔案內容的深度和廣度上都與利用需求相去甚遠。四是儘管當時有部分檔案館已經開始嘗試運用電腦對檔案進行管理，但沒有真正形成完備的檔案檢索體系，在檢索的形式和手段上也較為單一，不能全面、系統地揭示蘊藏在檔案實體內的資訊。諸多因素集合，就給目錄中心目錄資料獲取和目錄體系建設工作帶來非常大的難度。

正因為如此，決定了目錄中心建設要遵循「積極穩妥、先易後難、統一協調、分階段建設」的原則，循序漸進地進行。即第一階

段,以全宗級目錄為工作對象,開展全宗級目錄採集工作,建立民國檔案全宗級目錄資訊管理系統,編纂《全國民國檔案通覽》;第二階段,開展案卷級目錄資訊資料的採集,最終建立全國民國檔案國家總目資料管理系統。

第一階段:全宗級目錄資料的採集以及工作目標的實現

(一)全宗級目錄資料的採集

採集全國民國檔案全宗級目錄資訊和資料是完成建立民國檔案全宗級目錄資訊管理系統,編輯《全國民國檔案通覽》前提,也是這一階段工作的重點和難點。根據1992年國家檔案局歷史檔案資料目錄中心領導小組制定的《檔案、資料目錄報送方案》規定,全宗目錄以卡片的形式向目錄中心報送。基於檔案基礎工作任務繁重的情況,方案要求各檔案館在填報民國檔案全宗卡片時要與當時正在進行的檔案館指南編寫工作相結合,以減輕各檔案館填寫全宗卡片的負擔。

全宗卡片著錄專案有:檔案館代碼、全宗號、全宗名稱、立檔單位的性質和職能、全宗內檔案的起止日期、實有案卷數量和長度、檢索工具種類及全宗內檔案內容的概述,其中全宗檔案內容概述欄要求簡要地將反映全宗構成者的基本職能活動、涉及具有全國和國際意義的知名人士、歷史事件及具有地方特色的重要檔案以及特殊載體檔案情況加以介紹。

經過全國近千個檔案館同行的共同努力,到1996年為止,目錄中心完成了全宗級目錄卡片的採集任務,共採集到來自全國各級檔案館報送的全宗級卡片14522多張,從品質上看,除少數卡片存在檔案館代碼、排架長度、全宗內容概述缺項的問題,絕大部分的卡片欄目資料齊全,書寫認真,符合報目品質要求。總體來看,基

本實現了原來既定的工作目標。

(二)建設全國民國檔案全宗級目錄資訊管理系統

民國檔案全宗級目錄管理系統是民國檔案目錄中心民國檔案目錄檢索體系的一個重要組成部分。隨著全宗級目錄資料獲取工作的不斷深入，為了充分發揮全宗目錄的作用，提高目錄資料的管理水準，目錄中心制定了《民國檔案全宗級目錄資料管理系統建設方案》。根據方案要求由目錄中心人員對全宗級目錄資訊和資料進行整理、標引等，由電腦人員編制應用程式，然後將經過前期處理的全宗級資訊和資料錄入電腦，建立起全國民國檔案全宗級資訊資料管理系統。該系統具有管理、統計和檢索功能。目錄中心正是透過這個管理系統的統計功能對全國民國檔案的數量、排架長度、實體狀況、形成時間、內容的重要程度和分布狀況進行調查與研究，透過對資料進行定性和定量分析、評估，實現對全國各級檔案館典藏的民國檔案進行價值評估和價值發現，從而達到對全國民國檔案資訊資料進行系統地統計和全面地普查的目的。

(三)編輯《全國民國檔案通覽》及相關課題研究

《全國民國檔案通覽》是一部系統地介紹全國各級檔案館收藏的民國檔案數量、內容以及有關情況的大型工具書，也是一部全國民國檔案利用的指南。1995年2月，為了早日建立資源分享、互惠互利的機制，有計劃、按步驟地編輯出版目錄中心採集的目錄，全國歷史檔案資料目錄中心領導小組成立了以時任國家檔案局局長、中央檔案館館長毛福民為主任的歷史檔案資料目錄中心編委會，《全國民國檔案通覽》也就相應納入《全國歷史檔案資料目錄叢書》的編寫計劃當中。在建設全國民國檔案全宗級目錄資訊資料管理系統的同時，我們也將採集到的全宗級目錄資訊資料作為編輯的

基本素材，並根據一定的編輯體例進行編寫。經過目錄中心人員的認真編寫、分類編排和審定，最終編纂出一部內容豐富、編排有序、敘述簡明、方便檢索的工具書。該書於2005年12月由中國檔案出版社正式出版發行，全書共十冊，約有450萬字。

1997年，鑑於建設全國民國檔案全宗級目錄資訊資料管理系統和編寫《全國民國檔案通覽》在對全國各級檔案館收藏的民國檔案的價值進行評估和統計以及初步實現檔案資源分享方面有著深遠的意義，目錄中心及時向國家社會科學基金管理部門提出了立項申請，專案名稱為《全國民國檔案通覽》研究課題。該專案的研究得到了社科部門的重視和支持。經社科系統專家的審議，1998年，被確定為國家社科基金資助專案（98BTQ002）。2001年8月，全國哲學社會科學規劃辦公室核准予以結項。

《全國民國檔案通覽》的編纂及課題研究成果是民國檔案資訊資源分享的重要實踐，它從宏觀上向全社會全面宣傳、報導了民國檔案，並為國內外利用者提供了所需檔案的典藏處所，具有廣泛的社會效益。該課題的實踐意義還在於透過對民國檔案資訊資料的採集，加強了全國各級檔案局館與目錄中心的溝通和聯繫，也為民國檔案案卷級目錄資訊、資料的採集、管理、宣傳、報導開闢了新途徑。該課題的研究成果可以直接為各級檔案行政管理部門統一規劃、決策全國和地區民國檔案工作，制定民國檔案各項標準提供科學依據和參考。

第二階段，全國民國檔案案卷級目錄資料的採集以及全國民國檔案國家總目管理系統的建立

民國檔案目錄中心第二階段所要實現的戰略目標是建立起一個擁有1000多萬條，並涵蓋全國各級檔案館所典藏的民國檔案目錄

資訊資料的民國檔案目錄管理系統。案卷級目錄資訊資料管理系統是全國民國檔案目錄體系中最重要的組成部分。它的最終建成將使全國民國檔案資料目錄中心真正成為名副其實的全國民國檔案目錄資訊資料檢索中心。其意義尤為深遠。目錄中心在第一階段工作實施的後期，就開始著手進行了第二階段工作的準備。

（一）採集標準、方案制定及相關課題研究

1.《民國檔案目錄中心資料獲取標準》的制定。民國檔案案卷級目錄資料的採集工作要求嚴格遵循標準化、規範化的原則。《民國檔案目錄中心資料獲取標準》則是規範民國檔案著錄、標引以及資料交換的依據，標準由《民國檔案著錄細則》、《民國檔案分類標引細則》、《民國檔案主題標引細則》、《民國檔案機讀目錄軟碟資料交換格式》組成。標準的研製工作始於1995年下半年，1996年初報經全國檔案標準化技術委員會立項，其間經過多次討論、徵求意見和修改，1997年12月上報全國檔案標準化技術委員會。1998年10月採集標準通過全國檔案標準化技術委員會第七次年會審查，並作為中華人民共和國行業標準由國家檔案局批准發布，標準號為DA/T20-1999，1999年12月1日正式施行。這套系列標準的特點是能適應全國民國檔案目錄中心採集標準化的機讀目錄資料和建立全國統一的機讀目錄資料庫的需要，在著錄列項上以揭示檔案內容特徵為主，採用了主題法和適合於檔案所含情報因素的分類法。

2.《全國民國檔案案卷級目錄資料獲取方案》是有計劃、有組織地進行民國檔案案卷級目錄採集的可靠保證。採集方案的制訂為啟動全國民國檔案案卷級目錄資料的採集工作，建立全國民國檔案檢索體系，開發民國檔案資訊資源，實現民國檔案資源全社會共用

做了全面的部署。1997年目錄中心開始著手制定《全國民國檔案案卷級目錄資料獲取方案》，為使方案更為切合各級檔案館民國檔案管理的現狀，目錄中心做了大量的調研工作。一是向全國各省市自治區檔案局館發出調查提綱，並對收回的材料進行綜合分析；二是到館藏民國檔案數量大的檔案館進行實地調查；三是運用全國民國檔案全宗級目錄資訊管理系統對全國各檔案館的民國檔案數量、排架長度、整理編目狀況等進行整體分析和評估。在此基礎上，目錄中心在兼顧各方、簡單明瞭的思想指導下完成了《全國民國檔案案卷級目錄資料獲取方案》制定工作，並上報國家檔案局。在1998年7月召開的全國歷史檔案資料目錄中心領導小組會議上決定從2000年開始啟動案卷級目錄資料獲取工作，並於2003年逐步建設一個擁有1000多萬條標準化案卷目錄的資料庫，「十五」期間不斷充實完善，投入運行。1999年9月，方案正式經國家檔案局批准，並以國家檔案局中央檔案館127號函的形式下發到各省級、副省級及計劃單列市檔案局館。

　　方案規定了報目時間從1999年開始，至2003年結束。其中省級、計劃單列市、副省級市檔案館在2002年完成報目工作，其他館可根據實際情況，在總的時限內完成報目任務。在報目工作和組織管理上規定以省為單位，即全國民國檔案目錄中心協調到省級負責報目單位；各省檔案局館負責協調本省各級檔案館及其他部門的報目工作。方案還規定了報送民國檔案案卷級目錄的工作目標、報送範圍、方法步驟。

　　3.《民國檔案分類標引自動轉換辦法與程式》的研究。採集方案有關目錄加工使用標準及工具的條款中規定：「凡依據《中國檔案分類法》（1987年版）中《民國檔案分類表》標引的目錄，必

須依據《民國檔案分類表》（1997年版）重新處理。」《民國檔案分類表》客觀上存在著兩個不同的版本，且差異較大。《民國檔案分類表》早在1987年編制完成並出版發行，1997年進行了修訂，時隔10年後修訂的分類表無論從體系結構還是在內容上都較第一版更為合理適用。為了使採集到的民國檔案案卷級目錄資料在分類檢索語言和表達方式上保持一致性，方案要求各地報送目錄資料務必以1997年版《民國檔案分類表》為分類標引的依據，以備建成的民國檔案案卷級目錄資料檢索體系具有統一性。然而，從目錄中心掌握的情況來看，全國部分省市檔案館已按1987年版的《民國檔案分類表》對館藏民國檔案進行了分類標引，其數量約占全國民國檔案總量的40%，約為500萬卷，且大都已經錄入了電腦。如採用手工的辦法使之統一到1997年版分類表上來，勢必要投入大量的人力、物力和財力，且易挫傷各檔案館報送目錄的積極性。因此，如何減少各檔案館在此項工作中的投入，順利完成民國檔案案卷級目錄資料獲取工作，當務之急就是尋求一個方法來攻克這一難題。為此，我們進行了研究和論證，認為兩個版本分類表雖然存有較大的差異，但同時又有著內在的聯繫，只要找出它們之間對應關係，大部分分類號是可以運用電腦進行自動轉換的。之後，我們向國家檔案局作了彙報並提出了課題的立項申請。1999年5月，該項研究被確定為國家檔案局科研專案。在之後的一年多的課題研究過程中，我們對兩個版本分類表進行比較，將概念的內涵和外延相等或相近類目編制成《民國檔案分類表新舊版本分類號對應關係表》，並以此表為核心，研製一套民國檔案分類表分類標引自動轉換程式。2001年，該課題研究工作完成並結項。翌年，又獲得國家檔案局科技進步三等獎。

在課題研究的同時，我們還將課題研究的進展情況通報各省市

檔案局館,已按老版本標引的檔案館對此寄予很高的期望,期待早日研製成功以解決他們的實際困難。同行的期待成為激勵課題組成員工作的動力,經過不懈地努力,目錄中心在較短的時間裡完成分類標引自動轉換程式的研究和各項指標的測試,並得到國家檔案局領導和鑑定組專家的嘉許。二史館的領導也非常重視這一成果的推廣應用,決定將其無償贈予所需的檔案館,並要求目錄中心對這些檔案館在轉換過程中所遇到的技術問題給予支持與幫助。據統計,先後有北京、上海、河北、雲南、吉林、遼寧、廣東、海南、河南、廣西、青島、廈門等19個省市檔案館應用了本課題研究成果對館藏資料進行了有效轉換,共計轉換資料約350萬條。

4.民國檔案分類主題快速標引程式的研製。為了提高檔案著錄標引的速度,有效解決制約檔案自動化水準的瓶頸問題,目錄中心還與青島市檔案局合作,共同研製、開發了民國檔案分類主題快速標引程式。該項研究的目的是要解決分類號、主題詞一體化、規範化的問題,也是對檔案分類與主題一體化的探索,該系統的特點是運用電腦強大的資料處理能力,並結合人的邏輯判斷能力有效提高檔案著錄標引的自動化程度,提升檔案著錄標引的速度與品質。2001年5月在國家檔案局立項,2002年12月完成研究並通過專家驗收。

(二)案卷級目錄資料獲取工作的全面展開

1.組織落實,統籌規劃。全國民國檔案案卷目錄採集工作是一項浩大的系統工程,此項工作自開展以來,自始至終都在國家檔案局統一領導、協調下,採取統一啟動、分級、分步驟實施的辦法有條不紊地進行。為了把目錄採集工作落到實處,國家檔案局不僅要求各級檔案局館把民國檔案報目工作納入議事日程,從人力、物

力、財力上統籌規劃，精心安排，還把各省市檔案局館完成報送目錄的情況納入檔案館升級達標的考核指標，與當年國家檔案局核撥檔案搶救經費相掛鉤。各省市檔案局館領導也對本地區民國檔案目錄採集與報送工作高度重視，北京、天津、江蘇、湖北、湖南、河南、雲南、福建、山西、新疆、寧夏、甘肅、四川等省市自治區檔案局館相繼成立了目錄中心領導小組和目錄中心，上海、重慶、吉林、浙江、廣東等省市檔案局館亦將此項工作落實到具體機構或部門，負責全省市自治區目錄採集、報送工作和本省市自治區目錄中心檔案目錄體系的建設。有的檔案局館領導還親自擔任目錄中心領導小組組長，具體負責報目工作的組織與實施、資金籌措和設備準備等工作。有的檔案局館還把本級報目工作列入檔案工作目標管理考評內容，並多次召開專題會議，對所轄市縣檔案館館藏民國檔案的檔案實體狀況及管理情況進行分析，制定出目錄資料的著錄、標引及資料獲取、匯總的具體步驟和實施細則，把任務落實到具體單位、部門和人員。此外，有的檔案局館還主動派出專門人員，到目錄中心及兄弟省市局館交流取經。

2.統一思想、培訓骨幹。民國檔案著錄標引工作是一項專業性很強的工作，為了提高各檔案館報送目錄資料的品質和著錄標引的準確性，目錄中心在南京舉辦了兩期目錄資料獲取工作培訓班和研修班，對各地檔案館負責報目的人員以及著錄標引人員進行業務培訓。其間，著重講授了民國檔案採集方案對檔案目錄加工製作的要求與著錄、標引的方法。透過培訓、研討和實地演示操作，使參訓人員進一步明確了目標，掌握了民國檔案著錄標引、資料錄入與維護的基本方法。此外，目錄中心還多次派出人員參加國家檔案局歷史檔案資料目錄中心領導小組及江蘇、內蒙古、新疆以及遼寧等省市自治區檔案局舉辦的民國檔案目錄資料獲取工作培訓班的授課，

透過培訓、研討，大家統一了思想，增強了信心，培訓了骨幹，為開展民國檔案目錄資料獲取工作在人員業務素質上提供了有力的保障。

　　3.加強督促指導，解決實際問題。為了能在既定時限保質保量地完成目錄採集工作，目錄中心加強了對全國民國檔案目錄採集工作中各個環節的指導。（1）與各省檔案局館目錄中心或負責報送目錄的部門共同協商，根據各省的實際情況，制定該省的報目計劃和進度表；（2）對各檔案館遇到的難題，譬如題名規範、劃控標準如何掌握、分類表類目內涵與外延、報送目錄的資料格式等諸問題透過電話、信函、E-mail等方式提供檔案業務諮詢和技術支援；（3）編印《目錄中心簡報》，推廣浙江、福建、北京等省市目錄採集與報送工作的先進經驗，對各省提出的共性問題予以解答，通報各省目錄加工製作的進度和動態。（4）對於採集工作開展難度大、問題多、進度緩的檔案局館，全國歷史檔案資料目錄中心領導小組及二史館的領導還親自帶隊赴實地進行督促指導，幫助他們解決實際問題。

　　有了上述強有力的組織領導和各方相互協作保證，目錄中心在既定的時限內基本完成了全國民國檔案案卷級目錄採集任務。北京、江蘇、湖北、武漢、新疆、河南等省市自治區檔案局館在2002年就已經完成全省各檔案館報目任務，浙江、黑龍江、內蒙古、海南、廣西等省市自治區檔案局館完成省檔案館報目任務；浙江、吉林、福建、寧夏、甘肅、內蒙古、江西等省市自治區檔案局館在2003年完成全部報目任務，其餘省份基本上都在2005年前完成或部分完成了報目任務。到目前為止，除個別省份尚有少部分目錄資料未報送齊外，目錄中心共採集民國檔案案卷級目錄資料

1100多萬條。

  4.規範管理、優化整合。隨著全國民國檔案案卷級目錄資料獲取工作不斷深入，目錄中心按照前期制定的《全國民國檔案目錄資料安全管理辦法》、《全國民國檔案目錄資料接收、整合、管理流程》對從各檔案館陸續採集來的目錄資料進行規範化、有序化管理。每當新資料獲取進中心，立即由專人簽收、登記，並及時對照民國檔案目錄資料獲取標準與方案的要求進行檢查，對不符合要求並在後期整合過程中無法糾錯的資料提出整改意見回饋給報目單位，請其修改後重新上報。對符合或基本符合的資料進行備份，並在原有基礎上進行規範性優化整合。原始資料與整合後資料在專用電腦主機和移動硬碟各備份一套，光碟備份兩套，一套存目錄中心保險櫃由專人負責保管，一套移交保管部異地存放。為防止各種存儲資料的介質自然受損，定期對其進行檢查，對存放時間久的光碟重新燒錄並置換。去年，我們又對已整合的32個省市自治區檔案館報送的近千萬條案卷目錄資料進行了滾動式核查，編制各省報目情況表，記錄下基本情況和存在的問題，為各省報送的目錄資料建立檔案。並為下一步系統完善、目錄修正，以及與各省交流提供了依據。

  （三）建設全國民國檔案國家總目管理系統

  隨著目錄資料陸續採集進目錄中心，運用現代化的技術、設備建設全國民國檔案目錄檢索系統事宜就提上了議事日程。2002年，我們採用了超星公司贈予的單機版目錄資料管理軟體，嘗試性地建起民國檔案目錄資訊資源總庫模型，為正式建設全國民國檔案國家總目管理系統探尋最佳模式、積累各項建庫參數。2004年，目錄中心與清華紫光股份有限公司正式合作，共同開發研製全國民

國國家總目管理系統。系統採用大容量資料庫伺服器來存儲和管理資料，透過網路與終端連接，可以多使用者利用民國檔案資訊。目前，一個介面友好、操作簡便的全國民國檔案國家總目管理系統業已建成並投入使用。該系統在結構上分別由國家總目、保密分目、中國第二歷史檔案館分目以及三十四個省級分目組成。國家總目內涵蓋了包括中國第二歷史檔案館及各省級分目所有的民國檔案目錄資料。國家總目和省級分目內所存儲的資料是經過鑑定可以對社會開放的檔案目錄，保密分目內收錄的資料屬於控制使用的檔案目錄，在系統結構上與總目及其他分目分開，利用進入保密分目的這些資料必須履行更加嚴格的手續。從省級分目入手進行檢索，可以查詢到該省區域內各級檔案館所庋藏的所有的民國檔案目錄資訊；從國家總目入手進行檢索，可以打破館際、地域甚至全宗界限在全國範圍內為利用者查詢所需的目錄資訊。除保密分目外，國家總目及其他分目又都由全宗和案卷級兩部分組成。全國民國檔案目錄檢索系統具有系統設置、資料導入、資料匯出、資料轉換、資料備份、目錄查詢、許可權管理、系統維護等功能。該系統資訊容量之大，以及資訊所覆蓋的範圍之廣，都是中國檔案界僅有的，是其他資料管理系統無法比擬的。

在全國民國檔案國家總目管理系統建設的過程中，我們始終遵循《全國檔案資訊化建設實施綱要》及國家檔案局提出的安全體系建設的要求，把確保檔案資訊的安全完整置於首位。檔案資訊安全包含兩層含義，一是防止檔案資訊的洩密，二是防止檔案資訊的丟失和破壞，給黨和國家以及民族利益帶來負面影響，造成不可挽回的損失。檔案安全高於一切、責任重於泰山。為防患於未然，杜絕漏洞，目錄中心制定了《全國民國檔案目錄資料安全管理辦法》、《全國民國檔案國家總目系統安全管理規定》，從目錄資料的接

收、登記、統計、整合、管理各個工作環節以及硬體和軟體方面加強安全防範措施，並在國家總目管理系統與網路之間建立防火牆，嚴防病毒、駭客對系統的惡意攻擊和侵害。登錄國家總目管理系統必須正確輸入利用戶名、密碼，系統在確認使用者身份和所賦予許可權後，才被允許進入相應的庫區。

三、民國檔案資訊資源開發利用

　　服務是目錄中心永恆的主題，是全國民國檔案檢索體系建設的核心所在。1995年3月，當時全國民國、明清、革命歷史檔案資料目錄中心基本上都完成了全宗級目錄的採集工作，標誌著目錄中心已進入由單純目錄採集，向採集與開發並重轉型的新階段。全國歷史檔案資料目錄中心領導小組適時提出「邊建設，邊服務」的指導原則，遵照這一指導原則，對採集到的檔案資料目錄進行深度加工，編寫專題介紹、編制專題目錄，為黨和國家的中心工作及社會各方面提供服務。首先，我們在《民國檔案》等雜誌上宣傳、介紹全國民國檔案資料目錄中心的性質、任務，讓全社會知道目錄中心、瞭解目錄中心，為目錄中心發展營造良好的工作氛圍和社會環境。其次，利用全宗級目錄編輯出版了《全國民國檔案通覽》，並在《民國檔案》上連續刊載了〈民國時期商會檔案介紹〉、〈民國時期東北鐵路檔案介紹〉等檔案專題介紹。在圍繞黨和國家中心工作積極主動地開展檔案資訊服務方面，目錄中心編纂了《民國檔案資訊資源為西部大開發戰略服務》專題，充分挖掘西部礦藏資源、水利資源、農林牧業資源情況以及工業、交通、郵電建設等方面情況的檔案資訊資源，為中央西部大開發決策提供參考。2001年，辛亥革命90周年，目錄中心為配合國家紀念活動，組織專門力量，整理出《全國辛亥革命檔案資料資訊指引》，供有關部門及學

者參考。「SARS」疫情爆發期間，目錄中心在最短時間內做出反應，整理出《民國時期有關疫情防治檔案介紹》提供有關部門參考。2004年，目錄中心根據所採集的目錄資訊，促成了黃河水利委員會與中國第二歷史檔案館的合作，共同開發民國時期黃河治理檔案資訊資源。

囿於諸多因素的制約，諸如政策因素，以及部分案卷條目題名不合規範、保密鑑定不夠嚴謹等問題，加之資料之浩繁，欲短期內將全國民國檔案國家總目直接面對全社會公眾用戶開放是不現實的，也是對黨和國家不負責任的。針對現狀，我們決定結合時事，編製專題目錄以備對外開放利用，目前已編成《辛亥革命檔案專題目錄》、《民國時期世博會檔案專題目錄》、《民國時期災害及防治、賑濟檔案專題目錄》以及《民國時期工商登記檔案專題目錄》等。

2008年，國家檔案局提出了建立覆蓋人民群眾的檔案資源體系和建立方便人民群眾的檔案利用體系的指導思想，其宗旨是要求把為人民服務的根本宗旨及以人為本的理念落實到實際工作中去。根據這一指導思想，在確保檔案目錄資訊的安全保密的前提下，目錄中心擬建一個全國民國檔案全宗目錄資料網路查詢系統，為社會公眾自助查詢民國檔案資訊提供一個便捷的平台。目前，系統建設工作已經完成，待條件成熟即可推向互聯網。此外，中國第二歷史檔案館在其門戶網頁上為目錄中心設計了獨立的分頁，並留有全宗級和案卷級目錄檢索口徑，在政策允許的前提下，有條件地把經過審核，屬於可開放的專題目錄呈現給社會公眾使用者，真正實現民國檔案資訊資源全社會共用。

目錄中心近二十年來所走過的歷程，是一個如何將資源分享的

理想變為現實的過程。在整個建設過程中，我們遵循了「積極穩妥、先易後難、分階段建設」的基本原則以及「邊建設，邊服務」的指導思想，使目錄中心無論在目錄體系建設還是在服務功能和技術手段方面都初具規模。回顧過去，展望未來，在剛剛開局的「十二五」期間，目錄中心將緊緊圍繞黨和國家的中心任務、重要活動、重大部署，充分挖掘和利用民國檔案資訊資源，主動尋找發揮民國檔案價值和作用的管道，不斷提高為黨和政府中心工作服務的能力，為傳承中華文明、服務國家發展做出更大貢獻。

參考文獻：全國歷史檔案資料目錄中心歷次會議紀要。

（潘濤撰稿）

附錄一　中國第二歷史檔案館組織沿革

1949年4月23日南京解放。同年11月在政務院指導接收工作委員會華東工作團南京臨時辦事處下設立了檔案組，負責接管、集中國民黨政府的檔案。後改組由中央文化教育委員會指定中國科學院近代史研究所接管。同時接收原國民黨政府的國史館，於1951年2月1日正式成立了中國科學院近代史研究所南京史料整理處。其任務是蒐集、整理和保管1912年至1949年期間南京臨時政府，廣州、武漢國民政府，民國北京政府，國民黨政府和汪偽政權中央機關的檔案，並從檔案中選編各種史料。

1964年3月，經中央辦公廳批准，南京史料整理處劃歸國家檔案局領導，改名為「中國第二歷史檔案館」，並明確為中央級檔案館，黨的工作和行政工作委託中共江蘇省委領導，業務上由國家檔案局直接領導。1967年10月，經江蘇省委批准成立館黨組。

1967年5月27日，江蘇省軍事管制委員會對中國第二歷史檔案館實施軍事管制。1967年10月，成立了「江蘇省清查敵偽檔案辦公室」。清檔辦公室初期由省軍管會領導，省革命委員會成立後，由省革委會直接領導，1969年後由省公檢法軍管會代管。1973年7月江蘇省委決定清檔辦公室撤銷，恢復「中國第二歷史檔案館」的名稱，改由省公安廳代管。這十年期間，館的一切行政業務經費一直由中辦撥給。

1978年3月，經中央批准，由中國社會科學院近代史研究所接管中國第二歷史檔案館，恢復為中央級檔案館，司局級建制。

1980年1月，經中央批准，中國第二歷史檔案館再度劃歸國家檔案局領導，仍為中央級檔案館，司局級建制。

組織機構演變及負責人任職序列

（一）組織機構演變

1951年2月正式成立中國科學院近代史研究所南京史料整理處。

主任

王可風　1951.2～1964.4

1964年3月國家檔案局接管南京史料整理處，改名為「中國第二歷史檔案館」，1964年3月27日召開成立大會，1964年4月1日起啟用中國第二歷史檔案館印章。

館長

胡敬一　1966.2.～1974.1.3（病逝）

副館長

王可風　1964.4.～1975.3.4（病逝）

副館長

施宣岑　1964年9月～「文革」

1967年5月江蘇省軍管會對二史館實行軍管，同年底成立「清查敵偽檔案辦公室」，由軍管會主任兼清檔辦主任。後縮小班子，由省公檢法代管，為「江蘇省革命委員會政法辦公室清檔辦公室」。1973年軍管結束，恢復「中國第二歷史檔案館」名稱。

1972年12月江蘇省革命委員會政法辦公室清檔辦公室。

負責人

施宣岑　1972.12～1973.3

滕墨林　1972.12～1973.3

1973年3月中國第二歷史檔案館

負責人

施宣岑　1973.3～1973.7

滕墨林　1973.3～1973.7

館長

石明燦　1973.7～1975.2（軍隊幹部調回）

陳濟民　1975.5～1977.12

副館長

施宣岑　1973.7～1985.12（離休）

滕墨林　1973.7～1982.12（離休）

1978年3月中國社會科學院近代史研究所接管中國第二歷史檔案館。1980年1月重新劃歸國家檔案局領導。

館長

李昌文　1978.3～1983.12（離休）

代館長

徐灝　1990.3～1992.1

館長

徐灝　1992.1～1996.10（病逝）

館長

周忠信　1997.6～2003.11

館長

楊永建　2003.11～

顧問

厲國楨　1980.4～1982.12（離休）

副館長

唐彪　1978.～1983.12（離休）

王葆權　1983.12～1992.1（1983.12～1990.3主持工作）

于鴻模　1983.12～1990.1

萬仁元　1986.6～1995.9

趙銘忠　1986.6～1993.2（離休）

周忠信　1995.4～1997.6

段東升　1995.4～1996.6

涂克明　1996.6～2002.11

王道智　1997.6～2006.3

許壽林　1997.6～2002.1

馬振犢　2001.9～

唐全興　2003.12～

曹必宏　2008.1～

機關黨委書記

馬正寶　1997.12～2004.4

副局級

楊明會　1999.4～2009.6

林江信　2003.10～2005.9

館長助理

王道智　1995.4～1997.6

機關黨委副書記

馬正寶　1991.3～1997.12

章建宏　1997.12～2004.4

萬東寶　2004.4～2010.8

夏茂粹　2010.8～

（二）內設機構

辦公室

主任

焦亞軒　1978.7～1984.8

郜成琦　1984.12～1991.1

楊德明　1992.2～1993.4

王道智　1993.4～1997.10

莊興標　1997.10～2004.3

夏茂粹　2004.3～2010.8

孫小華　2010.8～

副主任

陳興唐　1980.1～1985.1

徐偉忠　1984.12～1991.10

楊德明　1988.6～1992.2

李文雲　1988.6～1995.12

盧俊英　1991.3～1994.9

金紹慶　1991.10～1995.6

倪東華　1994.9～1995.12

莊興標　1995.12～1997.10

酈玉明　1997.10～2004.3

楊斌　1997.10～2001.10

師振民　2002.4～

楊智友　2010.7～

人事處

　　1978年7月，人事處改為政工組；1979年改為人事處；1990年3月改為人事保衛處；2005年9月更名為人事處。

　　處長

華明　1978.7～1982.7

楊明會　1991.3～2004.3

孫小華　2005.9～2010.8

任榮　2010.8～

副處長

繆天益　1978.7～1980.

戴鴻模　1981.9～1984.12

楊明會　1984.12～1991.3

林江信　1991.3～1995.8

孫小華　1997.10～2005.9

行政財務處

1995年4月成立。

處長

林江信　1995.8～2003.10

萬東寶　2004.3～2010.8

倪東華　2010.8～

副處長

李文雲　1995.12～2000.11

倪東華　1995.12～2004.4

王鵬　1997.10～2000.11

任長寶　2000.11 ~

謝英龍　2010.7 ~

離退休幹部辦公室

1995年4月成立。

主任

錢杏春　1994.9 ~ 1998.7

肖如成　2003.9 ~ 2004.3

倪東華　2005.9 ~ 2010.8

副主任

肖如成　1997.10 ~ 2003.9

倪東華　2004.4 ~ 2005.9

孫永鑫　2011.3 ~

保管部

　　1978年7月檔案保管利用部成立；1981年4月與整理部合併，成立檔案管理部；1984年12月恢復保管利用部；1990年3月更名為保管部，另新成立利用部。

檔案保管利用部主任

章堅　1978.7 ~ 1981.4

黃麗輝　1988.6 ~ 1991.3

保管部主任

米士龍　1991.3 ~ 2001.7

萬東寶　2003.9～2004.3

王俊明　2005.9～2010.8

保管利用部副主任

徐松山　1978.7～1981.4

楊雪琴　1978.7～1991.3

黃麗輝　1984.12～1988.6

王道智　1988.6～1991.3

米士龍　1988.6～1991.3

錢杏春　1991.3～1994.6

黃成仁　1991.3～1997.4

王俊明　1995.8～2005.9

文俊雄　2009.11～

陳江濤　2010.7～

利用部

1990年3月成立。

主任

王道智　1991.3～1993.4

許壽林　1994.9～1997.9

邵玲　1997.9～1999.4

馬振犢　1999.4～2001.12

曹必宏　2001.12～2004.3

任榮　2004.3～2010.8

楊斌　2010.8～

副主任

呂平　1991.3～1997.12

郭必強　1995.8～1999.7

孫永鑫　1997.10～2011.3

張開森　2002.5～

整理編目部

　　1978年7月檔案整理部成立；1981年4月檔案整理部和保管部合併，成立檔案管理部；1984年12月恢復整理部；1990年3月更名為整理編目部。

檔案整理部主任

趙銘忠　1978.7～1981.4

管理部主任

趙銘忠　1981.4～1984.12

整理編目部主任

趙銘忠　1984.12～1991.3

邵玲　1991.3～1997.9

張玉嶺　1997.10～2002.5

任榮　2003.9～2004.3

楊斌　2003.4～2010.8

王俊明　2010.8～

檔案整理部副主任

黎慶一　1978.7～1981.4

管理部副主任

黎慶一　1981.4～1984.7

楊雪琴　1981.4～1984.7

整理編目部副主任

邵玲　1984.12～1991.3

張玉嶺　1991.3～1997.10

任榮　1994.9～2003.9

馮敏　1997.10～2002.5

張強林　2000.11～

孫武　2002.5～2005.5

蔣耘　2002.5～

史料編輯部

1978年7月史料編輯部成立；1990年3月與研究室合併更名為編研部；2008年4月恢復史料編輯部名稱。

主任

唐彪　1978.7～1982.3

王濤　　1982.3～1985.1

方慶秋　　1985.1～1994.2

蔡錦松　　1995.4～1999.12

曹必宏　　2000.11～2001.12

楊斌　　2003.9～2004.3

郭必強　　2004.3～

副主任

戴瓊瑗　　1979.11～1980.4

高新農　　1980.11～1981.12

國長遠　　1980.11～1981.4

鄒明德　　1981.4～1985.1

魏振民　　1982.3～1985.1

鄭會欣　　1985.1～1988.9

殷華　　1991.3～1996.12

曹必宏　　1995.8～2000.11

楊斌　　2001.10～2003.9

馮敏　　2002.5～2004.8

孫武　　2005.5～

研究室

1981年4月研究室成立；1990年3月與史料編輯部合併更名為

編研部；2008年4月研究室恢復。

負責人

萬仁元　1981.4～1985.1

主任

華明　1982.7～1985.1

萬仁元　1985.1～1988.6

陳興唐　1988.6～1990.3

戚如高　2008.6～

副主任

國長遠　1981.4～1985.1

陳興唐　1985.1～1988.6

胡震亞　2008.10～

《民國檔案》編輯部

1985年8月《民國檔案》編輯部成立，2008年4月更名為研究室。

主編

施宣岑　1985.8～1989.12

萬仁元　1989.12～1991.3

陳興唐　1991.3～1996.4

馬振犢　1997.10～1999.4

郭必強　2003.9～2004.3

曹必宏　2004.4～2008.1

副主編

陳鳴鐘　1985.8～1989.12

陳興唐　1985.8～1991.3

馬振犢　1995.8～1997.10

郭必強　1999.7～2003.9

戚如高　2002.5～2008.4

技術部

1981年4月技術室成立；1990年3月更名為技術部。

主任

章堅　1981.4～1984.7

李思本　1994.9～1999.12

王躍年　2000.11～2004.3

王鵬　2004.4～2005.12

郝達琴　2007.9～2010.11

副主任

徐松山　1981.4～1982.12

錢杏春　1984.12～1991.3

李思本　1984.12～1994.9

許壽林　1988.6～1994.9

王躍年　1995.8～2000.11

郝達琴　2000.11～2007.9

邵金耀　2006.6～

資訊中心

1994年9月成立電腦目錄中心；1996年7月為電腦中心；2008年4月更名為資訊中心。

電腦目錄中心主任

盧俊英　1994.9～1996.7

電腦中心主任

盧俊英　1996.7～2000.3

王鵬　2000.11～2004.3

王躍年　2004.3～

副主任

宋榮　1997.10～2010.12

資訊中心副主任

潘捷　2010.7～

全國民國檔案目錄中心

1990年3月成立。

主任

殷華　1996.12～1997.12

夏茂粹　2000.11～2004.3

酈玉明　2005.9～

副主任

夏茂粹　1997.10～2000.11

酈玉明　2004.4～2005.9

潘濤　2008.10～

機關黨委辦公室

1990年3月同意成立機關黨委辦公室，但當時未設，2004年正式成立。

主任

莊興標　2004.5～2010.8

夏茂粹　2010.8～

備註：因資料不全，內容略有出入，謹表歉意。（孫小華整理）

附錄二　影像

中國第二歷史檔案館現址為1936年落成的中國國民黨中央黨史史料陳列館。

　　原國民政府國史館，成立於1947年1月，收存大量歷史檔案，1949年南京解放後被人民政府接管。

1949年12月10日，中央人民政府政務院指導接收工作委員會華東區工作團抵達南京接收民國檔案。

1950年4月24日，中央人民政府政務院指導接收工作委員會華東區工作團駐南京辦事處檔案組全體工作人員合影。

中國第二歷史檔案館主要創建人、中國科學院近代史研究所南京史料整理處主任王可風（1911—1975）。

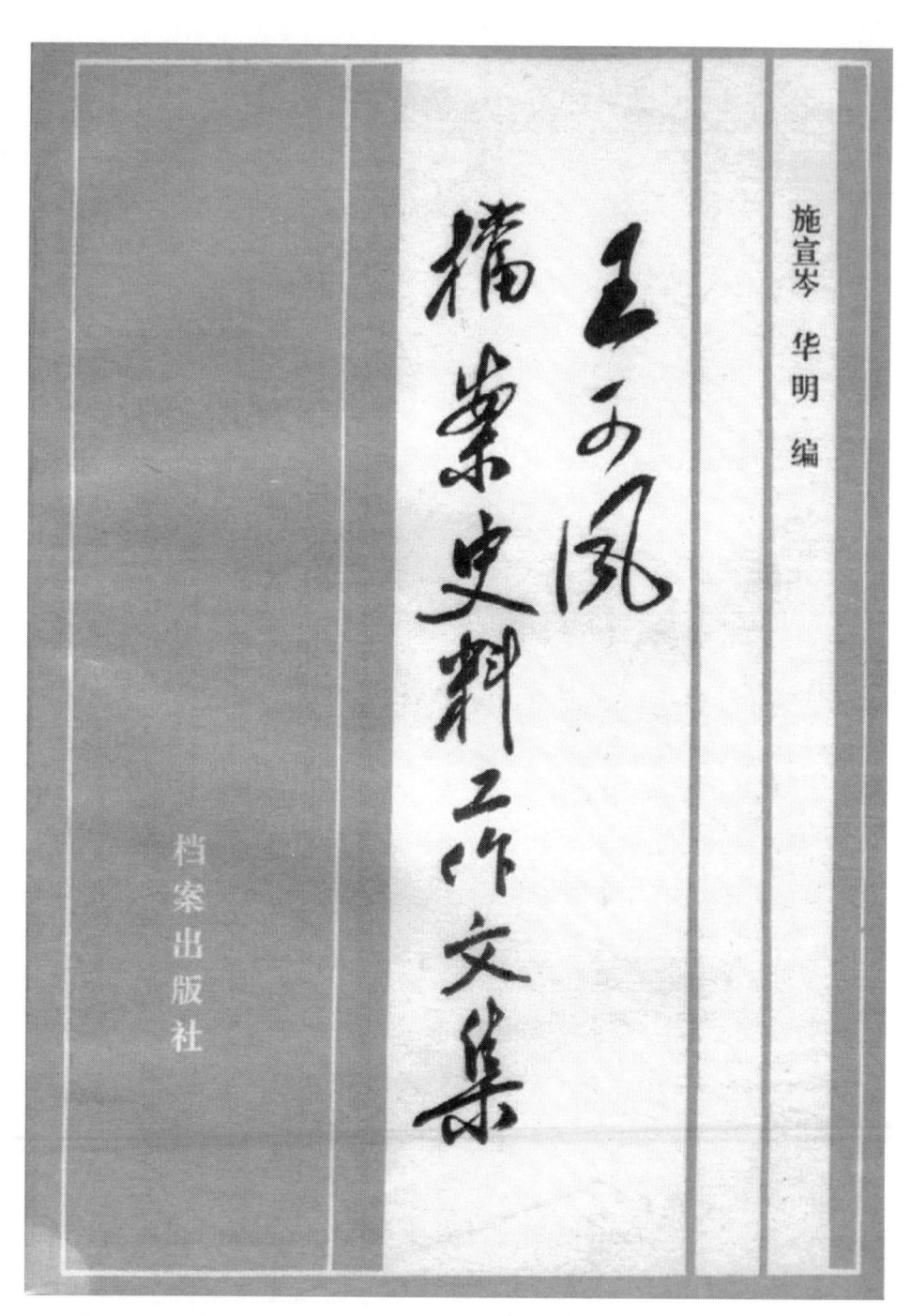

《王可風檔案史料工作文集》

1951年1月26日，中央人民政府政務院指導接收工作委員會華東區工作團南京辦事處主任羅青，與中國科學院近代史研究所南京史料整理處主任王可風工作交接合影。

1951年2月6日，中國科學院近代史研究所南京史料整理處成立典禮攝影。

南京史料整理處淮海路辦公地。

南京史料整理處中山東路辦公地。

1951年，南京史料整理處清理民國檔案場景。

新中國建國初期，南京史料整理處清理民國檔案場景。

南京史料整理處檔案整理情形。

南京史料整理處檔案分類。

南京史料整理處檔案編目。

南京史料整理處檔案照相複製。

南京史料整理處檔案史料錄入。

南京史料整理處組織編纂大型檔案文獻史料集《中國現代政治史檔案資料彙編》。

1950年代末期，南京史料整理處接待社會各界查閱檔案情形。

1957年，南京史料整理處接待指導高校學生實習。

1961年2月1日，南京史料整理處成立10周年紀念攝影。

1964年3月，南京史料整理處改隸國家檔案局，更名為中國第二歷史檔案館。圖為中國第二歷史檔案館成立紀念攝影。

1997年，本館實施2188袋積存零散檔案整理工程。

2002年，本館啟動民國財政檔案整理工程。

民國圖書庫房內景。

珍貴檔案庫房內景。

溫濕度觀察。

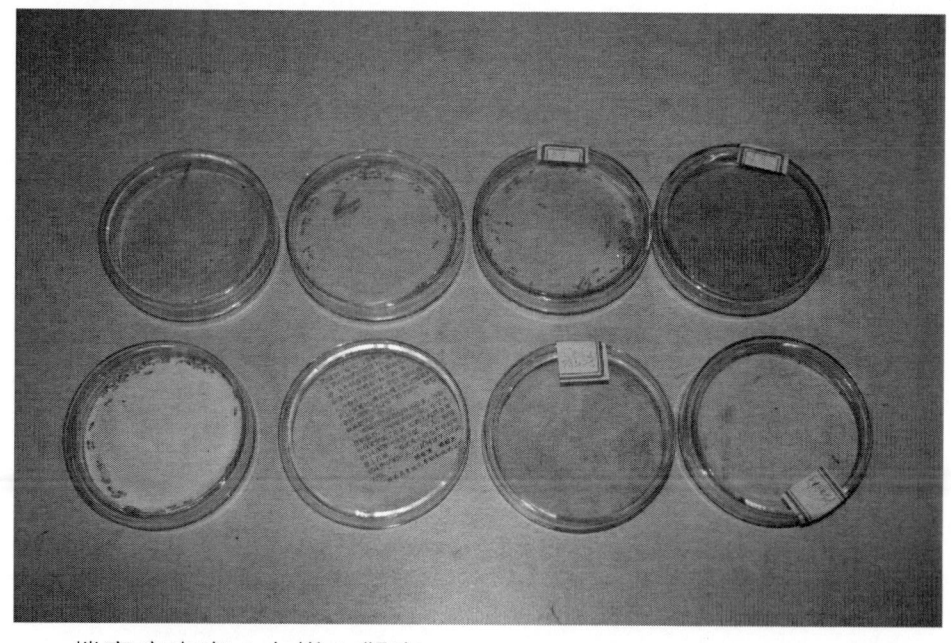

檔案病蟲害（白蟻）觀察。

檔案修裱。

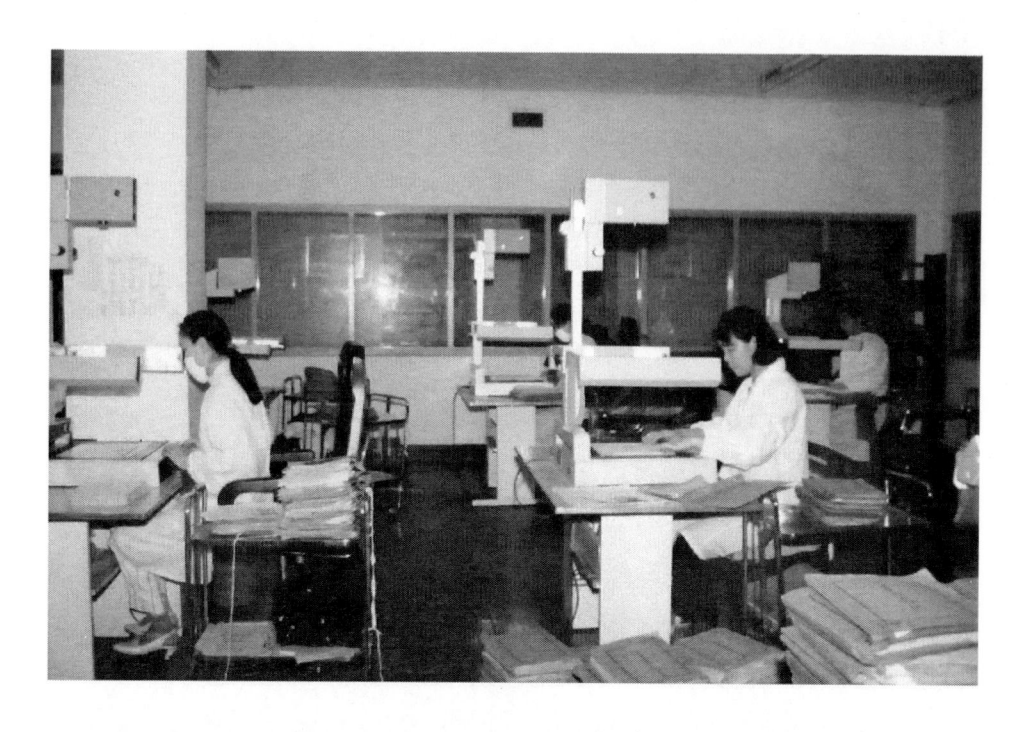

檔案縮微。

檔案掃描。

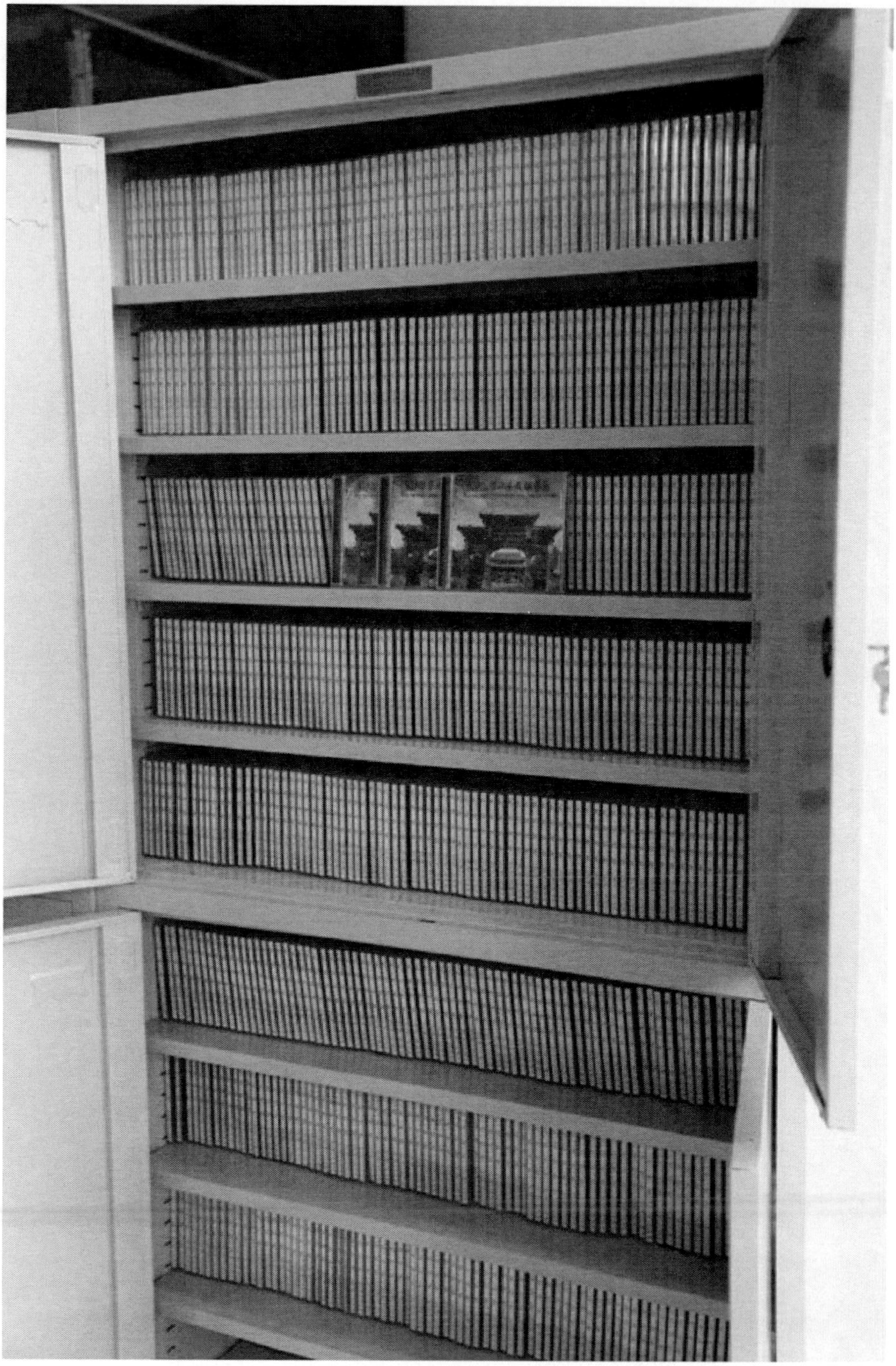

2004年11月，中國第二歷史檔案館外部網站開通。

利用者檢索紙質目錄。

利用者查閱檔案縮微品。

後記

　　2011年是中國第二歷史檔案館建館60周年。為回顧60年來二史館各項工作和取得的成績，謳歌幾代「二檔」人艱苦創業、甘於奉獻的精神，總結民國檔案事業在各個歷史時期發展變化的特點和規律，為今後的各項工作提供借鑑和參考，11月，館長辦公會研究決定，編撰出版《光輝歷程——中國第二歷史檔案館60年》一書，並責成我具體負責。

　　受領任務後，我即與各部門負責人反覆商討，確定全書的主要內容，選定作者。儘管時間緊迫，且作者基本是各部門負責人，日常事務繁忙，但他們還是盡可能利用一切空餘時間，查找資料，隨時研究解決編撰中遇到的困難和問題，並盡可能汲取前人的研究成果和經驗總結，在不到半年的時間內完成了全書的編撰工作。

　　本書編撰過程中，得到了館領導和各部門的大力支持。楊永建館長為本書撰寫了前言；辦公室鄒素珍在檔案資料和歷史圖片的查找方面提供了極大的幫助；研究室虞亞梅無私地將自己編撰的《中國第二歷史檔案館大事記（1950～1980年）》初稿提供給本書的作者參考；史料編輯部孫武、技術部王志良承擔了影像部分的圖片選編工作。離退休老同事也十分關注本書的編撰工作，原副館長萬仁元多次與作者們商談，提供線索，並提出了不少建設性意見；李祚明研究館員不僅為作者提供資料，還認真審閱了部分書稿。在此，謹向他們及所有為本書的編撰、出版給予幫助和支持的人們表示最衷心的感謝！

　　本書力圖全面，詳實地記錄二史館發展壯大的奮鬥歷程，為後

人留下一部值得借鑑的信史，但由於資料蒐集不易，編撰者能力和水準有限，加之時間緊、任務重，遺漏、不足乃至舛誤之處在所難免，敬請各位批評指正。

曹必宏

國家圖書館出版品預行編目(CIP)資料

光輝歷程：中國第二歷史檔案館六十年 / 曹必宏 編著. -- 第一版.
-- 臺北市：千華駐科技，2018.12
　　面；　公分
ISBN 978-957-592-313-6(平裝)
1.中國第二歷史檔案館
656.606　　　107020478

書　名：光輝歷程：中國第二歷史檔案館六十年
作　者：曹必宏 編著
發行人：黃振庭
出版者：千華駐科技出版有限公司
代　理：崧博出版事業有限公司
E-mail：sonbookservice@gmail.com
粉絲頁　　　　　　網　址：
地　址：台北市中正區重慶南路一段六十一號八樓815室
8F.-815, No.61, Sec. 1, Chongqing S. Rd., Zhongzheng Dist., Taipei City 100, Taiwan (R.O.C.)
電　話：(02)2370-3310　傳　真：(02) 2370-3210
總經銷：紅螞蟻圖書有限公司
地　址：台北市內湖區舊宗路二段121巷19號
電　話：02-2795-3656　傳真：02-2795-4100　網址：
印　刷：京峯彩色印刷有限公司（京峰數位）
定價：500 元
發行日期：2018 年 12 月第一版
◎ 本書以POD印製發行